**하루 만에 수익 내는
실전 주식투자**

**하루 만에 수익 내는
실전 주식투자**

초판 1쇄 발행 · 2018년 6월 25일
초판 15쇄 발행 · 2025년 3월 30일

지은이 · 강창권
발행인 · 이종원
발행처 · (주)도서출판 길벗
출판사 등록일 · 1990년 12월 24일
주소 · 서울시 마포구 월드컵로 10길 56 (서교동)
대표전화 · 02)332-0931 | **팩스** · 02)322-0586
홈페이지 · www.gilbut.co.kr | **이메일** · gilbut@gilbut.co.kr

담당 · 박윤경(yoon@gilbut.co.kr)
제작 · 이준호, 손일순, 이진혁 | **마케팅** · 정경원, 김진영, 조아현, 류효정
유통혁신 · 한준희 | **영업관리** · 김명자, 심선숙, 정경화 | **독자지원** · 윤정아

표지 디자인 · 엔드디자인 | **편집진행 및 교정** · 정은아 | **전산편집** · 엔드디자인
CTP 출력 및 인쇄 · 예림인쇄 | **제본** · 예림바인딩

- 이 책은 저작권법의 보호를 받는 저작물로 이 책에 실린 모든 내용, 디자인, 이미지, 편집 구성은 허락 없이 복제하거나 다른 매체에 옮겨 실을 수 없습니다.
- 인공지능(AI) 기술 또는 시스템을 훈련하기 위해 이 책의 전체 내용은 물론 일부 문장도 사용하는 것을 금지합니다.
- 잘못 만든 책은 구입한 서점에서 바꿔 드립니다.

ISBN 979-11-6050-501-6 13320
(길벗 도서번호 070381)
값 20,000원

독자의 1초를 아껴주는 길벗출판사
(주)도서출판 길벗 IT단행본, 성인어학, 교과서, 수험서, 경제경영, 교양, 자녀교육, 취미실용 www.gilbut.co.kr
길벗스쿨 국어학습, 수학학습, 주니어어학, 어린이단행본, 학습단행본 www.gilbutschool.co.kr

실전투자대회 6관왕의 투자법 대공개

하루 만에 수익 내는
실전 주식투자

강창권 지음

길벗

목차

프롤로그 · 8
추천사 · 13

SECTION 1 주식아, 반갑다!

01 | 주식계좌 개설, '비대면'이 대세다 · 16
02 | 홈트레이딩시스템과 모바일트레이딩시스템 · 18
03 | 단타 매매는 무조건 위험하다? · 24
04 | 주식시장에서 살아남는 10가지 원칙 · 27

SECTION 2 단타 매매에 익숙해져라!

05 | 단타 매매의 기본, 차트 익히기 · 38
06 | 다양한 캔들(봉 차트) 모양을 이해하라! · 43
07 | 숲을 파악하는 주가의 추세선 · 51
08 | 주식 주문의 종류, 헷갈리지 말자! · 53
09 | 주식 주문 체결의 3대 원칙 · 58

SECTION

투자 전 필요한 핵심 정보들

10 | 주당순이익(EPS), 주가수익비율(PER) · 62
11 | 거래량은 주가의 핵심 포인트다! · 67
12 | 상승갭과 하락갭, 지지와 저항선 · 70
13 | 도지(십자형) 캔들의 신호 알아차리기 · 72
14 | 변동성 완화장치(VI) 도입 · 78
15 | 감사보고서에서 눈여겨볼 내용 · 82

SECTION

실전에서 강해지는 기초 훈련

16 | 진짜 실전이다! 가장 먼저 확인할 것들은? · 86
17 | 거래소 선물 차트 & 코스닥지수 차트가 말해주는 것 · 94
18 | 장전시간외거래 매매 주문하는 법 · 97
19 | 데이트레이딩 매매시간 전략 · 107
20 | 고수들은 현재가창을 어떻게 이용할까? · 109
21 | 세력의 매수·매도를 감지하는 X-Ray 현재가창 · 111

SECTION

이동평균선으로 공략하는 매수·매도 타이밍

22 | 주가 이동평균선 익히기 · 118
23 | 이동평균선으로 보는 정배열과 역배열 · 129
24 | 역배열 차트에서 매수 포인트 잡기 · 135
25 | 역배열 차트에서 480일 이동평균선 지지 패턴 · 139
26 | 장기간 역배열 차트에도 급등 종목이 나온다! · 141
27 | 쌍바닥 차트로 포착하는 매수 포인트 · 146
28 | 이동평균선에 수렴할 때 주가 방향성이 바뀐다 · 149

SECTION 6 1분봉 차트로 당일 수익 내기

- 29 | 1분봉 차트로 매매하기: 주가가 상승할 때 — **154**
- 30 | 1분봉 차트로 매매하기: 주가가 하락할 때 — **164**
- 31 | 국내 사모CB 추가 상장 물량 대응법 — **170**
- 32 | 미국시장 주가 급락 후 코스닥시장 대응법 — **172**

SECTION 7 일봉 차트로 당일 수익 내기

- 33 | 일봉 차트로 매수·매도 포인트 잡기 — **178**
- 34 | 주가 조정 시기는 언제 매수할까? — **181**
- 35 | 20일 이동평균선 이탈 후 단기 매수 포인트 — **200**
- 36 | 단기 고점, 캔들의 모양은 이렇다! — **202**
- 37 | 대형주 매매 프로그램 매수·매도 체크 — **208**

SECTION 8 순발력으로 치고 빠지는 시황 매매

- 38 | 시황 주식 매매란 무엇인가 — **212**
- 39 | 전문가처럼 빠르게 시황 매매하기 — **216**
- 40 | 시황 매매 사례 1 • EMW — **221**
- 41 | 시황 매매 사례 2 • 치매 관련주 — **224**
- 42 | 시황 매매 사례 3 • 알파홀딩스 — **227**
- 43 | 시황 매매 사례 4 • 미래생명자원 — **230**
- 44 | 시황 매매 사례 5 • 포스코엠텍 — **234**

SECTION 9 신고가 종목 반드시 또 오른다!

- 45 | 일봉 차트로 신고가 종목 공략하기 — **238**
- 46 | 신고가 장대양봉 이후 조정 캔들의 모양 — **249**
- 47 | 신고가 돌파 종목, 어떻게 수익 낼까? — **254**

SECTION 10 상한가 종목 & 장중 재료주 매매

- 48 | 상한가 마감 후 다음 날 갭 하락이라면? • 264
- 49 | 종가 홀딩 종목 결정하기 • 268
- 50 | 상한가 출발 시 분할 매수 전략 • 270
- 51 | 더 뜨기 전 장중 재료주를 매매하라! • 277
- 52 | 선물옵션 만기일 종목 프로그램 매수 • 280

SECTION 11 기술적 안전장치, 보조지표 활용

- 53 | MACD • 284
- 54 | 일목균형표 • 287
- 55 | 스토캐스틱(Stochastics) • 291
- 56 | 볼린저밴드(Bollinger Band) • 293
- 57 | 이격도 • 295
- 58 | 매물 차트 • 298
- 59 | 선 차트 • 300
- 60 | RSI(Relative Strength Index) • 302
- 61 | OBV(On Balance Volume) • 304
- 62 | 심리도 • 306

SECTION 12 일급 비밀 테마주 대공개

- 63 | 테마주, 제대로 이해하자 • 310
- 64 | 놓칠 수 없는 남북경협 테마주 • 313
- 65 | 세계적 트렌드, 가상화폐 테마주 • 319
- 66 | 4차산업 핵심 기술, 블록체인 테마주 • 323
- 67 | 차세대 통신, 5G 관련주 • 325
- 68 | 엎치락 뒤치락 정치 테마주 • 328
- 69 | 문재인 정부 시대, 돈이 되는 테마주 • 331

주식투자할 때 꼭 알아야 할 실전 Tip 5 • 336

| 프롤로그 |

언제나 긍정적인 마인드와 사고방식으로

제가 주식시장에 처음 입문한 것은 1999년 봄입니다. 당시 필자는 컴퓨터 학원을 운영하고 있었습니다. 고등학교 후배가 한 대학의 단과대학 학생회장이었는데, 어느 날 학원으로 찾아와 학교 행사에 협찬을 요청해 도와주게 되었습니다. 그 후 계속해서 연을 이어가던 중 후배를 통해 주식투자라는 것을 알게 되었습니다. 필자의 학원은 시내 한복판에 있었고, 학원 주위로 많은 증권회사가 있었습니다.

'그래? 주식투자라… 나도 한번 해볼까?'

그때부터 제 인생을 완전히 바꾸게 된 주식투자를 시작하게 되었습니다.

사실 주식으로 성공하기란 쉬운 일이 아님을 주식투자를 하시는 분들은 공감할 것입니다. 필자도 처음에는 남들과 비슷했습니다. 주식이 올라가면 매수하고, 내리면 매도하며 주식시장에서 나만의 원칙이나 제대로 된 지식도 없이 주식에 투자하다 보니 조금씩 손실을 보게 되었습니다.

사업 수완은 좋아 컴퓨터 학원은 두 곳을 운영하고 있었는데, 주식투자의 손실로 인해 학원 두 곳을 모두 정리해야 했습니다. 그리고 사업을 하면서 대출 받은 빚 때문에 계좌에서 계속해서 돈이 빠져나가다 보니 지인들에게 돈을 빌리는 지경에 이르렀습니다. 그렇게 서서히 인생에 어둠의 그림자가 드리우기 시작했습니다. 매일 밤 술을 마시지 않으면 잠을 잘 수 없었던 그때 그 시절, 두 번 다시 생각하기 싫은 고통의 시간들도 많이 겪었습니다.

2000년도 초반 전업투자자가 되면서 몇 번이나 마음을 다잡고, 이론 공부보다는 실전 매매에 매달렸습니다. 원금 1,000만 원으로 하루에 미수까지 사용해서 스캘핑으로 40번 정도 매수·매도했더니 약정금액(당일 주식을 매매한 총 대금)이 20억 원까지 되었습니다. 오전에는 수익을 냈다가 장이 마감되면 다시 계좌는 마이너스, 그런 세월이 한 해 두 해가 흘렀습니다. 그리고 장 마감 후 언제나 '잦은 매매는 절대 안 되겠구나, 오전장에 수익이 나면 지켜야지'라고 생각했습니다. 하지만 그것은 생각이었을 뿐, 현실에서는 사실 실천하기가 매우 힘들었습니다.

이 책을 읽고 계시는 분들 중 상당수가 저와 같은 경험을 아직도 하고 계실 거라고 생각됩니다. 그 이후 잦은 매매를 조금씩 줄이고 '수익이 나면 먼저 수익금액부터 지키자'라고 마음먹고 행동으로 옮겼습니다.

줄기세포주, 와이브로주 등 테마주가 급등했던 2005년 3월부터 계좌에 수익이 나기 시작했습니다. 매달 계좌의 원금이 두 배로 불어났고, 2007년 이후부터는 누구도 부럽지 않을 만큼 매달 안정된 수익으로 지금까지 매매하고 있습니다. 지금도 가끔 술자리에서 주식 초보 시절 힘들었던 이야기를 하곤 합니다. 눈물 젖은 빵을 먹어보지 않은 사람은 그 절박한 심정을 이해할 수 없을 것입니다. 아직도 주식시장에서 힘겨운 싸움을 하시는 분들에게 조금이나마 도움이 되기 위해 이 책에는 남들이 공개하지 않는 내용까지도 모두 담았습니다.

세월은 참 빠릅니다. 어느덧 제가 전업투자자로 나선 지 15년이라는 시간이 지났습니다. 세월이 흘러도 변하지 않는 것은 차트를 보는 '기술적 분석'일 것입니다. 주식시장에서는 자신만의 원칙으로 터득한 기법이 있다면 평생 동안 수익을 낼 수 있을 것이라고 생각합니다. 제 주위에도 주식으로 성공한 지인들이 상당히 많습니다. 풍문이나 작전주의 이야기를 듣고 매매하는 것이 아니라 모두 자기 나름대로의 원칙과 기술적 분석을 통한 매매로 지금도 꾸준히 수익을 내고 있습니다.

인스타그램에서 s63.77로 활동하고 있는 저에게 젊은 친구들이 전업투자를 하고 싶다는 이야기를 많이 합니다. 주식시장에서 현재 수익이 나는 분들의 외면은 화려해 보이지만 사실 전업투자자라는 직업은 항상 스스로 판단해서 매매를 하고 자신과의 싸움을 이겨내야 하는 외로운 직업입니다. 전업투자자를 꿈꾸는 분들에게 정말 심사숙고하라는 말씀을 드리고 싶습니다.

"오늘은 왠지 좋은 일이 생길 것 같아. 난 할 수 있어."

빌 게이츠는 아침마다 주문을 외듯 이 말을 반복했다고 합니다. 인간의 뇌는 상상과 현실을 구분하지 못하기 때문에 말은 잠재의식을 자극한다고 합니다.

자신의 희망을 매일 아침 주문처럼 외우십시오. '아브라 카다브라(말한 대로 이루어진다.)' 다시 기운을 내고, 희망을 가지십시오.

항상 긍정적인 마인드와 긍정적인 사고방식으로 '나는 할 수 있다. 나는 할 수 있다'라고 생각하십시오. 늘 희망적인 생각을 가지고, 할 수 있다는 신념으로 도전해서 성공하는 투자자가 되길 바랍니다.

주식과 썸을 타고 계신 분들에게

　주식시장에 입문하기까지 많은 사람이 다양한 사연을 갖고 있을 것입니다. 용돈벌이로 시작하기도 하고, 사업체를 가지고 있으면서 재테크로 하기도 하고, 절박하게 생계를 위해서 전업으로 하는 사람들까지 다양합니다. 대한민국 인구의 4분의 1이 주식을 한다고 하는데 그 중 수익을 내는 비율은 20% 이하라고 합니다. 정말이지 주식시장에서 성공한다는 것은 사실 개인투자자로는 쉽지 않습니다. 서울의 명문대학을 나왔다고 주식을 잘하는 것도 아니고, 오랜 기간 주식을 했다고 해서 수익을 내는 것도 아닙니다. 주식투자를 하는 분들은 각자 나름의 방식으로 열심히 공부하고, 연구도 많이 합니다. 그러나 대부분의 사람은 수익을 내지 못하고 아직은 손실이라고 이야기합니다. 그러면 도대체 주식시장에서 어떤 사람이 성공할 수 있을까요? 정해진 정답은 없습니다. 하지만 저는 감히 자기 자신과의 싸움에서 이길 수 있는 사람, 동물적 감각이 있는 사람이 성공할 수 있다고 말하고 싶습니다.

　손실과 손절의 아픔에서도 평정심을 유지하고 매수와 매도의 타이밍에서 빠른 결단과 실행, 온갖 뉴스와 정보 속에서 팩트를 찾을 수 있는 안목 등 자기 안의 또 다른 자기와의 싸움에서 이기는 것이 가장 중요하다고 생각합니다.

　하지만 "아직은 손실이다"라고 말하는 지인들도 많고, 그 분들을 위해서 답답한 마음에 무료 강의를 몇 번 진행했습니다. 그 원고를 토대로 열심히 글을 썼고, 시간적 여유가 없어서 망설였던 책을 드디어 완성하게 되었습니다. 평소 제가 실전 매매를 하면서 집필한 내용이어서 주식투자를 하시는 분들에게 많은 도움이 될 것이라고 생각합니다. 보통 주식 책을 집필하시는 분들은 실전이 아닌 이론을 위주로 글을 쓰지만, 이 책은 실전 매매를 기반으로 하고 있습니다. 몇 달 동안 제가 직접 매매를 하면서 그때그때 차트를 캡처하여 실전 상황을 보여주고 있기 때문에 다른 주식 책과는 다를 것입니다.

주식시장에서는 자신의 원칙만 잘 지킨다면 현재보다 미래에 많은 변화를 줄 수 있습니다. 아직까지 주식투자에서 수익을 거두지 못하고 있다면, 이제 변화를 주어야 할 때입니다. 그래야 주식시장에서 성공할 수 있습니다.

이 책을 보는 모든 분이 변화된 투자 방법으로 앞으로 주식시장에서 꼭 수익을 낼 수 있기를 기원합니다. 책을 집필하도록 동기부여를 해준 텔레그램의 레드존 식구들, 언제나 곁에서 열심히 도와주는 비서실장 최창도 후배, 전업투자자의 길로 접어들면서 암울하고 힘들었던 시절을 묵묵히 지켜준 가족들에게 사랑한다는 말을 전합니다.

강창권

| 추 천 사 |

차트 분석부터 멘탈 관리까지, 주식시장에서 이기는 방법을 담은 책

강창권 대표님은 주식을 함에 있어서 누구보다 멘탈이 남다릅니다. 철저하고, 원칙적이고, 심플합니다. 또 올라갈 만한 업종과 최고의 핵심 테마, 종목을 한눈에 골라내는 신기한 능력을 가지고 계신데, 그 모든 실력이 15년 동안 갈고 닦은 결과라는 데에 더욱 존경스럽습니다. 차트 분석부터 멘탈을 지키는 방법까지, 주식시장에서 이기는 방법으로는 이 책을 능가하는 책을 찾기는 어려울 것입니다. 강창권 대표님은 실력으로 검증된 기술적 분석의 권위자입니다. 그런 분의 노하우를 담았으니, 이 책을 읽으시는 모든 분이 성공 투자를 할 것이라고 믿습니다.

김대원 – 제22회 한화증권 실전투자대회 2,089% 우승

15년 동안 흔들림 없이 수익을 낸 실전의 고수

이 책은 주식 초보자뿐만 아니라 더 많은 수익을 얻고자 하는 모든 투자자가 반드시 읽어야 할 필독서입니다. 왜냐하면 강창권 대표님은 15년 동안이나 흔들림 없이 수익을 내고 있기 때문입니다. 1년 동안 수익률이 탁월한 사람은 꽤 되지만, 15년은 정말 보통의 내공이 아니면 불가능한 일입니다. 대표님의 원칙과 기술이 입증되었으니 이 책을 통해 꼭 계좌에 빨간 불이 들어오도록 만드시길 바랍니다. 강창권 대표님의 철학은 투자자로서의 길을 걸어가는 데 정말 큰 도움이 됩니다. 대표님의 기본 철학을 본받으면 모든 사람이 원하는 꿈을 이루리라 생각합니다.

박상신 – 2015년 미래에셋증권 실전투자대회 1억리그 620% 우승
– 2018년 미래에셋대우증권 실전투자대회 1억리그 610% 우승

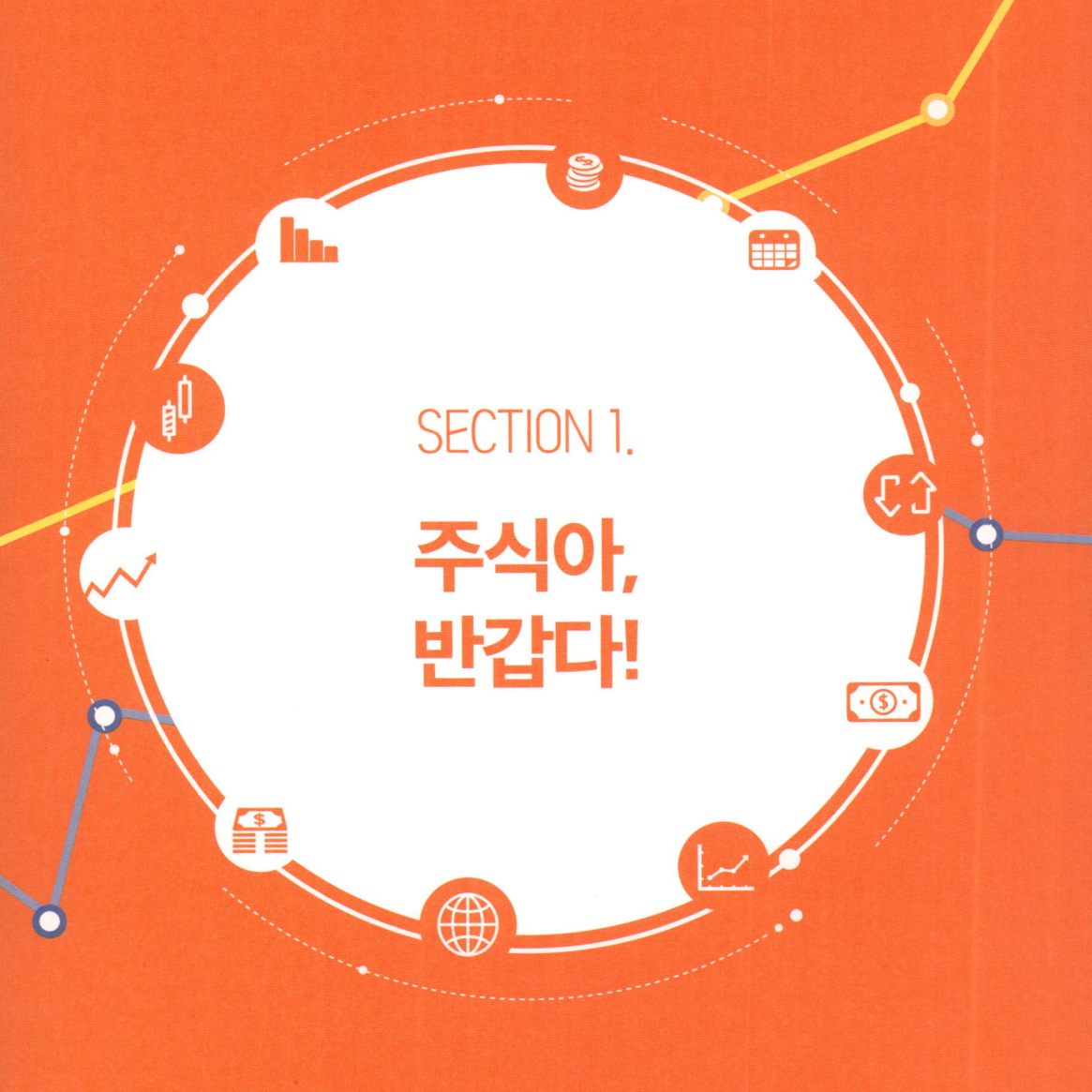

SECTION 1.
주식아, 반갑다!

01

주식계좌 개설,
'비대면'이 대세다

예전에는 주식계좌를 개설하려면 신분증을 들고 직접 증권회사를 방문해야 했습니다. 그러나 요즘은 대부분 비대면으로 계좌를 개설합니다. 은행이나 증권회사 등 금융투자회사 지점에 직접 방문하지 않고, 스마트폰 전용 애플리케이션을 통해 신규 계좌를 개설할 수 있습니다. 이렇게 개설된 계좌를 홈트레이딩시스템(Home Trading System, HTS), 모바일트레이딩시스템(Mobile Trading System, MTS)에서 이용합니다.

2015년 12월, 금융위원회는 금융개혁을 위해 유권해석을 변경하여 은행에서도 비대면 계좌 개설을 허용하였습니다. 2016년 2월에는 증권사, 자산운용사 등 금융투자업에 대해 온라인과 모바일을 통한 비대면 실명 확인이 허용되었습니다. 이를 통해 증권회사에 직접 방문하지 않고 인터넷으로 증권계좌를 개설하는 비대면 계좌 개설 서비스를 이용하는 분들이 점차 늘어나는 추세입니다. 다음 조건에 해당된다면 모바일을 통해 비대면 계좌를 개설할 수 있습니다.

1. 만 19세 이상의 내국인
2. 본인 명의의 주민등록증 또는 운전면허증 보유
3. 본인 명의의 휴대전화 소유
4. 실명 확인 업무 가능한 금융기관에 본인 명의 출금 가능한 계좌 보유

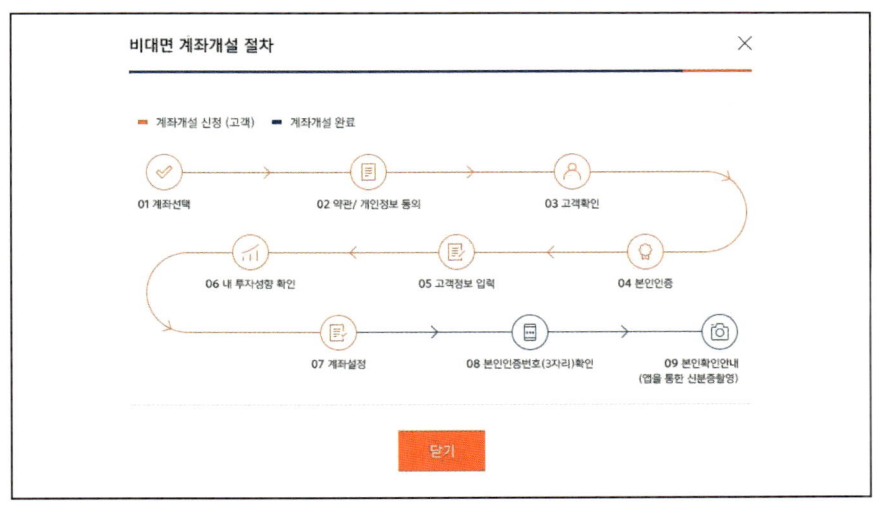

비대면 계좌개설 절차(미래에셋대우)

02 홈트레이딩시스템과 모바일트레이딩시스템

개인투자자의 주식거래 방식으로는 PC를 사용하는 홈트레이딩시스템과 스마트폰을 활용한 모바일트레이딩시스템이 있습니다.

주식시장의 일상을 바꿔놓은 홈트레이딩시스템

홈트레이딩시스템(Home Trading System, HTS)은 주식을 사고팔기 위해 직접 증권회사에 가거나 전화를 하지 않고 집이나 사무실에서 이 시스템이 설치된 PC를 통해 거래할 수 있는 프로그램을 말합니다.

주식시장의 열풍이 불던 2000년도 초에만 해도 증권회사의 객장에는 사람들로 북새통을 이루었습니다. 그때는 대부분이 증권회사 직원을 통해 매수·매도 주문을 하였고, 주식시장에 점심시간이 있던 시절이었습니다. 그러나 지금 대부분의 투자자는 홈트레이딩시스템으로 매매를 하고 있으며, 바쁜 직장인들의 경우에는 스마트폰의 모바일트레이딩시스템으로 주문을 하고 있습니다. 홈트레이딩시스템을 사용하면 증권회사에 직접 전화로 주문하는 것보다 매매 수수료가 저렴하고, 인터넷이 연결된 곳이면 어디서나 거래할 수 있다는 장점이 있습니다.

모바일트레이딩시스템으로 언제, 어디서나!

▎모바일트레이딩시스템 메인화면 ▎

▎모바일트레이딩시스템 매수주문 화면 ▎

모바일트레이딩시스템은 스마트폰을 활용한 주식거래 방식을 말합니다. 2010년 이전에는 홈트레이딩시스템이 거래의 대부분을 차지했으나, 스마트폰의 대중화로 바쁜 직장인들의 모바일트레이딩시스템을 이용한 거래가 늘어나는 추세입니다.

모바일트레이딩시스템은 생각보다 편리한 기능들이 정말 많은데, 아직 잘 모르는 분들이 많습니다. 책에서는 제가 사용하고 있는 미래에셋대우증권의 모바일트레이딩시스템을 예로 설명하겠습니다.

① 손도장 한 번으로 로그인하는 간편인증

▍간편인증 등록/재등록 화면 ▍

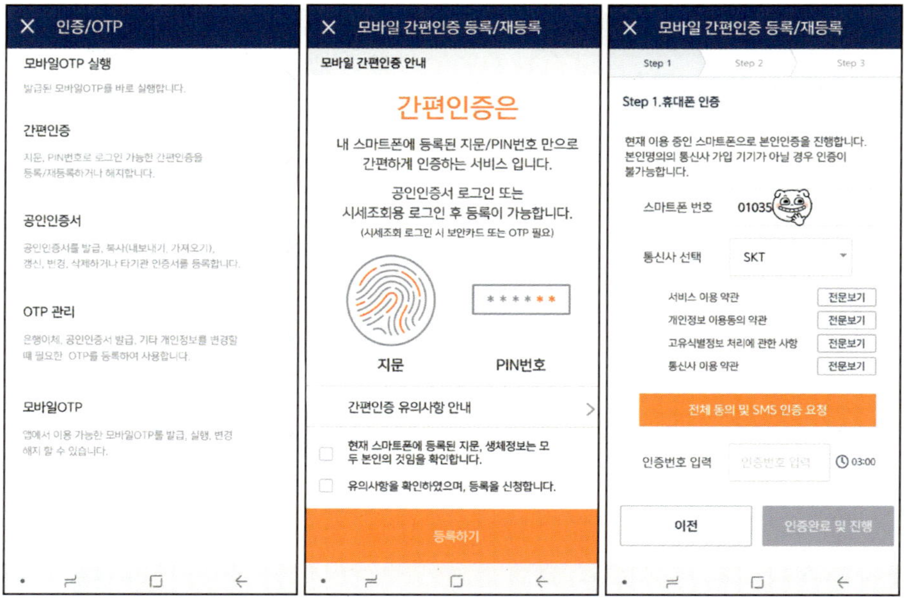

미래에셋대우증권 모바일트레이딩시스템 화면

먼저, 사용하는 증권사의 모바일트레이딩시스템 애플리케이션을 다운받습니다. '인증/OTP ⋯▶ 간편인증 ⋯▶ 간편인증 등록/재등록'으로 들어가면 간편인증 등록 화면이 나옵니다. 간편인증으로 지문을 등록해두면 공인인증서 없이도 바로 모바일트레이딩시스템으로 매수·매도 주문을 낼 수 있습니다. 이렇게 하면 훨씬 더 편하고 신속하게 모바일트레이딩시스템을 사용할 수 있습니다.

간편인증을 한 뒤 로그인하면 모바일트레이딩시스템의 메인화면이 나타나고, 매수주문을 할 수 있는 창이 나타납니다.

② 모바일트레이딩시스템 화면 적응하기

'모바일트레이딩시스템 현재가 화면'은 오전 9시부터 15시 30분 장 마감까지의 현재가를 보여줍니다. '모바일트레이딩시스템 시간외단일가 화면'은 정규장이 마감하고 16시 10분부터 10분 단위로 18시까지 거래할 수 있는 시간외단일가 현재가를 보여줍니다.

'모바일트레이딩시스템 주식분석 화면'은 주가상승률을 보여줍니다. 왼쪽 하단의 메뉴를 클릭하고, 투자 정보 ⋯▶ 주식분석 화면에서 순위 검색을 클릭하면 당일 어떤 섹터의 종목군이 오르는지 알 수 있습니다. 상승이 강한 종목에 관심을 가져서 당일 매매하면 됩니다.

오른쪽 그림은 미래에셋대우증권 모바일트레이딩시스템에 있는 코스피시장의 야간 선물 마감 화면입니다. 시간외단일가 시장이 끝나는 18시부터 새벽 5시까지 유럽시장과 미국시장 등을 보면서 매매하는 야간 선물시장입니다. 갑자기 다음날 미국시장의 선물이 급등하는 등 대외 변수를 제외하고는 대부분 야간 선물시장의 마감 등락폭과 비슷하게 우리나라 코스피시장에서도 다음날 시초가가 출발하게 됩니다. 그러므로 새벽 5시에 마감하는 야간 시장선물지수가 어떻게 되었는지도 한번 체크해본 후 정규시장에서 매매하기 바랍니다.

❙ 야간 선물 마감 화면 ❙

③ 꼭 알아두어야 할 자동 매수·매도 주문 기능

메뉴에서 '주식 ▶ 주식주문 ▶ 주식자동주문 ▶ 자동매수등록'을 클릭하고 종목을 지정합니다. 감시기준과 감시조건, 주문가격, 주문수량, 감시기간을 입력 후 '매수자동주문'을 등록합니다. '모바일트레이딩시스템 매수 자동주문 화면'에서 보듯이 삼성전자 주식이 5만 원 이하가 될 경우 1,000주를 시장가로 매수한다는 주문을 걸어둡니다. 주식자동주문을 하고 감시시작 버튼을 클릭하면 5월 8일부터 5월 30일까지 삼성전자 주식이 5만 원 이하로 내려갈 경우 시장가 가격으로 1,000주를 매수 주문하게 됩니다. 매도도 똑같은 방법으로 하면 됩니다. 바쁜 직장인들이 유용하게 사용할 수 있는 기능입니다.

┃ 매수 자동주문 화면 ┃

 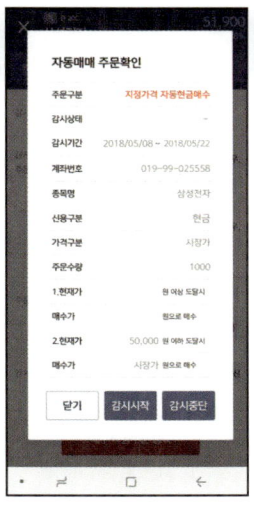  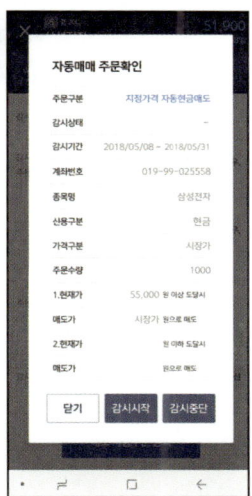

03

단타 매매는
무조건 위험하다?

주식거래를 두 가지로 나눈다면 장기투자와 단타 매매로 나눌 수 있습니다. 직장인이라면 기업의 가치를 평가하여 투자하는 중·장기투자가 적합합니다. 그리고 전업투자자의 경우는 매순간 컴퓨터를 볼 수 있기 때문에 단타 매매가 적합합니다. 필자는 2002년부터 지금까지 15년 이상 전업투자자로 단타 매매를 하고 있습니다. 매일 컴퓨터 앞에서 매매를 하다 보니 장기투자보다는 스캘핑이나 데이트레이딩 위주로 매매를 하고 있습니다.

단타 매매 기법은 다음과 같습니다.

스캘핑(Scalping)

주식을 매수했다가 매도하는 시간이 1~3분 단위로, 하루에 수십 번에서 수

백 번의 주식을 거래하며 초단기로 매매차익을 얻는 기법입니다. 전업투자자 중 초단타 매매를 하는 사람들이 주로 사용하는 기법입니다.

데이트레이딩(Day trading)
'데이'라는 말처럼 1일 단위로 주식을 거래하는 방법입니다. 오전에 주식을 매수해서 오후에 매도하는 매매 기법입니다.

스윙 매매
한 종목을 2~3일에서 일주일 정도 보유하여 매매하는 방법입니다. 대세 상승장에서 유리한 투자 방법으로 직장인들이 주로 투자하는 매매 기법입니다.

필자는 당일 주식을 매수했다가 대부분 당일 매도하는 원칙으로 매매하고 있습니다. 그러나 시장 상황이 좋으면 매수 후 홀딩해서 다음 날 매도하기도 합니다. 주식시장이 하락장세로 접어들면 리스크를 최소화하기 위해 주식을 홀딩하지 않고 계좌를 전액 현금화합니다. 매일 시장에 대응하여 매매하는 것이 저의 가장 큰 원칙입니다. 데이트레이딩으로 매매하는 분들은 대부분 당일 매매하고 현금을 보유하기 때문에 시차가 다른 미국시장의 급등락에 영향을 받지 않는 장점이 있습니다.

주식을 많이 홀딩한 채로 주말을 보내면 미국 증권시장이 폭락하지는 않을까 주말 내내 마음 편히 쉬지 못하는 분들도 많을 것입니다. 그래서 필자의 경우에는 상승장일 때를 제외하고는 대부분 현금으로 보유하는 편입니다.

주식시장은 항상 좋기만 한 것은 아닙니다. 산을 오르다 보면 평탄한 길도 있고, 비탈길도 있고, 내리막길도 있습니다. 주식시장도 이와 같습니다. 항상 평탄한 오르막길만 있는 것은 아닙니다. 그렇기 때문에 시장의 상황에 따라서 매매 방법을 다르게 해야 합니다.

대세상승장에서는 최소 6개월 이상 중·장기 스윙 매매를 하다가 하락장으로 돌아선다면 보유 주식을 고점에서 바로 매도해야 합니다. 하락장에서는 인내하면서 기다릴 줄 알아야 하는데, 대부분의 투자자는 이 시기에 주식을 계좌 가득 보유하려고 합니다.

대세하락장이 시작되면 주식을 매도하고 현금을 보유하면서 매수 타이밍이 올 때까지 기다려야 합니다. 하락장에 접어들면 주식을 많이 보유하고 있는 것 자체가 상당한 리스크가 됩니다. 하락장이 시작되면 시장 상황에 따라서 호재가 있는 종목 위주로 짧은 스윙 매매를 하는 것이 좋습니다.

한편, 증권회사에서 신용계좌를 개설하여 대출을 받아 주식을 매매할 경우 자신의 돈이 1,000만 원 있다고 가정하면 신용을 사용해서 2,500만 원까지 매수할 수 있습니다. 신용기간은 대부분 증권사의 경우에는 3개월 정도이며, 연장도 가능합니다. 대세상승기에 우량주를 투자할 경우는 괜찮겠지만 대세하락장이 오면 신용 매매를 할 경우 손실도 2.5배로 크게 늘어날 수 있기 때문에 아주 주의를 요하는 매매입니다. 주위에서도 신용 매매로 크게 손실을 본 투자자들이 많기 때문에 필자는 신용 매매를 되도록이면 하지 말라고 권유하고 싶습니다.

04 주식시장에서 살아남는 10가지 원칙

본격적인 이야기를 하기 전에 반드시 지켜야 할 10가지 원칙에 대해 살펴보도록 하겠습니다. 주식투자를 처음하는 사람이라면 꼼꼼히, 조금 해본 사람이라면 더욱 꼼꼼히 읽고 익혀야 하는 주식시장의 원칙입니다.

원칙 1. 과감하게 손절매하라

많은 주식투자자가 '손절매(앞으로 주가가 더욱 하락할 것으로 예상되고, 단기간에 가격 상승이 보이지 않는 경우 가지고 있는 주식을 매입 가격 이하로 손해를 감수하고 파는 것)'란 단어는 잘 이해하고 있지만 제대로 실천하는 사람은 많지 않습니다. 주식투자를 하다 보면 매번 수익이 나지는 않습니다. 시장의 흐름에 따라서 매수한 주식이 손실을 내는 경우도 많습니다. '손절매 원칙'에 정해진 기준은 없습니다. 다만 스스로 내가 이 주식을 매수해서 일봉 차트에서 20일 이동평균선이 무너지면 무조건 매도한다든지, 이 주식을 매수해서 20% 손해를 보면 미련 없이 손절매한다는 원칙을 세워두고 투자해야 합니다.

미련이 남아 주식을 매수한 후 손실을 보는데도 손절매 타이밍을 놓치고 미루다 보면 시간과 기회비용을 모두 날릴 수 있습니다. 손절매를 잘하지 못한다는 것은 성격이 우유부단하다는 것이고, 우유부단한 사람은 주식투자를 하기에는 부적절할 수도 있습니다. 손절매만 잘해도 세계적인 펀드매니저의 반열에 오른다는 말이 있습니다. 아무리 장기투자자라 할지라도 매수 단가에서 20% 정도 손실이 나면 과감하게 자를 수 있어야만 주식시장에서 또 다른 기회를 잡을 수 있습니다.

대부분 증권사 홈트레이딩시스템에는 스톱로스(stop-loss, 손절매)라는 기능이 있습니다. 이 스톱로스 기능을 활용하면, 내가 정한 범위에서 손실이 나면 자동으로 매도주문이 나가기 때문에 큰 손실을 줄일 수 있습니다. 오늘부터라도 나만의 손절매 원칙을 세워 꼭 지키십시오. 그래야 주식시장에서 성공할 수 있습니다.

원칙 2. 절대로 추격매수를 하지 마라

현재가창에서 투자자들이 매수를 하면 체결량이 모두 빨간색으로 표시됩니다. 주가가 상승하면서 체결량이 늘어나면 누구나 매수를 하고 싶어집니다. 하지만 이럴 때 조금만 참으면 눌림목 구간(상승세를 타고 있는 종목이 수급 등의 요인으로 일시적인 하락세를 보이는 구간)이 나오게 됩니다. 왜냐하면 스캘핑을 하는 단타 매매 투자자들은 1~3% 정도의 수익을 보고 매도하기 때문입니다.

1분봉 차트에서 분 차트가 수직 상승하면서 이격도(주가와 이동평균선 사이에 떨어져 있는 정도)가 커지면 단타 매매 투자자들은 고점에서 짧은 수익을 보고 매도합니다. 이로 인해 주가가 상승하다 내려오는 눌림목 구간으로 접어들게 됩니다. 이때 추격매수를 하면 항상 고점에 매수하고, 주가가 약간 하락하는 눌림목 구간에서 손절매를 하게 됩니다. 좋은 기사나 재료에 의해 1분봉 차트에서 주가 상승이 수직으로 급격하게 상승하면 이격도가 많이 벌어집니다. 이때에는 절대로 추격매수를 해서는 안 됩니다.

주식의 고수가 되면 주가가 눌림목 구간일 때 매수 포인트를 잡고, 주가가 어느 정도 상승하면 고점에서 매도 타이밍을 잡습니다. 그러나 일반투자자들은 주식의 가격이 오르면 고점에서 매수하고, 주식의 가격이 하락하면 고수들이 매수하는 시점에서 손절매를 합니다. 주식시장에서 추격매수만 하지 않는다면 손실을 보지 않을 수 있습니다. 상승하다 눌림목이 나타날 때에는 매수 포인트로 접근해야 한다는 것을 명심하시기 바랍니다.

원칙 3. 오전장에 수익이 났다면, 수익을 꼭 지키자

대부분의 전업투자자는 전날 매수한 종목을 홀딩했다가 장 시작 후 매도하여 수익이 나면 더 많은 수익을 거두기 위해 잦은 매매를 합니다. 그러다 보면 어느 순간 수익 난 금액이 조금씩 줄어들게 되고 시간이 지나면서 자신도 모르게 이성을 잃어가게 됩니다. 결국 오후장 마감이 끝나고 나면 계좌는 마이너스가 되어 있습니다. 주식 초보 시절에는 누구나 이런 과정을 되풀이하게 됩니다. 지금도 대다수의 투자자가 이런 과정을 반복하고 있을 것입니다. 주위에서 아무리 이야기해도 이런 습관은 쉽게 고쳐지지 않습니다. 이런 습관을 고쳐야 주식시장에서 수익으로 돌아설 수 있습니다.

오전장에 자신의 목표 수익을 달성한 후 오후에 수익을 까먹고 있다면, 차라리 컴퓨터 앞에 있지 말고 밖으로 나가서 수익 난 금액을 지키도록 하십시오. 힘들겠지만, 하루 목표 수익을 달성했다면 그 수익을 지키는 습관을 길러보십시오. 이것만 지킨다면 여러분의 계좌에 큰 변화를 가져올 것입니다.

원칙 4. 매매시간 엄수(오전 9시-10시 30분, 13시 30분-15시 30분)!

모든 주식이 다 그런 것은 아니지만 대부분 주가는 오전 9시 장 시작 후 30분이 지나면 단타 매매 투자자들은 수익 또는 손실이 결정됩니다. 주가가 조금이라도 움직이는 시간대는 오전 9시부터 10시 30분까지이며, 13시 30분에서 15시 30분 사이는 거래가 가장 활발하게 이루어지는 시간입니다. 단타 매매를 하는 투자자들은 이 시간대에 최대한 집중해서 거래합니다.

10시 30분부터 13시까지는 거래량도 줄어들고 주가도 횡보하는 구간입니다. 이때 전업투자자라면 마음의 여유를 가지고 밖으로 나가 점심식사를 하거나 산

책을 하십시오. 컴퓨터 앞에 온종일 앉아 있다고 해서 수익을 내는 것은 절대 아닙니다. 집중할 시간대에 집중해서 매매하고, 쉴 때는 쉴 줄 알아야 진정한 고수입니다.

원칙 5. 스스로 마인드 컨트롤하라

전업투자자들은 오전 9시 장이 열리면 플러스로 시작하는 것을 매우 중요하게 생각합니다. 장 시작부터 마이너스로 출발하면 마음이 조급해집니다. 그러다 보면 잦은 매매를 하게 되고, 손실의 폭은 커져만 갑니다. 그렇게 계속 매매를 하다 보면 백이면 백 손실만 눈덩이처럼 커져갑니다. 그래서 장 시작 후 마이너스로 출발하면 잠시 컴퓨터 앞에서 일어나서 마인드 컨트롤을 할 필요가 있습니다. 쫓기듯 조급하게 매매하는 습관을 버리도록 노력해야 합니다. 손실이 나는 날에는 차라리 계속 매매하지 말고, 컴퓨터를 끄고 한두 시간 밖으로 나가 마음을 다스리십시오. 그리고 오후장을 대비하는 것도 좋은 방법 중 하나입니다.

원칙 6. 쓸데없는 아집을 버리자

주식시장에서는 자신만의 고집도 필요하지만, 쓸데없는 아집은 버려야 합니다. 예를 들면 한 종목에서 손실이 나면 '네가 이기나, 내가 이기나 한번 해보자'

라는 아집에 사로잡히는 사람들이 있습니다. 이런 아집은 주식시장에서 절대 필요하지 않습니다.

단타 매매를 하는 투자자의 경우 어떤 종목에서 손실을 보았다면 꼭 그 종목에서 복수하려고 합니다. 이런 식의 매매가 자신의 멘탈을 더 흔들리게 합니다. 주식시장에는 수천 개의 종목들이 있으며 한 종목에 집착할 필요는 없습니다. 나에게 손실을 준 종목에 대해 복수하겠다는 집착은 오늘부터 과감하게 버리십시오.

이런 아집을 가진 투자자들은 수익을 냈다가도 한 종목에 대한 집착 때문에 손실을 내게 됩니다. 또 이런 생활을 다람쥐 쳇바퀴 돌 듯 몇 년을 하게 됩니다. 이런 투자자들에게 주식에 대한 충고를 하면 고개는 끄덕이지만, 실전 매매에서는 꼭 자신의 고집대로 매매를 합니다. 가끔은 다른 사람의 말과 충고도 들어야 합니다. 다른 사람의 충고를 귀담아 듣는 행동 하나하나가 여러분의 계좌에 변화를 가져올 것입니다.

원칙 7. 귀동냥 투자는 절대 금지

주식시장에는 많은 정보와 소문이 넘쳐 납니다. "어떤 종목이 몇 배 간다더라." 이런 이야기는 절대 믿지 마십시오. 물론 한두 번은 그런 정보들을 통해 수익을 낼 수는 있겠지만, 결국에는 정보들로 인해 다시 깡통을 차는 경우가 많습니다. "소문난 잔치에 먹을 것 없다"는 속담이 있듯이 그런 정보가 내 귀에까지 들어왔으면 남들도 다 아는 내용이 아닐까요. 앞으로는 귀동냥 투자는 절대 하지 마십시오. 주식은 차트와 거래량입니다. 스스로 차트를 통한 기술적 분석으로 투자해야 진정한 자신만의 노하우가 되는 것입니다.

원칙 8. 하락장에서도 수익을 낼 수 있는 기법을 터득하라

주가는 주위 여건에 따라 많은 변화가 생기게 됩니다. 무조건 우리나라 종합주가지수만 볼 것이 아니라 미국시장의 일봉 차트도 한 번씩 봐야 하고, 전 세계 주식시장의 흐름도 가끔 분석해봐야 합니다. 분석을 통해 주가를 예측하기보다는 예를 들어 하락장이 오면 현금 비중을 확대하고 하락장에 대비해야 합니다.

종합주가지수의 조정장이나 하락장에서도 상승하는 주식들은 있기 마련입니다. 하락장세가 시작되면 하락장세에서 상승하는 종목들을 짧은 단타 매매로 대응하면서 소극적으로 투자해야 합니다.

대부분의 주식투자자는 하락장에서는 다른 사람들도 모두 손실이기 때문에 나도 당연히 손실이 나겠지 하고 자기 합리화를 합니다. 주식시장은 언제나 상승장만 있지 않습니다. 하락장에서도 버틸 수 있고, 수익을 낼 수 있는 기술을 터득해야 주식시장에서 살아남을 수 있습니다.

원칙 9. 쉬는 것도 투자 방법이다

전 세계 주식시장 전반에 악재가 돌출되어 종합주가지수가 며칠씩 급락하는 경우에는 단타 매매를 하는 분들은 항상 현금을 들고 있어야 합니다. 주식시장이 좋지 않을 경우에는 휴식을 취하는 것도 하나의 투자 방법입니다. 매매하지 않으면 손실은 나지 않기 때문에 급락장세에는 쉬는 것이 좋습니다.

매일매일 매매한다고 수익이 나는 것은 아닙니다. 일주일에 한 번만 매매하더라도 수익이 날 수 있는 매매만 하면 됩니다. 대부분의 주식투자자는 무조건 주식을 보유하려고 합니다. 물론 주식을 보유하고 있어야 오를 것이라는 무언의 기대심리가 있겠지만 항상 주식을 보유하고 있는 것만이 능사는 아닙니다. 대세 하락장이 온다면 과감하게 보유 주식을 매도하고, 현금을 보유해 때를 기다리는 것도 필요한 투자 방법이라는 것을 기억하시기 바랍니다.

원칙 10. 주식도 패션이다

"주식도 패션이다!"는 말은 현재 어떤 종류의 주식들이 상승하는지 주식의 트렌드를 읽고 투자하라는 의미입니다.

여름에 오리털 점퍼를, 겨울에 수영복을 팔면 장사가 안 되듯이 어떤 주식이 상승하는지 현재 주식시장의 트렌드에 부합하는 주식을 매매해야 합니다. 예를 들어 바이오 관련 주식이 뜨면 바이오 주식에 투자하고, 남북경협 주식이 상승을 하면 그쪽으로 투자해야 수익을 낼 수 있습니다.

코스닥시장에서 테마주를 매매할 때 시장에서 가장 인기 있는 종목을 매매하라는 뜻이기도 합니다. 기존의 테마나 재료에는 주가가 많이 움직이지 않습니다. 주식시장은 항상 새로운 재료와 테마를 원하고 있습니다. 주식시장에 투자하는 가장 좋은 방법은 현재 주식시장에서 가장 핵심적인 종목과 이슈가 되는 종목에 투자하는 것입니다.

05 단타 매매의 기본, 차트 익히기

봉 차트(캔들)의 유래

일본 에도시대 당시 최대의 곡물거래소는 오사카의 '도오지마 곡물거래소'로 오늘날 주식시장과 비슷한 곳이었습니다.

1700년대 일본 에도시대 쌀 선물시장의 전설적인 인물인 '장사의 신' 혼마 무네히사는 도오지마 곡물거래소에서 타의 추종을 불허하는 쌀 거래 실력

혼마 무네히사

으로 갑부의 반열에 오르게 됩니다. 혼마 무네히사는 하루에도 수십 번 변화하는 쌀 가격으로 인한 혼돈에서 벗어나기 위해 연구에 연구를 거듭했고, 쌀의 가격을 예측하기 위한 그래프가 필요하게 되었습니다. 혼마 무네히사는 기술적 분석을 바탕으로 일본식 봉 차트인 캔들 차트를 개발했습니다. 이것이 시초가 되어 만들어진 차트가 오늘날 주식시장에서 사용하는 캔들 차트입니다.

캔들이 말해주는 정보

주식투자자들이 가장 처음 접하는 것이 바로 캔들입니다. 먼저 캔들의 모양에 대해서 공부해보겠습니다. 주식시장이 열리는 하루 동안의 주가 변동을 표현하는 캔들을 일봉, 일주일의 주가 변동을 표현하는 캔들을 주봉, 한 달의 주가 변동을 표현하는 캔들을 월봉이라고 합니다.

주식 차트에서 빨간색은 양봉이라고 하고, 파란색은 음봉이라고 합니다. 주식

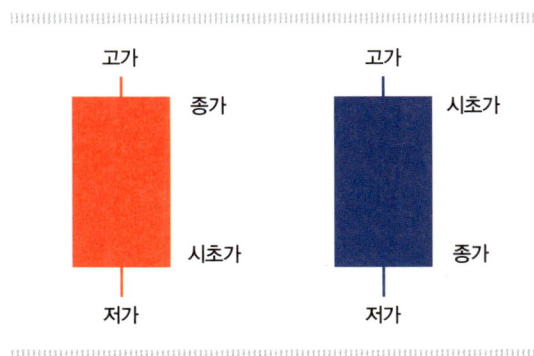

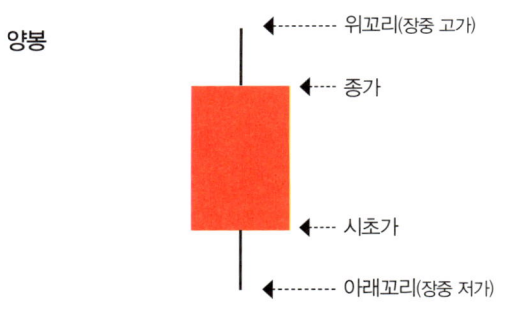

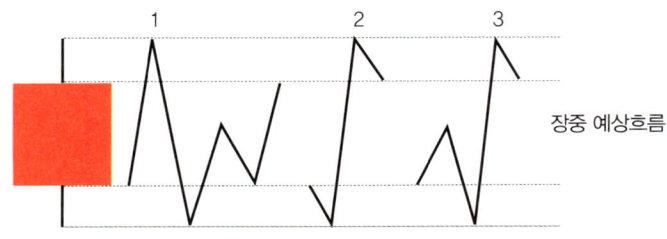

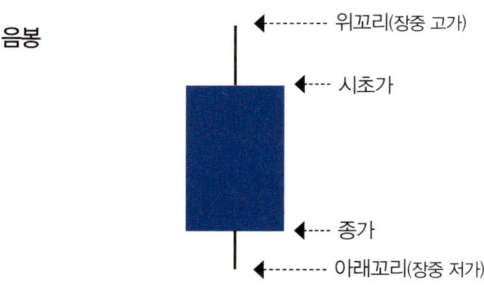

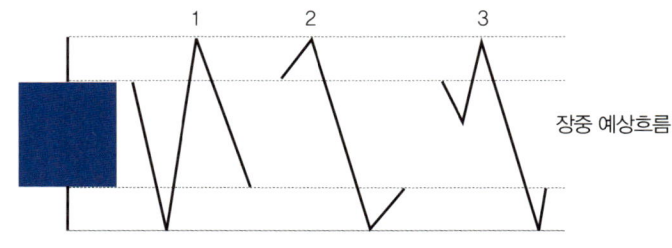

시장이 개장하는 9시 가격보다 15시 30분에 마감하는 종가 가격이 높게 끝나면 '양봉'으로, 주식시장이 개장하는 9시 가격보다 15시 30분의 종가 가격이 낮게 끝나면 '음봉'으로 나타나게 됩니다. 가운데 네모난 부분은 '몸통'이라고 부르며, 위아래 튀어나온 것은 '꼬리'라고 합니다.

하나의 캔들에는 양봉과 음봉, 시초가, 종가, 고가, 저가의 네 가지 의미를 담고 있습니다. 먼저 시초가는 해당일 9시 시작 가격을 의미하며, 종가는 해당일 15시 30분 주식시장이 마감될 때의 가격을 의미합니다.

꼬리의 고가는 주식시장이 열려 있는 9시부터 15시 30분 사이에 최고가에 매매된 가격을 의미합니다. 저가는 주식시장이 열려 있는 9시부터 15시 30분 사이에 가장 최저가에 매매된 가격을 의미합니다.

설명한 양봉과 음봉의 모양을 보고 오늘 하루 주식의 흐름이 어떠했을지 예측해볼까요? 아마도 왼쪽 페이지의 그림과 같이 흘러갔을 겁니다. 주식은 이렇게 작은 차트만으로도 많은 정보를 얻어낼 수 있습니다.

캔들 길이에 따른 특징

시장 상황에 따라 캔들의 모양은 여러 가지로 나타납니다. 빨간색은 양봉으로 시초가가 아래에서 시작해서 종가가 위에서 끝난 차트들입니다. 장 마감 무렵 주가에 따라서 깔끔한 양봉이나 위꼬리를 단 양봉 차트로 나타납니다.

파란색은 시초가가 위쪽에서 시작해서 장중 등락을 거친 후 종가가 하락으로 끝난 차트들입니다. 음봉일 때도 종가 무렵의 가격에 따라서 여러 가지 형태의 캔들이 나타납니다.

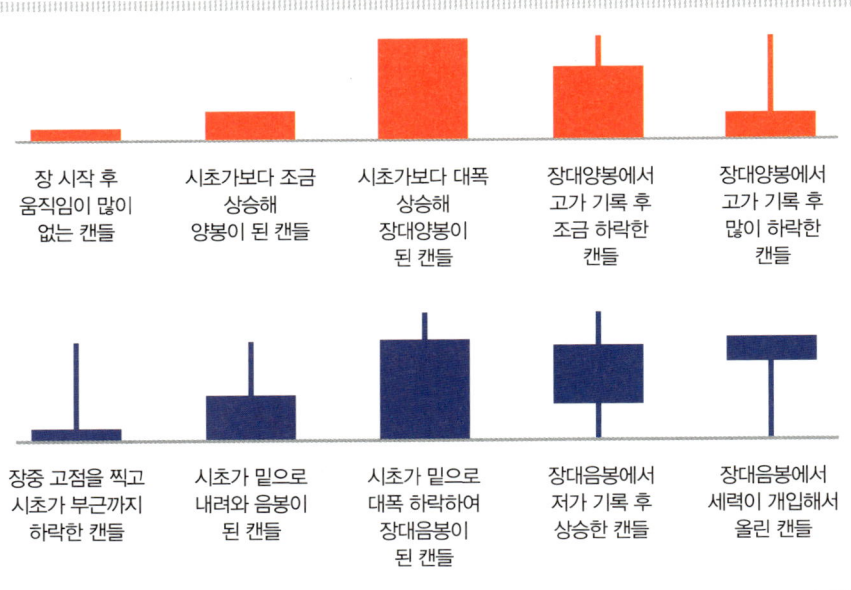

06
다양한 캔들(봉 차트) 모양을 이해하라!

봉을 이용해 만든 차트를 봉 차트 또는 양초와 모양이 비슷하다고 해서 캔들 차트라고 부릅니다. 봉 차트란 일정 기간 주가의 변동을 그래프로 표현한 것으로 미국식 차트와 일본식 차트가 있습니다. 우리나라는 일본식 차트를 사용합니다. 그럼 캔들의 양봉과 음봉에 달린 시초가, 종가, 고가, 저가, 꼬리 모양에 대해서 알아보도록 하겠습니다.

  참고로 우리나라와 달리 미국에서는 양봉을 녹색, 음봉을 빨간색으로 표시하고 있습니다.

캔들의 꼬리 모양

하루 동안의 캔들도 시초가(9시 가격)와 종가(15시 30분 가격) 또는 장중 저가, 장중 고가의 여러 가지 캔들의 형태로 나타납니다. 양봉과 음봉에서 꼬리가 의미하는 바는 단번에 알아차릴 수 있을 정도로 반드시 익혀두어야 합니다.

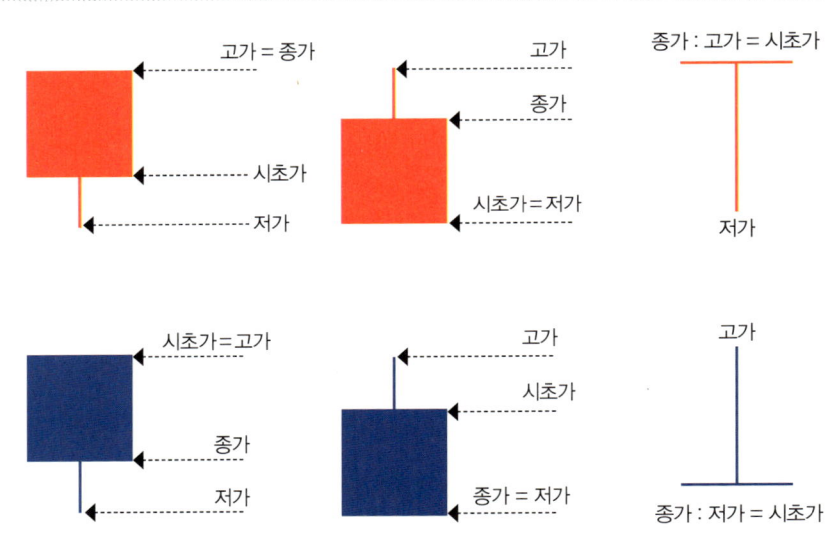

하락지속형

첫 번째 장대음봉 후 3개의 작은 몸통을 가진 양봉이 출현하고, 네 번째 음봉이 첫 번째 긴 장대음봉을 하향 돌파하는 경우 추가 하락 가능성이 있습니다.

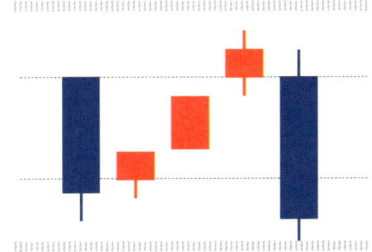

지속형 패턴

첫 번째 장대양봉 출현 후 3개의 작은 몸통을 가진 음봉이 출현하고, 네 번째 장대양봉이 첫 번째 장대양봉을 상향 돌파하는 경우 추가 상승의 가능성이 있습니다.

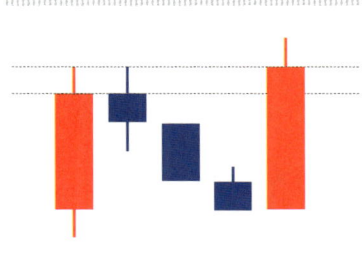

적삼병

3개의 연속된 양봉으로, 중·장기 하락 추세 이후 대표적 강세 예고 패턴입니다. 고가권에서 형성된 적삼병은 단기 고점의 가능성도 있으므로 주의해야 합니다.

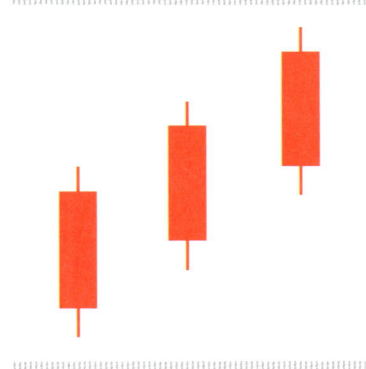

흑삼병

3개의 연속된 음봉으로, 중·장기 상승 추세 이후 대표적 약세 예고 패턴입니다. 저가권에서 형성된 흑삼병은 단기 저점의 가능성도 있으므로 관심을 가지고 봐야 합니다.

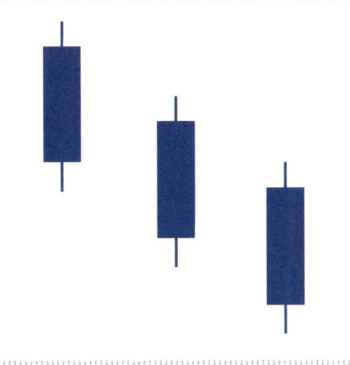

주식 캔들의 모양 I

교수형 : 장 마감 직전에 세력의 개입으로 아래꼬리를 길게 달아 위로 밀어 올린 형태의 캔들입니다.

유성형 : 위 꼬리가 달린 음봉의 모양으로, 상승 추세에서 발생하면 하락 추세로의 전환을 의미합니다. 많이 상승한 종목에서 거래량이 증가하면 고점 징후로 판단해야 합니다.

상승살바형 : 하락 추세의 마지막에 주로 나타나는 캔들로 주가가 상승으로 전환될 가능성이 높은 캔들입니다.

하락살바형 : 시초가가 장중 최고가인 경우 장중에 주가가 하락하면서 밑꼬리 음봉을 보이는 패턴으로, 주로 상승 추세의 마지막 국면에서 나타납니다.

깔끔한 양봉 : 시초가보다 종가가 더 높게 마감한 캔들의 모양으로 상승 추세의 전환을 알리는 신호가 됩니다.

깔끔한 음봉 : 시초가보다 종가가 더 낮게 마감되었다는 것을 의미하는 전형적인 하락 신호입니다. 고점에서 장대음봉이 발생할 경우에는 본격적인 하락 추세를 알리는 신호가 됩니다.

보합형 : 도지 캔들이라고 부르며, 방향 전환점이 될 수 있는 캔들입니다. 고가권에서 나타나면 하락을 예고하고, 바닥권에서 나타나면 상승 전환을 예고할 수도 있는 캔들입니다.

보합형

주식 캔들의 모양 II

석별형 일봉 모습

석별형은 대표적인 하락 반전형으로, 상승 추세의 천장권에서 형성되어 하락 추세로의 전환을 의미하는 일봉 차트입니다. 이런 캔들 모양이 나타나면 매도로 대응해야 합니다.

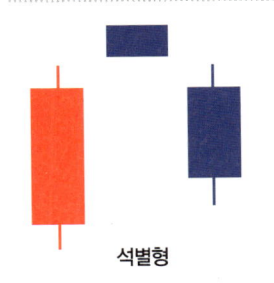
석별형

샛별형 일봉 모습

샛별형은 대표적인 상승 반전형으로, 하락 추세의 바닥권에서 상승 추세로의 전환을 의미하는 일봉 차트입니다. 이런 캔들 모양이 나타나면 적극 매수에 가담하는 것이 좋습니다.

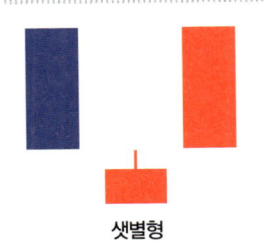
샛별형

하락반격형

하락반격형은 고점 부근에서 양봉이 출현하고, 다음 날 갭 상승 출발하면서 음봉이 나타난 후 전일 양봉의 종가 부근에서 마감하는 일봉 차트입니다. 매도세가 우위를 보이는 패턴입니다.

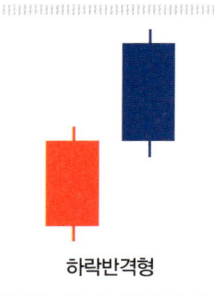
하락반격형

하락잉태형

하락잉태형은 양봉 이후 작은 음봉이 가운데 살짝 걸쳐 있어 마치 엄마가 포대기로 아기를 업은 형태입니다. 상승 추세 진행 중에 나타나면 추세 전환의 가능성을 의미합니다.

하락잉태형

상승반격형

상승반격형은 음봉 출현 다음 날, 양봉의 종가가 전일 음봉의 종가와 일치하는 경우에 나타나는 일봉 차트로 상승 전환의 신호로 봐야 합니다.

상승반격형

상승잉태형

상승잉태형은 첫 번째 긴 음봉 발생 후 작은 양봉이 살짝 걸쳐 있는 형태입니다. 하락 추세 진행 후에 나타나면 추세 전환의 가능성을 의미하며, 몸통이 작을수록 신뢰도가 높습니다.

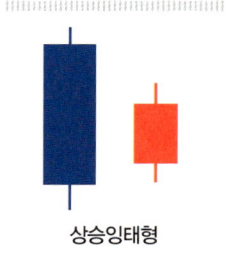
상승잉태형

한 개 캔들이 이틀의 효과를 나타내는 캔들 모양

이 캔들의 모양은 위꼬리를 달고 있는 양봉 캔들인데, 하루는 장대양봉을 내고, 하루는 위꼬리만 한 음봉을 낸 캔들의 조합입니다. 즉 하나의 캔들로 이틀의 효과를 나타내는 캔들입니다. 대부분 이런 모양의 캔들은 다음 날 다시 양봉이 출현하는 경우가 많으므로 종가 무렵 매수해서 홀딩하면 다음 날 양봉 캔들이 발생하여 주가가 상승하는 경우가 많습니다.

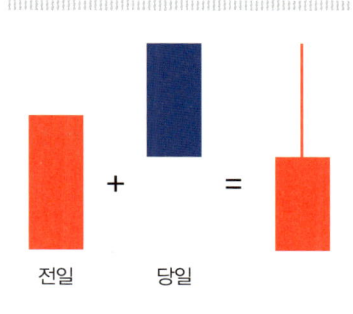

▌ 위꼬리 양봉 캔들 모양의 일봉 차트 예 ▌

그림으로 보는 캔들 하루의 가격변화

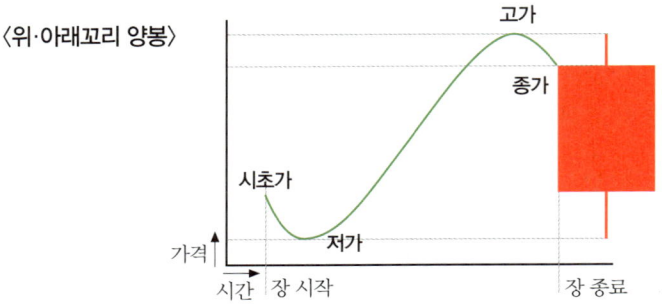

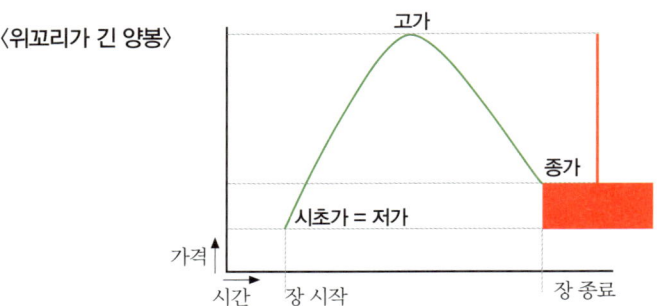

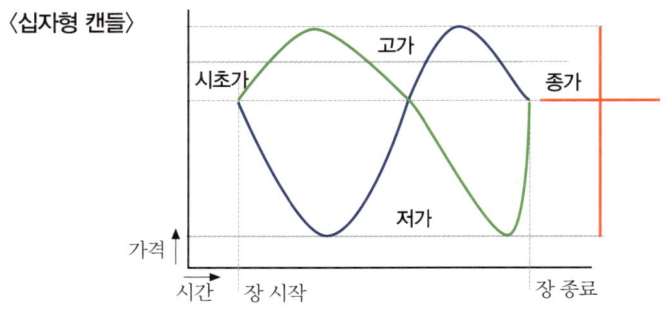

07 숲을 파악하는 주가의 추세선

주가는 어느 기간 동안 일정한 방향으로 움직이는 경향이 있는데, 이를 추세라 합니다. 그리고 일정한 범위 내에서 바닥과 고점을 형성하면서 움직이는 두 점을 연결하면 추세선이 만들어집니다. 상승하고 있는 주가의 바닥선을 잇는 것을 상승 추세선이라 하고, 하락하고 있는 주가의 정점을 잇는 것을 하향 추세선이라합니다.

주가 상승 시 지지라인

주가가 상승파동에 접어들면 상승하다 하락하더라도 지지라인에서 지지가 됩니다. 지지가 되는 자리를 매수 포인트로 잡으면 됩니다. 지지라인은 주로 이동평균선 부근이라고 보면 됩니다. 지지가 되는 이유는 상승하던 주가가 이동평균선 부근으로 내려오면 저점에 매수하려는 대기 매수세가 많아서 대부분 지지가 되는 것입니다.

주가 하락 시 저항라인

주가가 하락파동에 접어들게 되면 이 그림과 같이 하락하다 상승으로 올라가려 해도 저항선에 부딪히게 됩니다. 대부분 저항선도 이동평균선 부근이라고 보면 됩니다. 저항을 받게 되는 이유는 대부분 그 부근에서 물려 있는 매도세가 주가가 본전 가격 부근에 다다르면서 매도 물량을 출회하여 저항을 받게 되는 것입니다.

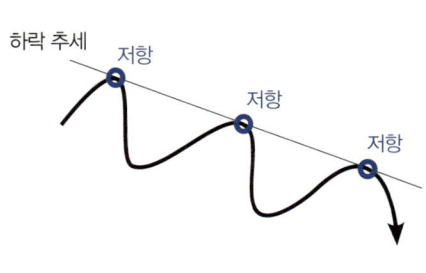

08 주식 주문의 종류, 헷갈리지 말자!

주식 매수 주문창을 보면 여러 가지 주문이 있습니다. 일반투자자들은 보통주문, 시장가주문, 시간외주문(장후시간외, 장전시간외), 시간외단일가주문 정도만 사용하면 됩니다.

보통주문

투자자들이 일반적으로 사용하는 주문으로 수량과 가격을 지정하여 내는 주문을 말합니다.

시장가주문

가격을 불문하고 무조건 매수하라는 주문입니다. 종가나 시초가에는 가격이 급등할 수 있어 매수가 체결되자마자 손실을 볼 수 있기 때문에, 시장가 매매는 가격의 급등락이 심할 경우에는 조심해야 합니다. 정규 매매시간에 주문이 접수되는 시점에서 가장 유리한 가격으로 주문을 내는 것이 좋습니다.

조건부지정가주문

장중에 매수주문이 체결되지 않았을 경우 장 마감 10분 전 시장가로 전환되어 매매하는 주문입니다.

IOC(Immediate Or Cancel)

주문 수량 일부가 체결되지 않을 경우 남아 있는 잔량은 자동으로 취소되는 주문입니다.

FOK(Fill Or Kill)

주문 수량이 전부 체결되지 않을 경우 모든 주문 수량이 자동으로 취소되는 주문입니다.

장후 시간외주문

정규시장을 제외하고 장 마감 15시 40분부터 16시까지 당일 종가로 매수하겠다는 매수주문입니다. 시간우선의 원칙이 적용됩니다.

장전시간외주문

7시 30분부터 8시 30분까지 전일 종가의 가격으로 매수·매도하겠다는 주문입니다. 먼저 들어간 주문이 먼저 체결되는 시간우선의 원칙이 적용됩니다. 전날 시간외단일가에서 상승폭이 큰 종목의 경우에는 장전시간외 거래에서 매도 물량이 나온다면 전날 정규시장의 종가 가격에 매수할 수 있게 되므로 매수세가 많이 들어오게 됩니다. 전날 시간외단일가에서 크게 하락한 종목은 매도세가 많이 출회됩니다. 장전시간외호가에서 매수세가 많은 종목은 시가가 상승해서 출발하게 되고, 반대로 매도세가 많으면 주가가 하락해서 출발하게 됩니다.

시간외단일가 매매

장후시간외 매매가 끝나고 16시 10분부터 10분 단위로 18시까지 매수 주문을 받아서 단일가 매매 방식으로 체결합니다. 당일 종가 대비 등락폭이 ±10%까지 가능하며, 시간외단일가 매매는 총 12회 할 수 있습니다.

가격이 결정되기 전 5분간 ±3% 이내의 가격 호가 변동 시 정적 VI(변동성 완화장치)가 발동됩니다. 이때 체결시간을 2분 동안 연장하고, 2분 후 30초 내에 랜덤으로 체결됩니다.

정규시장이 끝나고 종합시황창에 좋은 기사가 나오는 종목의 경우 시간외단일가 시장에서 주가가 상승하게 됩니다. 보통의 경우에는 시간외 단일가에서 상승하는 주가 상승폭보다는 다음 날 정규시장 아침 동시호가에서 시초가가 좀 더 상승하는 경우가 많기 때문에 시간외단일가에서 주가가 상승하는 종목의 경우에는 조금이라도 매수해보시기 바랍니다. 시간외단일가 시장에서 좋은 재료가 나와서 +10% 상한가를 가는 종목은 다음 날 최소 15% 이상 시초가가 상승하는 경우도 많기 때문에 시간외단일가 매매를 할 수 있으면 꼭 관심을 가져봐야 합니다.

주식의 매수는 8시부터 홈트레이딩시스템을 통해서 가능하며, 주식의 예상체결 호가는 8시 40분부터 볼 수 있습니다. 말 그대로 예상 체결호가이므로 8시 40분부터 9시까지의 호가를 100% 신뢰하면 안 됩니다. 전날 시간외단일가 시장에서 악재로 인해 주가가 많이 빠진 종목의 경우 9시가 되기 전에 매수호가가 있는 것처럼 보이게 하기 위해서 허매수를 플러스 호가로 넣어서 예상체결가를 상승시켜 초보 개미들의 매수를 유인하는 경우도 많습니다. 그렇기 때문에 장전시간외 거래시간에 허매수에 속아서는 안 됩니다. 주식의 진정한 매수세는 장 시작 1분쯤 전인 8시 59분쯤이 되어야 알 수 있습니다.

동시호가란?

주식시장에서 동시에 접수된 호가 및 시간의 앞뒤가 분명하지 않은 호가를 뜻합니다. 모든 주문에 대해 동시에 들어온 것으로 간주하고 매수·매도의 접수를 모아서 한꺼번에 체결시키는 것을 말합니다.

장 시작 전인 8시 30분~9시, 장 마감 후인 15시 20분~15시 30분 사이의 매매방식을 동시호가 매매라고 합니다.

정적 VI 또는 동적 VI가 발동되어도 2분간 동시호가의 개념으로 매수·매도의 접수를 받아서 매수·매도를 한꺼번에 체결시키게 됩니다. 일정시간 동안의 주문을 한꺼번에 모아서 적절한 가격에 동시에 체결시키는 것이 동시호가 매매입니다. 동시호가는 매매의 갑작스런 주문 폭주로 인해 주가가 왜곡되는 것을 방지하기 위해서 만들어진 매매 방식입니다.

동시호가(단일가 매매)를 적용하는 경우

- 장 시작 전 8:30~9:00 사이의 주문
- 장 마감 전 15:20~15:30 사이의 주문
- 시간외 단일가 매매(16:00~18:00) 시 주문
- 급격한 주가 변동으로 변동성 완화장치(정적 VI, 동적 VI) 등이 발동될 경우
- 단기 과열 종목으로 지정된 종목의 경우 30분마다 단일가 매매를 적용
- 상장폐지 전 정리 매매

:: 주식 주문의 종류 ::

정규시간		09:00~15:30
동시호가	장 시작 동시호가	08:30~09:00
	장 마감 동시호가	15:20~15:30
시간외 종가	장전시간외 종가	08:30~08:40(전일 종가로 거래)
	장후시간외 종가	15:40~16:00(당일 종가로 거래)
시간외단일가		16:00~18:00 (10분 단위로 체결, 당일 종가대비 ±10% 가격으로 거래)

09

주식 주문 체결의
3대 원칙

증권거래소에서는 공정하고 합리적인 가격 결정을 위해서 매매 체결의 원칙을 세워두고 있습니다. 매매 체결의 원칙에는 가격우선의 원칙, 시간우선의 원칙, 수량우선의 원칙이 있으며 적용 순서는 가격 → 시간 → 수량 순서입니다.

가격우선 > 시간우선 > 수량우선

가격우선의 원칙

주식을 매수할 때는 높은 가격으로 주문한 사람이 우선적으로 체결되고, 주식을 매도할 때는 낮은 가격으로 주문한 사람이 우선적으로 체결됩니다.

예를 들면 A는 한 종목을 5,000원에 1,000주 매수주문을 합니다. B는 동일한 종목을 5,010원에 1,000주를 매수주문합니다. 이 경우 B가 10원 더 높게 매수주문을 했기 때문에 B의 매수주문이 우선적으로 체결됩니다. 반대로 매도주문일 경우 5,000원에 매도한 A의 매도주문이 우선적으로 체결됩니다.

시간우선의 원칙

같은 주식을 매수주문할 때 매수가격이 똑같을 경우 1초라도 먼저 주문한 사람의 매수주문이 우선적으로 체결됩니다.

수량우선의 원칙

동시에 접수된 호가 및 접수시간의 선후가 분명하지 않은 호가, 즉 동시호가 중 같은 호가에 대해서는 수량이 많은 주문이 적은 주문을 우선한다는 원칙을 수량우선의 원칙이라고 합니다.

A가 동시호가 시간에 ○○종목을 주당 1만 원에 1,000주를 매수주문합니다.
B는 동시호가 시간에 ○○종목을 주당 1만 원에 900주를 매수주문합니다.
C는 동시호가 시간에 ○○종목을 주당 1만 원에 500주를 매수주문합니다.

이럴 경우에 ○○종목은 동시호가로 모두 같은 시간에 주문을 낸 것으로 간주하기 때문에 시간우선의 원칙은 배제되고 남은 원칙은 가격과 수량입니다. 그런데 가격이 동일하기 때문에 더 많은 수량을 매수 주문한 A가 수량우선의 원칙에 따라 우선권을 갖게 됩니다.

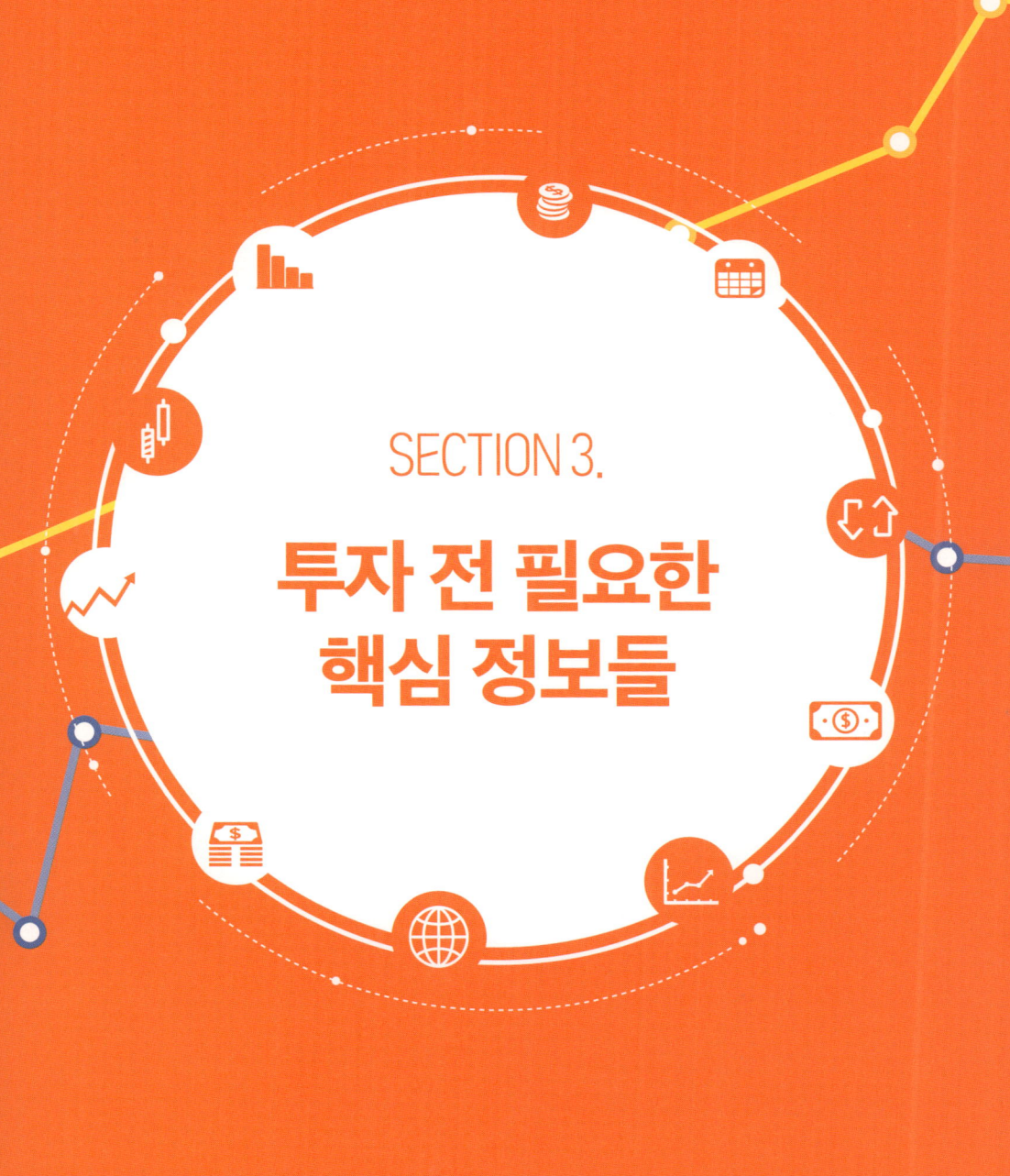

10

주당순이익(EPS)
주가수익비율(PER)

주당순이익(EPS)

　주당순이익(이하 EPS)은 기업이 벌어들인 순이익을 기업이 발행한 총 주식수로 나눈 값입니다. 당기순이익/발행 총 주식수, EPS는 특정기간 영업활동의 성과를 나타내는 지표로 1주당 이익이 얼마인지를 나타냅니다.
　따라서 EPS가 높을수록 주식의 투자 가치는 높다고 볼 수 있습니다. EPS가 높다는 것은 그만큼 회사가 좋다는 의미이며, 배당 여력도 높기 때문에 주가에 긍정적인 영향을 미치게 됩니다. 거래소의 블루칩이라 불리는 대형주들이 고가이면서도 투자자들에게 선호도가 높은 이유가 바로 EPS가 높기 때문입니다. 이런 대형주들은 기관투자자와 외국인들이 매매를 선호합니다.

주가수익비율(PER)

주가수익비율(이하 PER)은 주가를 EPS로 나눈 것입니다. PER는 주식의 시가총액을 주식수로 나눈 것으로, 주가가 1주당 수익의 몇 배가 되는지를 나타냅니다.

- 주가가 10,000원이고 EPS가 500원이면 PER=20
- 주가가 10,000원이고 EPS가 1,000원이면 PER=10
- 주가가 10,000원이고 EPS가 2,000원이면 PER=5

PER가 높다는 것은 EPS에 비해 주식가격이 높다는 것을 의미하고, PER가 낮다는 것은 EPS에 비해 주식가격이 낮다는 것을 의미합니다. 그러므로 PER가 낮은 주식은 향후 주식 가격이 상승할 가능성이 있음을 의미합니다. PER가

낮으면 주가는 저평가된 것이고, PER가 높으면 고평가된 것입니다.

주가의 움직임에 따라 이 PER는 매일 바뀌게 됩니다.

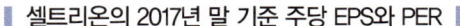

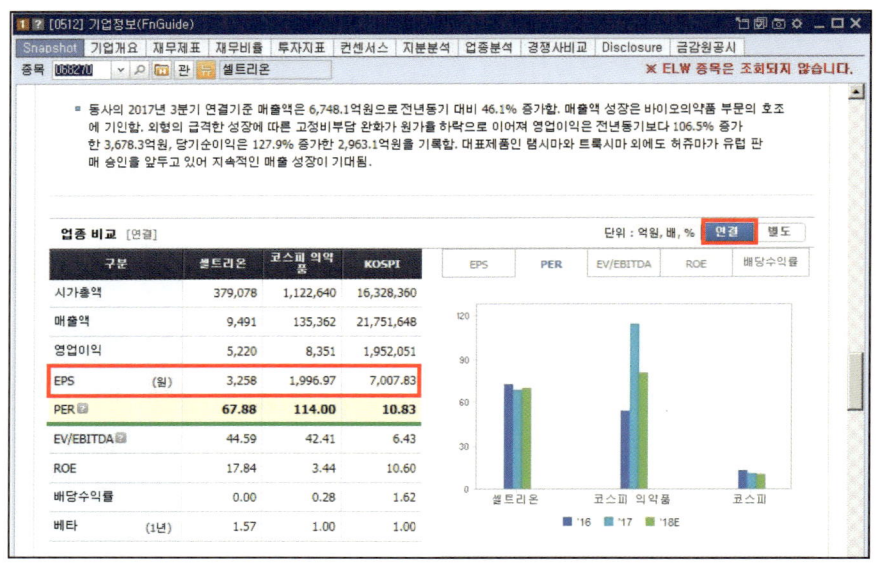

위 그림에서 셀트리온의 기업정보를 확인할 수 있습니다. 빨간 박스의 EPS는 작년 말 기준의 주당순이익이며, 초록색 선으로 표시된 PER도 전년도 결산 주가수익비율입니다.

기업개요에서 '연결'이라는 것은 셀트리온의 자회사 지배기업과 종속기업의 자산, 부채, 당기손익 등을 합쳐서 하나의 재무제표를 작성하는 개념입니다. 셀

‖ 신라젠의 기업정보 ‖

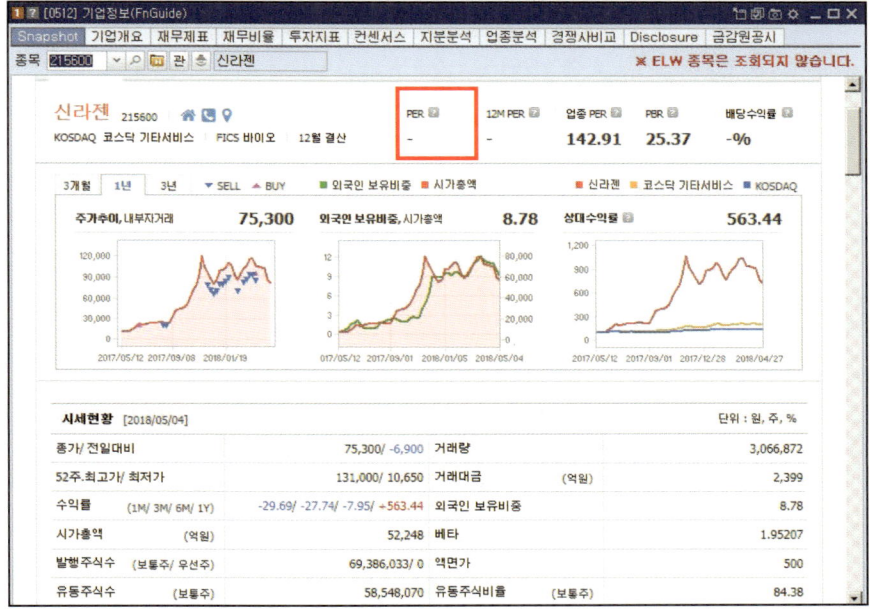

트리온 한 종목의 EPS와 PER를 본다면 '별도'를 보면 됩니다. 주식시장에서는 EPS가 높으면서 저평가되어 있는 기업을 찾아 분석한 후 투자에 임해야 합니다.

신라젠같이 시가 총액이 7조 원이 넘는 기업의 실적이 적자가 난 경우 일반적으로 PER 수치는 산출되지 않아 N/A(Not Available, 해당 없음), 즉 표시하지 않습니다.

대부분의 바이오 기업은 향후 성장성을 보고 주가가 상승하는 경우가 많습니다. 신라젠은 적자이면서도 주가가 높은 이유는 암세포를 공격하는 '펙사벡'이라는 항암 바이러스 치료제가 임상 3상을 성공할 경우 기업의 가치가 크게 상승할 것이라는 기대감 때문입니다. 이런 기대감으로 적자 기업이지만 향후 미래 가치를 반영해 주가가 움직이게 되는 것입니다. 바이오 관련 기업들은 적자 기업이 많아서 PER로 주가를 적용하기 어렵습니다.

11. 거래량은 주가의 핵심 포인트다!

거래량 분석이 중요한 이유

주가는 '거래량의 그림자'라는 말이 있습니다. 즉 거래량은 주가의 진실이고, 세력의 움직임은 거래량을 통해 알 수 있습니다. 주가가 바닥권인데 거래량이 증가한다면 싼 가격에 물량을 매집한다는 의미로, 주가는 곧 상승할 것임을 알 수 있습니다. 주가가 크게 오른 상태에서 거래량이 증가한다면 차익실현 매물이 쏟아져나와 주가는 곧 하락할 것임을 의미합니다. 주가가 조정될 때는 거래량이 감소하게 되고, 거래량이 급감하면 주가도 바닥권에 근접했다는 의미로 해석됩니다.

우리는 차트 분석을 할 때 대부분 가격을 기초로 한 캔들의 모양이나 이동평균선 또는 보조지표(MACD, 스토캐스틱, 일목균형표, 볼린저밴드) 등에 초점을 맞춥니다. 문제는 가격이 결정되어야 캔들의 모양이나 이동평균선 또는 보조지표가 만들어지기 때문에 지표들은 모두 후행성을 가지고 있습니다. 필자는 단타 매매를 하기 때문에 후행성을 띠는 보조지표는 거의 보지 않고 매매하는 편입니다.

후행성을 띤다는 것은 세력들이 얼마든지 가격을 조작할 수 있다는 의미입니다. 예를 들어 주요 이동평균선 지지를 예상했는데 실제로는 이동평균선 수렴 이전에 반등을 한다든지, 아니면 이동평균선을 깨고 개미들 물량을 다 털어낸 후 반등시키는 일이 비일비재합니다. 개미들은 이런 구간에서 세력들에게 물량을 모두 뺏기게 됩니다.

그러나 모든 시장 참여자가 만들어내는 거래량은 세력도, 그 누구도 속일 수 없습니다. 거래량은 매수세와 매도세라는 수요와 공급이 일치하면서 만들어지는 것입니다. 매수세와 매도세의 싸움 결과에 의해 거래량이 만들어지며, 그에 따라 가격이 결정됩니다.

우리가 참조하는 그 어떤 보조지표도 주가의 움직임에 선행하는 것은 없습니다. 하지만 거래량만큼은 주가에 선행한다는 사실을 기억해야 합니다. 거래량 분석만 제대로 해도 향후 주가의 흐름을 어느 정도 예측할 수 있습니다.

일봉 차트에서 거래량 읽는 법

주식투자에서 가장 중요한 지표는 거래량입니다. 일봉 차트에서 전날보다 거래량이 늘어나면 빨간색으로 표시되고, 전날보다 거래량이 줄어들면 파란색으

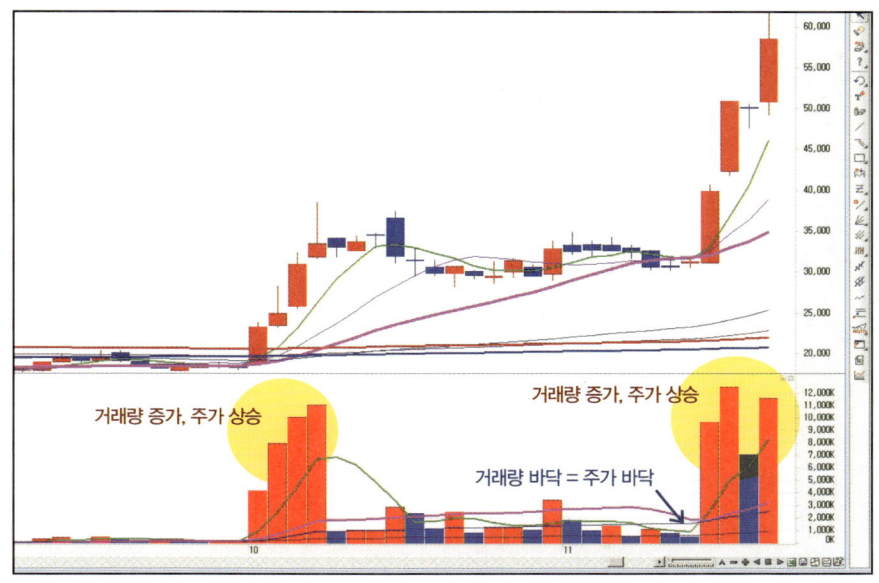

로 표시됩니다. 거래량이 줄어들면 그만큼 주식을 매도할 사람이 없다는 의미로, 주가는 바닥국면이라고 볼 수 있습니다.

주가가 바닥권에서 거래량이 증가한다는 것은 주가 상승을 예고하고, 주가가 천장권에서 거래량이 증가한다는 것은 주가 하락을 예고합니다. 일봉 차트에서 최대 거래량이나 최소 거래량이 나타나면 주가 상승 또는 하락의 전환 포인트일 가능성이 높습니다.

"주가는 속일 수 있으나 거래량은 속일 수 없다"라는 말이 있습니다. 주가가 바닥권에서 거래량이 증가하면 서서히 관심 종목에 편입하고, 조금씩 분할 매수로 대응합니다. 그리고 주가가 많이 오른 상태에서 거래량이 증가하면 하락을 대비하여 서서히 고점에서 분할 매도로 대응합니다.

12

상승갭과 하락갭,
지지와 저항선

일봉 상승갭, 하락갭

갭(Gap)이란 주가가 갑자기 급등하거나 급락함으로써 나타나는 일봉 차트상의 빈 공간을 말합니다. 상승 시에 나타나는 갭을 상승갭, 하락 시에 나타나는 갭을 하락갭이라고 합니다.

갭이 발생하면 갭이 발생한 공간의 가격대에서는 거래가 성립되지 않습니다. 그렇기 때문에 갭이 발생한 가격대는 지지선이나 저항선의 역할을 하게 됩니다.

상승갭은 어제 고가보다 오늘의 저가가 높은 것을 말합니다.

상승갭은 가격의 움직임과 시장 심리가 상승으로 쏠려 있다는 것을 알려주는 것으로 주식시장에서 관심이 집중되는 종목입니다. 좋은 호재나 재료에 나타나는 경우도 있고, 시간외단일가 매매로 주가가 상승한 후 다음 날 나타나게 됩니다.

중요한 저항선을 돌파한 직후에 나타난 돌파 상승갭은 앞으로 크게 오를 것이라는 주가 급등의 신호탄으로 작용할 수도 있습니다.

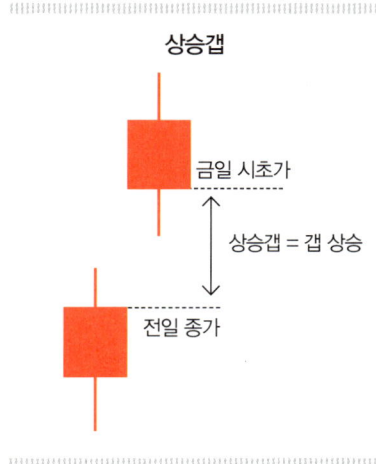

하락갭은 미국증시 급락 등 대외적인 변수로 인해 주식시장 전체나 해당 종목에 대한 악재가 갑자기 나타난 경우 나타나는 갭입니다. 정규시장이 끝나고 종목에 대한 주주배정 유상증자, 대주주의 주식 장내 매도 등 좋지 않은 내용이 나오면 다음 날 주가는 하락으로 시작하게 됩니다. 주식의 매도세가 매수세보다 많을 때 나타나는 갭입니다.

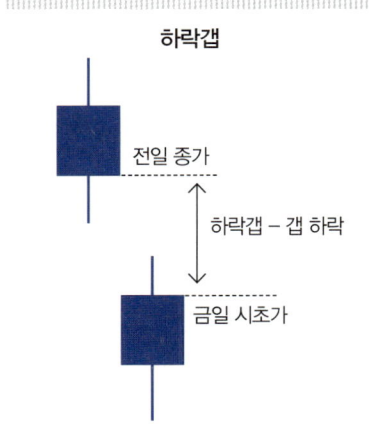

13 도지(십자형) 캔들의 신호 알아차리기

　도지 캔들은 주식의 매수세와 매도세가 팽팽하게 맞물릴 때 생기는 캔들로 추세 전환의 신호가 될 수 있기 때문에 반드시 주의 깊게 봐야 합니다.

　도지 캔들이 차트의 어느 지점에서 나타나는지에 따라서 하락, 상승, 바닥 신호 등으로 의미가 달라집니다. 양봉이 3개 이상 연속인 고가권에서 도지 캔들이 나타나면 하락의 예고라고 볼 수 있습니다. 그리고 바닥권에서 음봉이 3개 이상 연속으로 나온 후 저가권 도지 캔들이 나타나면 주가의 상승 전환을 예고하는 것으로 볼 수 있습니다. 일봉 차트에서 도지 캔들이 주로 지지, 저항선에서 발생했을 때는 주의 깊게 봐야 합니다.

도지 캔들의 종류

기본형 도지 캔들은 매수세와 매도세가 힘의 균형을 이루고 마감했음을 나타냅니다. 긴십자형 도지 캔들은 일반적인 짧은 도지 캔들보다 추세 전환의 신호가 크다고 판단됩니다. 하지만 매수·매도 세력 모두 확신을 갖지 못한 상태를 나타냅니다.

잠자리형 도지 캔들은 종가 무렵 매수세가 더 강하게 밀어 올렸음을 나타내는 캔들의 모습입니다. 바닥권에서 출현하면 상승 전환의 신호로 볼 수 있고, 상승권에서 출현하면 주가의 추가 상승 가능성이 높음을 나타냅니다. 긴 밑꼬리는 세력이 개입한 흔적으로 볼 수 있습니다.

비석형 도지 캔들은 종가 무렵 매도세가 매우 강해서 생기는 캔들의 모습입니다. 잠자리형과는 정반대의 흐름을 보입니다. 비석형 캔들이 나타나면 매도의 신호로 해석할 수 있으며, 상승권에서는 강력한 매도의 신호라고 볼 수 있습니다.

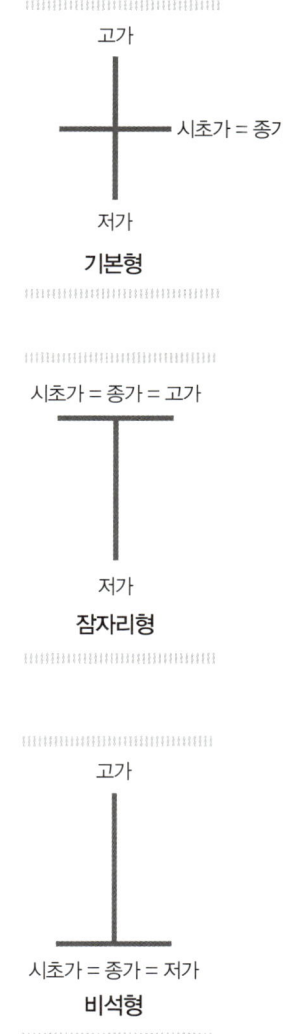

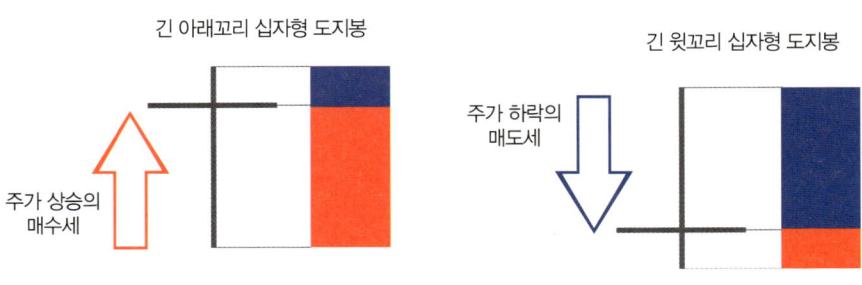

복합 캔들의 도지 차트

장대양봉이나 장대음봉이 출현한 뒤 나타나는 도지 캔들은 현재의 추세가 전환될 가능성을 의미합니다. 큰 상승과 하락에서 도지 캔들이 발생하고 난 이후 주가는 어떤 모습일까요?

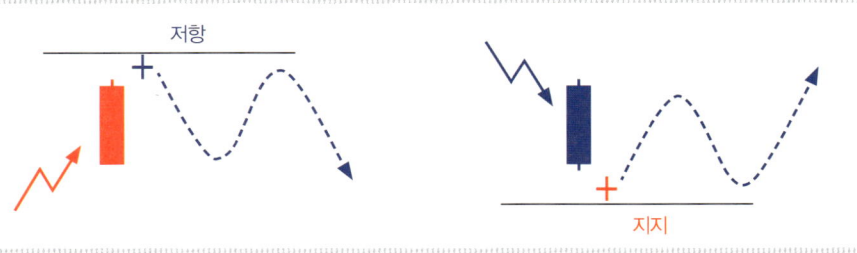

주가가 상승하는 양봉 이후 도지 캔들이 발생하면 주가가 저항을 받게 됩니다. 상승 추세에서 도지 캔들 출현 후 주가가 도지 캔들보다 더 상승한다면 상

승 추세가 좀 더 진행될 것입니다. 도지 캔들의 고점을 뚫지 못하면 단기 고점일 가능성에 대비해야 합니다.

   주가가 하락하는 음봉 이후 도지 캔들이 출현하면 주가가 저점에서 지지가 나타나고 있음을 의미합니다. 하락 추세에서 도지 캔들 출현 후 주가가 도지 캔들의 저점보다 더 하락한다면 하락 추세가 더 진행될 것입니다. 그리고 다음 날 도지 캔들의 저점을 지지하면 대부분 주가가 상승으로 추세 전환될 것으로 봐야 합니다.

   양봉 3개가 연속으로 발생하는 고가권에서 나타난 도지 캔들은 상승보다는 하락을 예고하는 역할을 합니다. 그리고 음봉이 연속으로 3개 이상 나오고, 바닥권에서 출현하는 도지 캔들은 상승 전환의 예고라고 볼 수 있습니다.

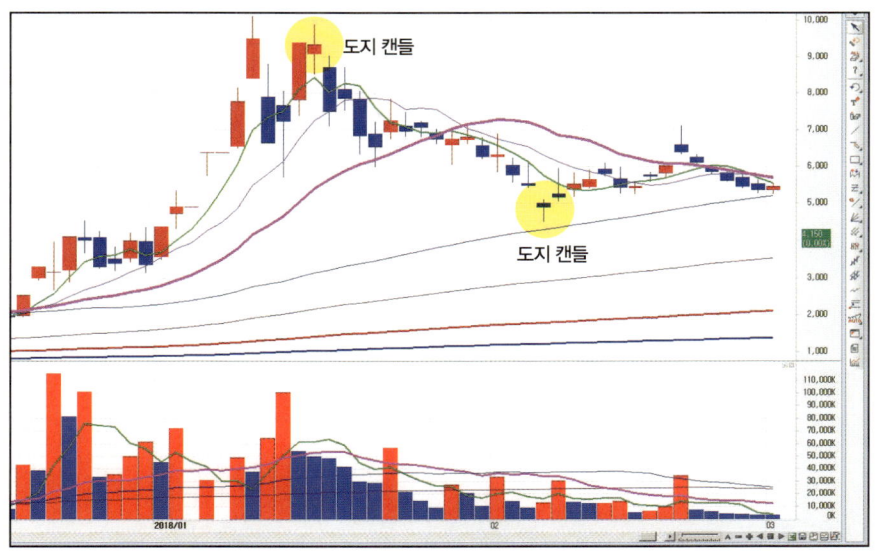

▌ 우리기술투자 일봉 차트 도지 캔들 ▌

SK하이닉스 일봉 차트 도지 캔들

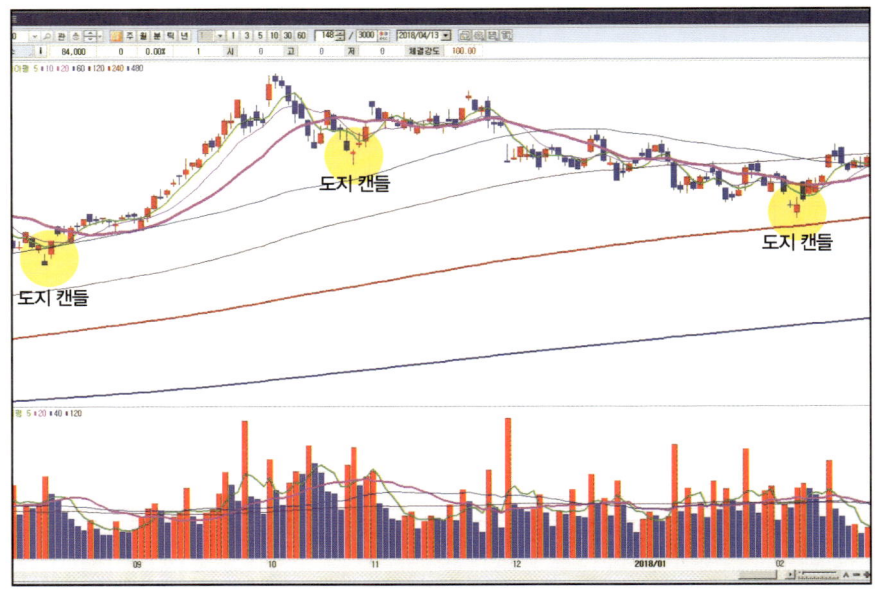

쏠리드 일봉 차트 도지 캔들

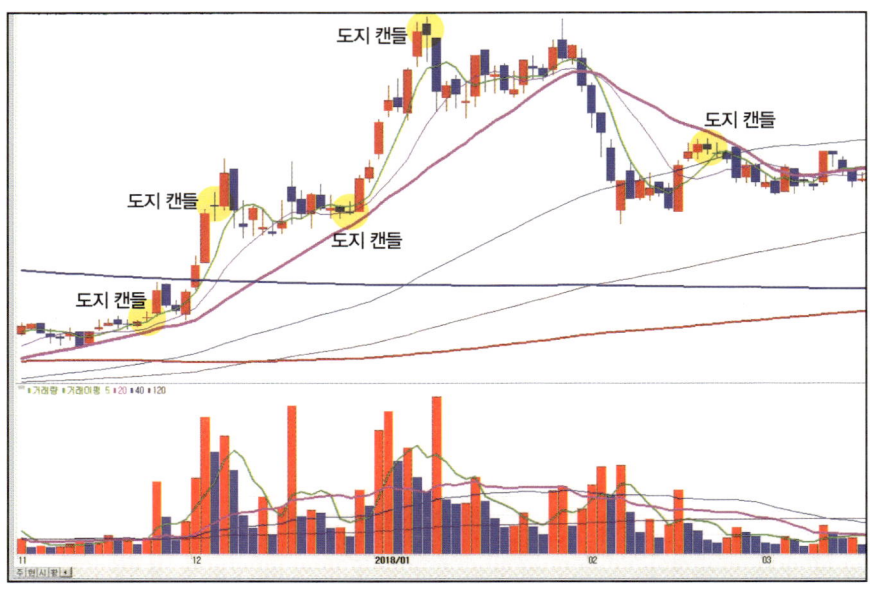

이 세 종목을 보면 도지 캔들 발생 이후 주가의 방향이 상승이나 하락으로 바뀌었음을 볼 수 있습니다. 이처럼 도지 캔들은 고점이나 저점에서 의미 있는 캔들의 모양으로 나타날 수 있으므로 주식을 매매할 때 도지 캔들은 관심을 가지고 살펴봐야 합니다.

주의 깊게 봐야 할 도지 캔들

1. 시초가와 종가가 비슷하게 끝날 때 나타나는 형태
2. 바닥권에서 연속 음봉 이후 도지 캔들이 나타나면 상승으로 추세 전환의 가능성
3. 고점에서 대량 거래 이후 도지 캔들이 발생하면 매도 신호

14 변동성 완화장치(VI)
도입

우리나라 주식시장 가격제한 변동폭

우리나라의 주식시장의 가격제한 변동폭의 역사를 보면 1998년 상·하한가 폭이 12%에서 15%로 바뀌었습니다. 그 이후 17년 만인 2015년 6월 15일부터 가격제한 변동폭이 15%에서 30%로 확대되었습니다. 시장 효율성이 증대하고, 상·하한가를 이용한 불공정거래 행위가 감소할 것을 기대하면서 상·하한가폭을 두 배로 확대 시행하게 된 것입니다. 예를 들면 가격이 10,000원인 주식의 상한가는 플러스 30%인 13,000원이 되고, 하한가는 마이너스 30%인 7,000원이 되는 것입니다.

상·하한가 폭이 15%에서 30%로 확대·적용되면서 급격한 변동성을 막기 위해 시행되는 제도가 변동성 완화장치(이하 VI)입니다. VI는 주문 실수, 수급 불균형 등으로 인해 일시적으로 주가가 급변할 때 단기간의 냉각기간(2분의 단일가매매)을 부여합니다. 시장참여자들에게 주가 급변 상황을 환기시킴으로써 가격 급변을 완화하는 제도로 정적 VI와 동적 VI로 나눕니다. 즉 주가가 과도하게 과열될 경우에 안정장치를 발동하여, 증시의 분위기를 안정시키는 역할을 하게 됩니다. VI가 발동되면 2분간 매매가 정지되고(단일가매매로 전환되고), 2분 후 동시호가로 체결됩니다.

정적 VI

주식가격이 ±10% 변동폭이 있을 경우 2분 동안 단일가 매매(동시호가)로 전환하여 체결시키는 것을 말합니다.

주식의 시초가가 전일 종가보다 ±10% 이상에서 출발하면 정적 VI가 2분 동안 발동됩니다. 그리고 9시 2분까지 단일가 매매로 전환되며, 9시 2분에서 9시 2분 30초 안에 랜덤으로 시초가를 체결시킵니다. 어떤 종목이 9시에 정적VI가 발동되어 동시호가 ±10% 이상에 체결될 경우에는 9시 이전에 매수·매도주문을 낼 필요가 없습니다. 최소 9시 2분 이후에 동시호가가 체결되기 때문에 9시 2분이 가까워질 때 매수·매도주문을 내면 됩니다. 시초가가 연장에 들어가게 되면 좋은 재료나 호재가 있는 종목은 매수호가 위로 계속 주문하기 때문에 예상 체결호가가 계속 상승하는 경우가 많습니다.

동시호가에 정적 VI가 발동된 종목을 세력들이 많은 수량을 보유하고 있다면, 9시 2분까지는 최우선 호가에 계속적으로 큰 매수 물량을 받치면서 개인투자자들의 매수주문을 지속적으로 유도할 수 있습니다. 어떤 분들은 예상 체결가가 지속적으로 상승하고 있으면 계속 정정주문을 해서라도 무조건 매수하려고 합니다.

이때 호재의 내용에 따라 다르겠지만, 시초가가 너무 높게 시작하는 종목은 시초가가 고점이 될 수 있으니 추격매수를 하지 않는 것이 좋습니다.

시초가가 결정되고 나서 다시 이 종목이 ±10% 되는 시점에 장중에 정적 VI가 발동됩니다. 이때도 2분간 단일가 매매로 전환되며, 정적 VI가 발동하면 2분 후에 동시호가가 체결됩니다. 정적 VI 시간에 체결호가가 상승이나 하락으로 주가의 변동폭이 커지면 주가의 체결시간도 30초 정도 연장되어서 체결됩니다.

각 증권사별로 정적 VI 발동 예상 가격 화면이 있습니다. 데이트레이딩을 하는 투자자들은 장중 매매 시 꼭 참고해야 합니다.

❚ 현재가 창에서 정적 VI 발동 예상 가격 ❚

동적 VI

동적 VI는 코스피200 종목의 경우 주가가 갑자기 ±3%, 일반 코스피 종목과 코스닥 종목은 직전 체결 대비 ±6% 급변동 시 2분간 단일가 매매 후 동시호가를 체결시키는 것을 말합니다. 동적 VI는 특정 호가에 의한 순간적인 수급 불균형이나 주문 착오로 야기되는 일시적인 변동성 완화를 위해 발동되는 장치입니다. 종목의 매수·매도호가가 없을 경우 매수·매도의 수급으로 인해 현재가 대비 주가가 아래위로 움직이면 가격의 변동폭에 따라 발동됩니다.

주식의 가격대별 가격 변동폭 단위

:: 거래소시장 ::

주가 단위	가격 변동폭
1,000원 미만	1원
1,000~5,000원 미만	5원
5,000~10,000원 미만	10원
10,000~50,000원 미만	50원
50,000~100,000원 미만	100원
100,000~500,000원 미만	500원
500,000만 원 이상	1,000원

:: 코스닥시장 ::

주가 단위	가격 변동폭
1,000원 미만	1원
1,000~5,000원 미만	5원
5,000~10,000원 미만	10원
10,000~50,000원 미만	50원
50,000만 원 이상	1,00원

15 감사보고서에서 눈여겨볼 내용

매년 3월이 되면 보유한 종목의 감사보고서가 나왔는지 아닌지를 종목시황 화면에서 꼭 검색해봐야 합니다. 감사보고서는 회사의 재무제표가 공정하게 작성되었는지 감사인의 의견을 담은 보고서이며, 12월 결산법인의 경우에는 주주총회일로부터 일주일 전까지는 감사보고서를 무조건 제출해야 합니다. 주주총회가 3월 30일이라면 3월 22일까지 감사보고서를 제출해야 합니다. 특별한 문제가 없는 회사는 대부분 3월 20일 이전에 제출합니다. 혹시라도 3월 22일 장 마감까지도 감사보고서가 제출되지 않는다면 주식을 매도하거나 회사에 전화해서 꼭 알아봐야 합니다.

감사보고서 양식을 잘 보면 자본잠식률 항목과 최근 4개 연도의 영업손실 항목이 있는데 이 항목들을 유심히 봐야 합니다. 그 이유는 자본잠식률이 높으면 관리 종목으로 지정되고, 4개 연도 영업손실이면 상장폐지의 위험성이 있습니다.

현행 코스닥 규정에 따르면 코스닥 상장사는 5개 사업연도 연속 영업손실을 기록하거나, 감사보고서 '의견 거절'을 받으면 증시에서 퇴출됩니다.

금융당국은 투자자들의 피해를 최소화하기 위해 4년 연속 영업손실을 기록하거나, 자본잠식률이 50% 이상인 상장사는 관리 종목으로 지정하게 됩니다.

코스닥 특례 상장으로 입성하는 종목의 경우에는 적자가 나도 관리 종목 편입의 예외 조항이 적용됩니다. 코스닥 상장사의 실적·자본 관련 관리 종목 지정 요건은 매출액 30억 원 미만이거나, 최근 3년 사이 2차례 이상 세전손실이 자기자본의 50% 이상 발생한 경우, 최근 4년 연속 영업손실 그리고 자본잠식률 50% 이상이거나 자기자본 10억 원 미만 등으로 분류됩니다.

이 가운데 자본잠식률 50% 이상, 자기자본 10억 원 미만 요건을 제외한 나머지는 상장 후 3~5년간 유예됩니다.

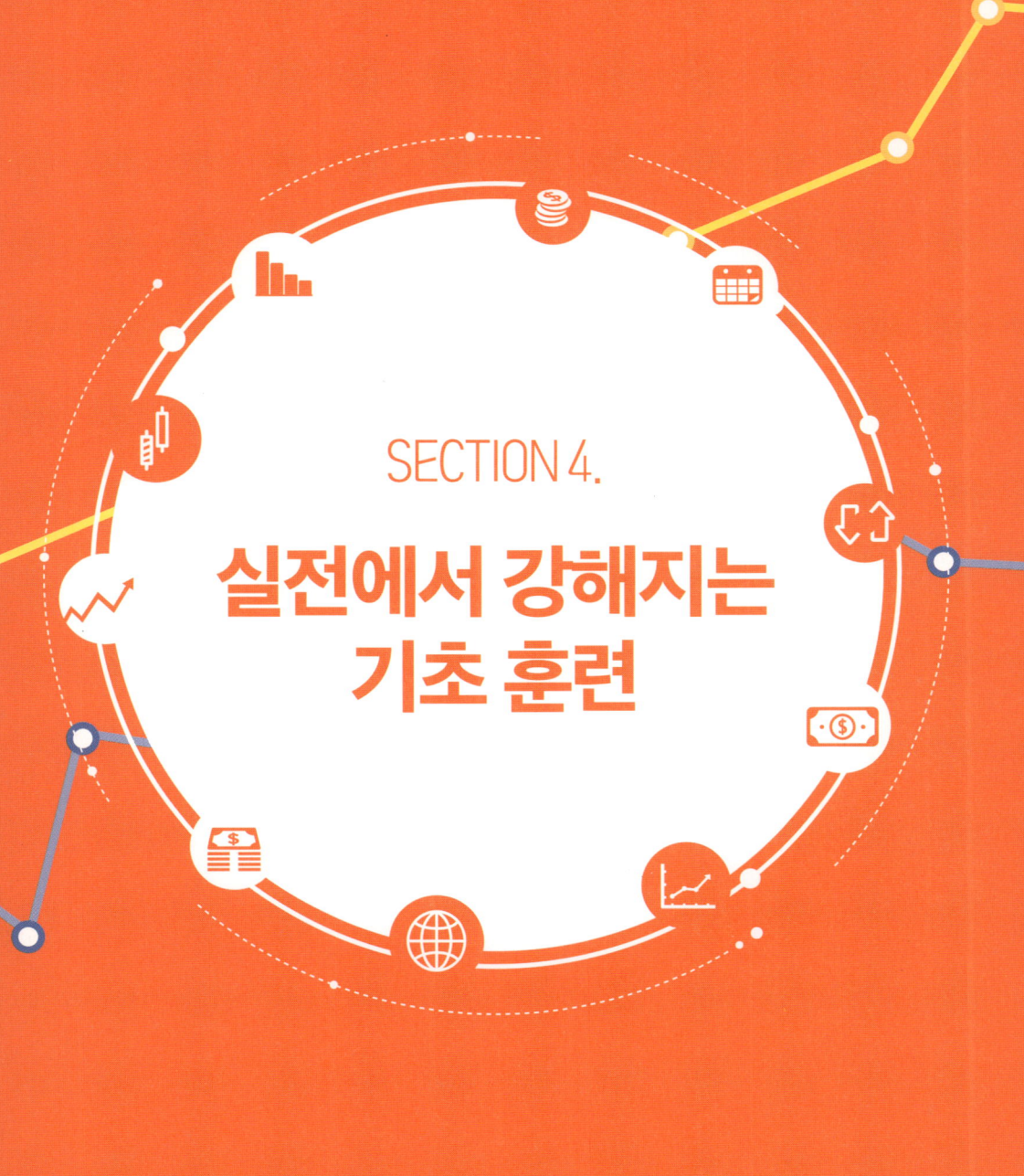

16

진짜 실전이다!
가장 먼저 확인할 것들은?

당일 공략 종목 선택

아침에 일어나면 가장 먼저 하는 일은 미국 증시가 전날 어떻게 되었는지 체크하는 것입니다. 그리고 전자신문이나 약업신문 등의 사이트를 열어서 당일 주식시장에서 재료가 될 만한 내용이 있는지 검색합니다. 오전 6시부터 장 시작 8시 59분 사이에 종합시황창에 나오는 기사 중 중요한 공시나 내용은 읽어보고 시장에 대응해야 합니다. 좋은 리포트가 나온 종목의 경우에는 시초가가 갭 상승 출발했다가 하락하면 언론에서 특징주로 다루어 다시 주가가 급등하는 경우도 있습니다.

항상 종합시황창에 좋은 뉴스가 나오면 꼭 장 시작 후 그 종목을 관찰하는 습관을 길러야 합니다. 시황이나 뉴스가 나온 종목은 항상 관심을 가지고 있어야 합니다.

9시 장이 시작되면 단타 매매를 하는 투자자들은 주가 등락률 순위 화면을 띄워놓고 매매를 합니다. 단타 매매를 하려면 최소 아침 6시부터 장 시작 전 9시까지 시황에 나오는 내용을 검색해서 호재성 재료를 찾아 내야 합니다.

오전 6시, 흥아해운이 장금상선과 합병한다는 기사가 종합시황 화면에 나왔습니다. 사실 어지간히 부지런하지 않으면 오전 6시부터 시황을 읽는 사람은 그리 많지 않을 것입니다.

필자도 이날 흥아해운이 정적 VI 발동 후 무엇 때문에 올랐는지 종목시황을 보

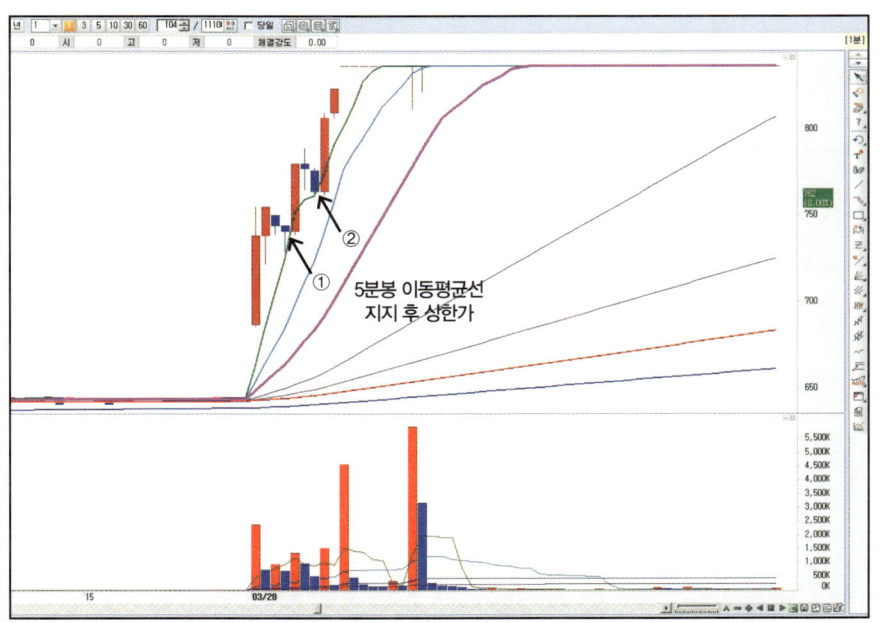

▌ 흥아해운 1분봉 차트 ▌

고 호재성 뉴스라는 생각하여 정적 VI 발동 이후 매매를 했습니다. 주가가 바닥권에 있는 종목의 경우 조그마한 호재로도 급등할 수 있기 때문에 유심히 봐야 합니다. 이날 홍아해운은 합병 호재로 매수세가 강하여 상한가까지 진입했습니다.

홍아해운의 1분봉 차트를 보면 1분봉 차트에서 5분봉 차트를 한 번도 깨지 않고 바로 상한가로 진입했습니다. 현재가 창을 보고 있으면 자신도 모르게 주식을 매도하게 됩니다. 단타 매매를 할 경우에는 꼭 1분봉 차트를 보면서, 분 차트를 신뢰하면서 끝까지 홀딩해야 크게 수익을 올릴 수 있습니다.

전업투자자의 경우에는 장 시작 후 주가 상승률 순위 화면을 보면서 매수 종목을 고르는 경우도 많습니다. 각 증권사마다 주가 상승률 화면이 있습니다. 단타 매매 투자자들은 매일 아침 장 시작 후 주가 상승률 화면을 보고 당일 어떤 종목에 투자할지 결정하는 것도 괜찮은 투자 방법 중 하나입니다.

미래에셋증권 주가 상승률 순위 화면

주가의 눌림목 공략

눌림목은 장기 매매보다는 단타 매매에서 주로 사용되는 용어로 주가가 상승할 때 잠시 내려갔다 올라가는 현상에서 잠시 내려가는 구간을 말합니다. 주가의 눌림목에서는 거래량도 감소해야 하고 이동평균선의 지지선도 어느 정도 지켜져야 재상승이 가능합니다.

많은 눌림목 구간이 있지만 필자가 좋아하는 눌림목은 캔들이 일봉 차트에서 20일 이동평균선, 1분봉 차트에서는 20분 이동평균선에 수렴하는 구간입니다.

예를 들어 현재 가격이 1만 원인 주식이 있다고 가정해보겠습니다. 스캘핑을

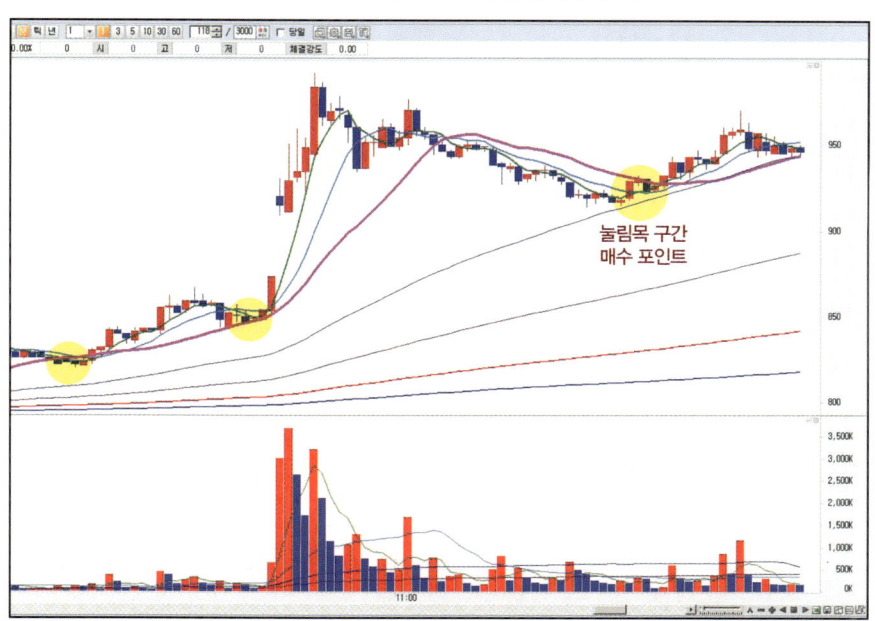

┃ 국일제지 1분봉 차트에서 눌림목 구간 ┃

▮ 삼일제약 일봉 차트에서 눌림목 구간 ▮

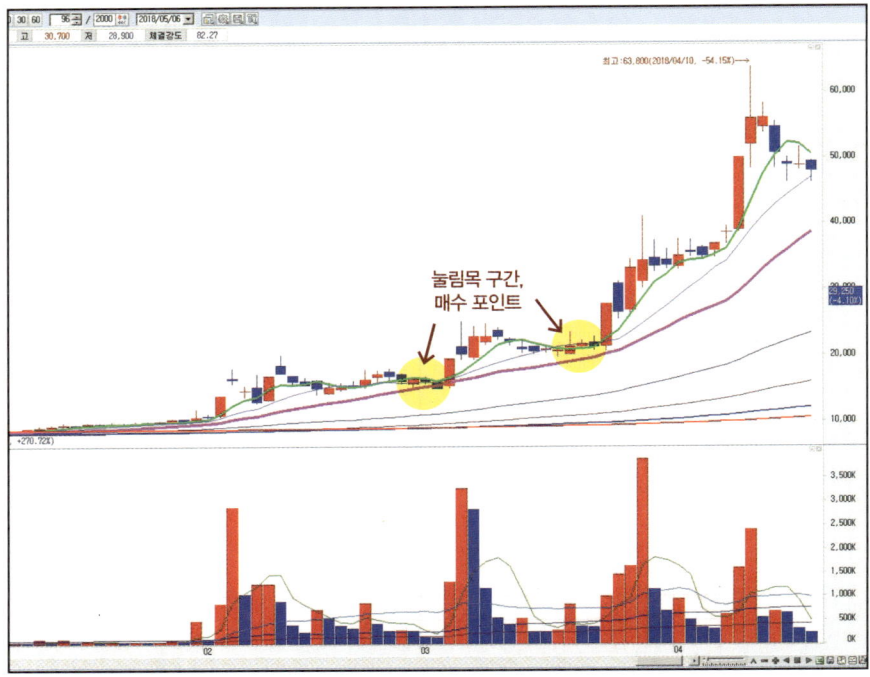

하는 투자자들은 1만 원에 주식을 매수해서 10,300원 정도 되면 3%의 이익을 실현하고 매도합니다. 추격매수를 하는 분들은 주가가 단기에 상승할 때 추가 상승의 기대로 매수하는데, 이때 주가가 상승하지 못하고 다시 10,200원이나 10,100원으로 내려오게 되면 단타 매매를 하는 분들은 손절매를 합니다. 이럴 경우에 주가는 어느 정도 하락하지만 대기 매수자에 의해서 20분 이동평균선 부근에서 지지될 때 이런 구간들을 '눌림목' 구간이라고 말합니다. 눌림목 구간에서 어느 정도 시간 조정 후 다시 재상승으로 주가는 움직이게 됩니다.

주식에서 이익을 보려면 항상 추격매수보다는 이동평균선 부근의 눌림목 구간에서 매수 포인트를 잡아야 합니다. 눌림목이라고 하는 것은 주가의 기술적 분석을 하는 과정에서 생겨난 용어입니다. 과거에 동일한 흐름을 보고 분석한 결과, 이러한 주가 흐름은 대부분이 유사한 흐름으로 진행되었고 눌림목 구간 이후에는 대부분의 종목이 주가의 상승을 동반합니다. 하지만 또 어떤 종목은 눌림목 구간에서 지지하는 척만 하다 하락할 수 있기 때문에 눌림목 구간 이후 이동평균선을 확실하게 이탈하게 되면 반드시 손절매를 해야 합니다.

앞에서 설명한 대로 좋은 뉴스가 나온 종목은 시초가가 많이 올라 시작하는 경우가 많습니다. 그런데 시초가에 큰 갭 상승으로 출발하는 종목은 매수를 보류하고, 장 시작 후 눌림목에서 지지를 확인한 후 매수를 고려해야 합니다.

갭 상승으로 시작해서 바로 분 차트에서 상승으로 가면 필자 같은 경우에는 가끔 추격매수도 합니다. 하지만 대부분의 주식은 크게 갭 상승으로 출발하면 꼭 눌림목을 주게 됩니다. 혹시라도 주가가 시초가 밑으로 내려온다 싶으면 과감하게 손절매합니다. 또 갭 상승 출발 후 3분 내에 시초가 부근을 돌파하는 양봉이 출현하지 않으면 곧바로 매도합니다. 1분봉 차트에서 캔들이 5분봉 이동평균선 차트를 이탈하게 되면 스캘핑하는 투자자들은 손절매로 대응하기 때문에 꼭 매도해야 합니다. 1분봉 차트에서 캔들이 5분봉 이동평균선을 하향 이탈하게 되면 대부분 분봉 차트가 우하향하며 주가가 서서히 하락하게 됩니다. 이럴 경우는 종목을 교체하여 다른 종목으로 매매해야 합니다.

1등주 확인하기

장 시작 후 주식을 매매할 때 테마주의 경우는 당일 1등주를 매매하는 것이 좋습니다. 1등주란 테마주 중에서 당일 주가 상승폭이 가장 큰 종목을 말합니다. 2등주를 매매하다 보면 평생 2등주만 매매하는 습관이 들기 때문에 초보 시절부터 당일 주가 상승률이 가장 높은 1등주를 매매하는 습관을 길러야 합니다.

1등주의 주가가 상승하면 2등주 종목도 따라서 상승하게 됩니다. 장중에 1등주 종목과 비교하면서 2등주 종목을 매매하는 것을 '짝짓기 매매'라고 합니다. 이런 매매는 장중에 해도 되지만, 장 막판 14시 30분 이후에는 1등주는 상한가를 가더라도 2등주는 추가 상승을 하지 않고 하락하는 경우도 있습니다. 때문에 14시 30분 이후에는 절대로 2등주를 매매해서는 안 됩니다.

동시호가 매매의 심리(8시 59분의 호가창)

어떤 종목이 호재가 발생하거나 수급이 몰리면 갭 상승으로 시초가가 출발하게 됩니다. 대부분의 전업 또는 단타 매매 투자자는 8시 59분 이후에 매수주문을 합니다. 그렇기 때문에 모든 종목의 실질적인 매수세는 8시 59분 이후 호가창을 봐야 정확하게 알 수 있습니다.

호재가 발생한 종목은 미리 매수주문을 넣어두면 호가만 올라가기 때문에 전업투자자들은 대부분 9시 장 시작에 임박해서 매수주문을 합니다. 예상 체결

가격이 위쪽으로 올라가면 매수세가 더 몰리게 되어 체결 호가는 더 위로 올라가게 됩니다. 그리고 만약 누군가가 허매수를 넣었다가 취소 주문을 하면 체결호가는 8시 59분 이후 하락으로 밀리게 됩니다. 그러면 매도 물량이 증가하여 예상 체결 가격이 호가 밑에서 체결되는 경우도 있습니다.

현재가 창에서 호가의 흐름을 보는 것도 주식시장에서는 아주 중요합니다.

8시 59분쯤에 현재가 예상 체결호가창을 잘 보는 것도 당일의 수익과 직결됩니다. 때문에 예상 체결호가창을 보면서 진매수인지 허매수인지를 판별하는 능력을 갖추어야 합니다.

17 거래소 선물 차트 & 코스닥지수 차트가 말해주는 것

단타 매매를 하는 투자자들은 거래소 선물지수와 코스닥지수 차트도 분차트로 띄워두고 매매해야 시장의 전반적인 분위기를 빨리 파악할 수 있습니다.

　선물이 급락하면 보유 주식을 매도하고 선물이 급등세를 기록하면 주식을 매수해야 합니다. 코스닥의 경우는 선물이 없기 때문에 코스닥지수 차트를 띄워두고 매매할 때 대응하는 것이 좋습니다.

거래소 선물 1분봉 차트

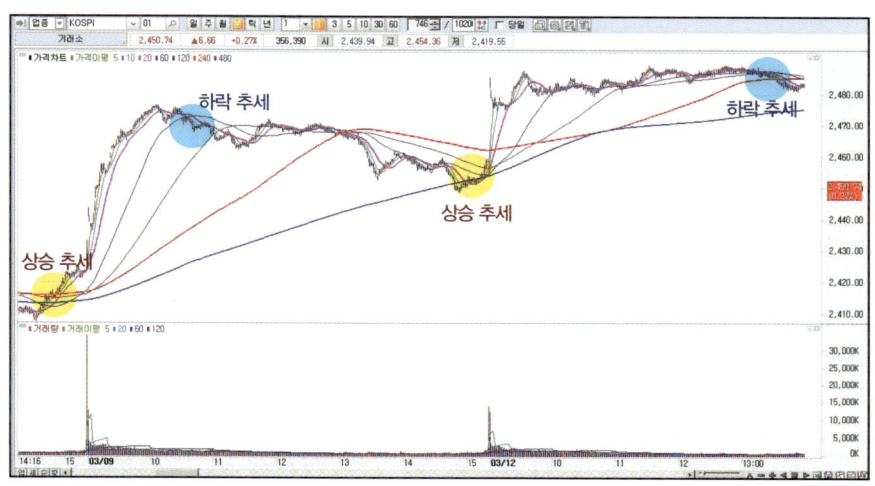

거래소 선물 5분봉 차트

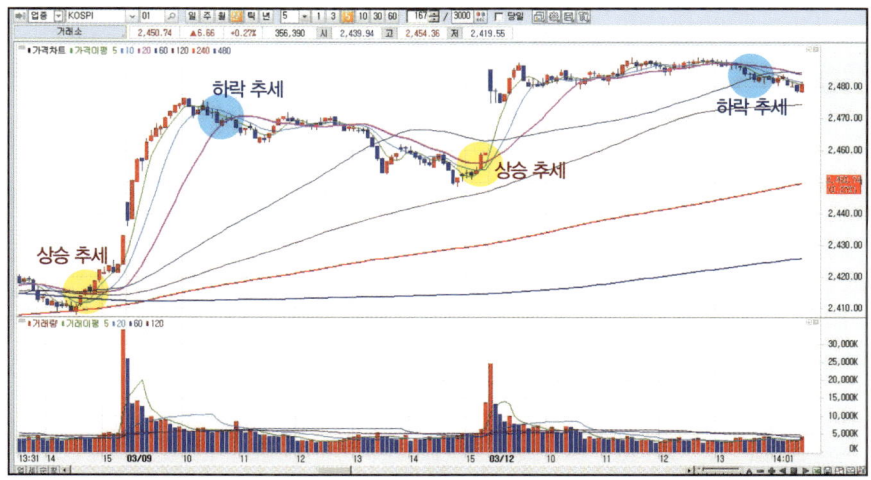

SECTION 4. 실전에서 강해지는 기초 훈련

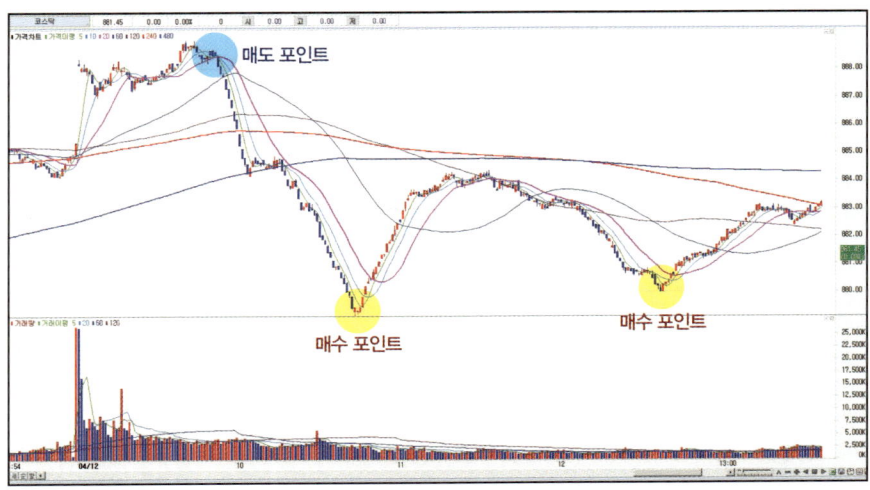

코스닥지수 1분봉 차트를 보면서 매매하는 투자자라면 1분봉 차트에서 캔들이 20분봉 이동평균선을 하향이탈하고 내려갈 때가 매도 타이밍이라고 보면 됩니다. 또 캔들이 20분봉 이동평균선 차트를 뚫고 올라가는 골든크로스가 나타나면 매수 포인트로 보면 됩니다. 위 코스닥지수 차트를 보면 지수가 하락을 하다 아침에 바닥을 한 번 찍고 상승으로 전환했습니다. 그러다가 이동평균선들의 저항을 받고 다시 내려오면서 쌍바닥을 찍으면서 재상승했습니다. 첫 번째 하락에서 바닥을 확인하고 상승을 했다가 재차 하락하게 되면 대부분 첫 번째 바닥권 부근에 오면 투자자들이 주식을 매수하기 때문에 코스닥지수도 상승으로 방향을 전환하게 되는 것입니다.

장전시간외 거래
매매 주문하는 법

장전시간외 거래

장 개시 전 주문은 시간우선의 원칙이 적용됩니다. 즉 가장 먼저 들어간 주문 건수에 대해 매도물량이 나오면 1순위로 매수 체결됩니다. 미래에셋증권, 한국증권, 한화증권 등은 8시 20분, 키움증권은 8시 29분 57초부터 장전 주문이 가능합니다. 각 증권사마다 8시 20분에서 8시 30분 사이에 일괄 주문을 접수해서 8시 30분에 증권전산 시스템에 동시 주문을 하게 됩니다.

그리고 8시 30분부터 8시 40분까지 전날 종가로 거래됩니다. 전일 시간외단일가 거래에서 상승폭이 높은 종목일수록 장전시간외에 매수가 많이 들어오게 됩니다. 이런 매수세 때문에 시초가가 갭 상승으로 출발하게 됩니다.

장전시간외주문은 보통 증권사마다 홈트레이딩시스템에 시간외주문, 개시 전 종가주문, 8시 20분 장전주문이란 메뉴가 따로 있는 경우도 있습니다. 장전시간외 매수주문이 안 되는 경우는 감자 이후 첫 거래일, 기업분할 후 첫 거래일 그리고 투자위험 종목으로 지정되어 3일 연속 상승하는 경우 하루 동안 매매가 정지됩니다. 그리고 매매가 재개되는 날에도 장 개시 전에 매매할 수 없습니다.

종목명	현재가	전일대비	거래량	매도잔량	매수잔량	순매수잔량	매수비율
미래아이앤지	660	0	0	0	974,633	974,633	0%
이에스브이	1,495	0	1	0	906,378	906,378	0%
바이온	4,600	0	200	0	720,738	720,738	0%
셀루메드	14,950	0	0	0	361,365	361,365	0%
태양씨앤엘	2,105	0	5,000	0	286,085	286,085	0%
원풍물산	6,770	0	32	0	280,688	280,688	0%
코아스템	19,850	0	489	0	210,170	210,170	0%
위지트	1,700	0	40	0	121,099	121,099	0%
엔케이	2,060	0	28	0	118,923	118,923	0%
알테오젠	35,450	0	200	0	111,694	111,694	0%
티피씨글로벌	3,280	0	110	0	107,644	107,644	0%
SBI인베스트먼	1,395	0	11,122	0	96,852	96,852	0%
원팩	2,115	0	444	0	93,196	93,196	0%
에스코넥	2,530	0	436	0	85,818	85,818	0%
우리기술투자	4,150	0	0	0	81,170	81,170	0%

키움증권을 이용하는 투자자라면 시간외호가잔량상위(0172) 화면을 장전에 보면 어떤 종목에 장전 매수가 많이 들어와 있는지 한눈에 볼 수 있습니다.

장후시간외 거래

장후시간외 거래는 15시 30분에 장이 마감된 후 15시 40분부터 16시까지 당일 종가로 시간외 매수·매도할 수 있는 거래입니다. 14시 30분경 기관이나 외국인 집계 상황을 보고 전업투자자들은 15시 29분 57초 정도부터 시간외로 체크한 후 최대한 빠르게 매수주문을 일단 넣어둡니다. 그리고 15시 35분쯤 나오는 기관과 외국인 집계를 보고 시간외 매수를 할 것인지, 아니면 주문을 취소할 것인지를 결정합니다. 예를 들어 기관이나 외국인의 집계가 14시 30분 집계보다 현저하게 늘어나면 장후시간외 매수주문은 유지되지만, 매도주문들은 거의 취소해 매도세가 사라지게 됩니다. 이렇게 되면 매수세가 강해져서 시간외단일가 시장에서 개인투자자들의 매수세까지 합해져서 그 종목이 상승하게 되는 것입니다. 결국 장후시간외 매수세가 강한 종목일수록 시간외단일가 시장에서 상승하게 됩니다.

▎장후시간외 주문 화면 ▎

SECTION 4. 실전에서 강해지는 기초 훈련 _ 99

시간외단일가 매매(16시 10분 ~ 18시까지, 10분 단위로 매매됨)

장후 시간외 거래시간이 16시에 끝난 후 16시 10분부터 10분 단위로 18시까지 매매하는 것이 시간외 단일가 매매입니다. 단, 투자과열 종목은 30분마다 매매됩니다.

우리나라 증권시장에서는 시간외단일가 매매를 등락폭을 ±10%까지 허용하고 있습니다. 시간외단일가에서 호재가 발생하거나 장중에 기관이나 외국인이

▌ 시간외단일가 매수 주문 화면 ▐

가장 많이 매수한 종목에 개인투자자들은 시간외단일가에서 매수에 가담하게 됩니다. 그렇게 되면 시간외단일가에서 그 종목의 가격이 상승하게 되고, 익일의 시초가 결정에 큰 영향을 미치게 됩니다. 예전에는 정규시장이 마감하고 나면 시간외단일가 매매를 많이 하지 않았습니다. 하지만 최근에는 전업투자자가 많이 늘어나면서 시간외단일가 매매의 거래량도 계속 늘어나고 있는 실정입니다.

아이러니하게 시간외단일가 매매가 다음 날 시초가에 큰 영향을 미치기 때문에 이를 이용해 일부 특정 세력이 한 종목을 움직이게 하는 경우도 있습니다. 시간외단일가가 플러스면 다음날 시초가가 플러스로 출발하고, 시간외단일가 가격이 마이너스이면 다음 날도 마이너스로 시초가가 출발합니다. 그러므로 시간이 허락하는 투자자들은 시간외단일가 매매도 주의 깊게 보고 매매해야 합니다.

시간외단일가 매매도 무조건 주가가 오른다고 고점에 사면 단기 고점에 물리게 될 수도 있습니다. 시간외단일가도 가끔 고점과 저점의 등락폭이 크기 때문에 시간외단일가 매매도 최대한 저점에서 매수해야 합니다.

시간외단일가에서 재료 내지 수급으로 플러스 나는 종목들을 골라서 매수해보십시오. 다음 날 대부분 시간외단일가 가격보다는 시초가가 더 높게 시작할 확률이 높습니다. 특히 기관이나 외국인이 많이 매수하고 익일 갭 상승 시 신고가를 갱신하는 종목을 정규시장에서 매수하지 못했다면 시간외단일가에서 조금이라도 매수해서 매매해보아야 합니다.

"맹성규 국토교통부 2차관은 남북 관계가 개선되면 러시아 가스관 연결과 북한의 노후 철도 개량 사업을 연계해서 진행할 수 있을 것이라고 밝혔다." 이 뉴스는 2018년 3월 12일 오후 3시 부근에 인터넷 뉴스매체에서 나왔습니다.

장 막판에 동양철관의 주가는 상승했고, 2018년 3월 12일 시간외단일가 시장에서도 186만 주가량 거래되면서 상한가에 진입한 종목입니다. 다음 날 3월 13일 장전시간외 거래에서 매수가 447만 주가 들어와 있는 것을 볼 수 있습니다.

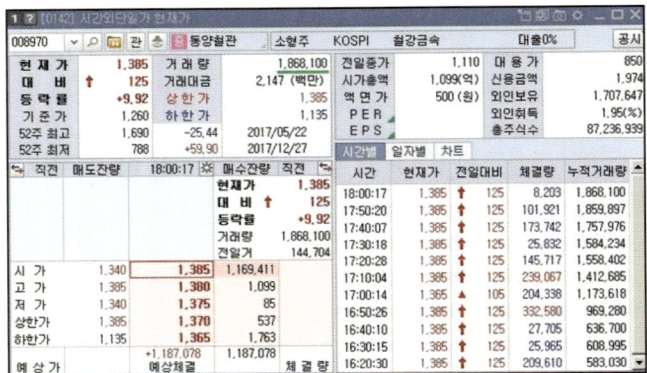

▌ 동양철관 시간외단일가 현재가(7시 34분) ▌

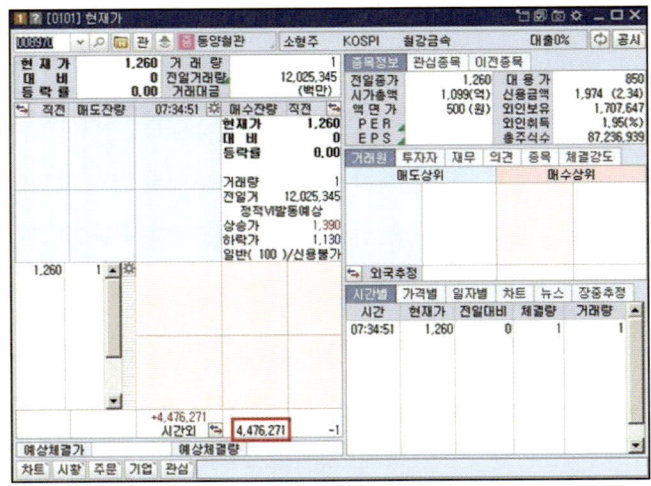

▌ 아침 7시 30분 장전시간외 매수세 447만주 ▌

2017년 12월 26일 키움증권 시간외단일가 상승 종목 화면입니다. 거래량이 1주인 종목을 제외하고 나면 +6.92% 상승한 EMW가 시간외단일가에서 가장 크게 상승했습니다.

■ 키움증권 시간외단일가 등락률 순위 화면 ■

이런 종목은 12월 27일 장 개시 전 시간외 매수가 최소 40만 주 이상 들어오게 됩니다. 12월 27일 시초가는 대부분이 시간외단일가 부근 가격이나 미국시장의 상승 등 시장 상황이 좋으면 시간외단일가 상승폭보다 더 크게 됩니다. 그렇기 때문에 여건이 된다면 시간외단일가 매매를 해보는 것이 좋습니다.

시간외단일가에서 매수하고 싶으면 최소 몇 호가 위에서 매수주문을 합니다. 필자도 시간외단일가 매매를 많이 하는데 단일가 체결 5초 전에 몇 호가 위로 매수주문을 합니다. 누군가가 높은 가격에 매수주문을 많이 한다면 호가가 위로 올라가게 되어 한두 호가 위의 매수주문은 체결이 안 될 수도 있습니다. 그래서 시간외단일가에서 어떤 종목을 매수하고 싶으면 반드시 몇 호가 위에서 매수주문을 해야 합니다.

시간외단일가에서 매수하면 증권계좌에 수익률은 마이너스로 표기됩니다. 기분은 그리 좋지 않지만 익일을 위해서 시간외단일가에서 거래량이 증가하면서 가격이 상승하는 종목의 매수에 한번 도전해보십시오.

대세상승장에서는 시간외단일가에서 1%, 2% 상승하는 대형주를 매수하면, 다음 날 그 이상 갭 상승으로 출발하는 경우가 많습니다. 정규시장이 마감하고 난 후에는 전업투자자 중심으로 18시까지 시간외단일가 매매를 하는 분들이 많기 때문에 시간외단일가 거래가 많은 것입니다. 종합시황에서 좋은 공시나 재료가 나온 종목의 경우 시간외단일가에서 +10% 상한가를 갈 수도 있으니 시간외단일가 매매는 꼭 알아두어야 합니다.

케이씨에스의 경우 블록체인 테마주로 시간외단일가에서 +4.83% 상승한 종목이어서 필자도 금요일 시간외단일가에서 매수해서 월요일 시초가에 매도한 종목입니다. 수급으로 인해 월요일 시초가가 거의 +25% 정도에서 시작했습니다. 이 경우 시간외단일가에서 이 종목을 매수했어도 20% 가까운 수익을 낼 수 있었습니다. 모든 종목이 다 그런 것은 절대 아닙니다. 운 좋게 이런 경우도 있다는 것도 알아두시길 바랍니다.

시간외단일가 매매는 16시 10분 이후 거래량이 많이 증가하면서 시간별로 상승하는 종목 위주로 매매해야 합니다. 좋은 재료로 상승하는 경우도 있고, 기관투자자의 매수와 개인투자자들의 수급으로 시간외단일가에서 상승하는 경우도

케이씨에스 시간외단일가 가격, 다음 날 현재가

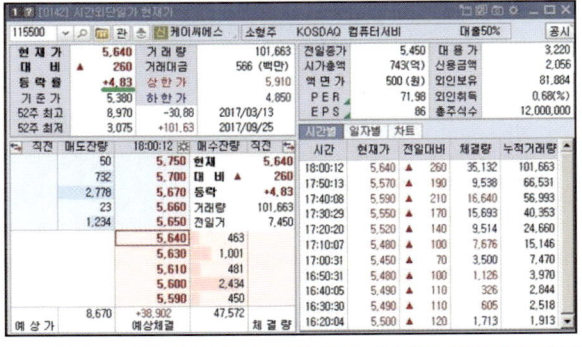

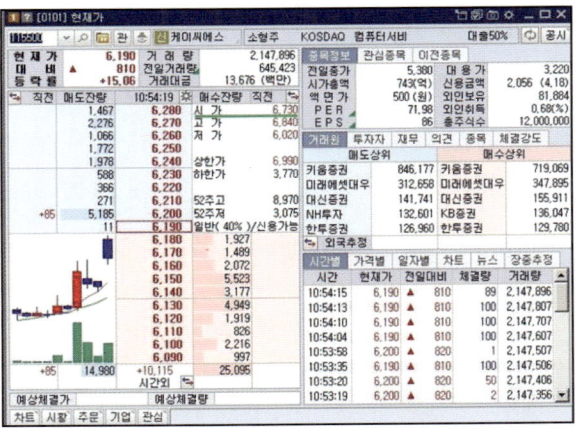

많습니다. 시간외단일가도 상승 이후 몇 시간 정도는 비슷한 가격에서 체결되면서 물량 소화 과정을 거치게 됩니다. 그런 후 다시 시간외단일가에서 상승하여 최고가로 올라가면 후속 매수세가 또 붙습니다. 시간외단일가에서 중요한 것은 체결호가가 시간별로 밀리지 않아야 하고, 거래량이 조금씩 늘어나면서 현재가 부근에 머물거나 그 이상의 가격이 되어야 후속 매수세가 들어오게 됩니다.

대북주 호재로 시간외단일가 급등

〈뉴스핌〉 北 김정은 여동생 김여정, 평창올림픽 계기 방남(속보)
기사입력 : 2018년 02월 07일 15:58

김정은의 여동생 김여정이 평창올림픽 대표단으로 우리나라에 온다는 기사가 15시 58분에 속보로 증권회사 홈트레이딩시스템 시황창에 나왔습니다.

김여정의 방문이 남북경협주에 호재로 작용해서 시간외단일가에서 남북경협 관련 주들이 대부분 급등했습니다.

시간외단일가에서 상한가로 가게 되면 다음 날 아침 장전시간외 매수세가 강하게 들어오고 시초가는 갭 상승으로 출발합니다. 대부분의 개인투자자는 시간외단일가 매매에 대해서 잘 모르실 것입니다. 시간외단일가 매매는 다음 날 시초가에 상당한 영향을 미친다는 것을 꼭 기억해두시기 바랍니다.

▌ 키움증권 시간외단일가 등락률 순위 화면 ▌

순위	종목명	현재가	전일대비	등락률	매도잔량	매수잔량	거래량	거래대금	당일종가	당일종가등락률
1	제룡산업	9,020↑	820	+10.00	0	19,475	58,859	527	8,200	-1.20
2	SK네트웍스우	79,300↑	7,200	+9.99	0	1,077	1,790	141	72,100	+8.58
3	제룡전기	7,050↑	640	+9.98	0	176,666	93,801	659	6,410	-0.16
4	파인테크닉스	2,700↑	245	+9.98	979	115	51		2,455	-1.21
5	신원우	45,300↑	4,100	+9.95	0	862	609	27	41,200	-2.37
6	재영솔루텍	2,495↑	225	+9.91	0	407,774	1,071,899	2,668	2,270	-6.58
7	TIGER 200에	17,000▲	1,515	+9.78	301	115	9		15,485	-6.29
8	큐캐피탈	1,305↑	115	+9.66	164,057	38,460	333,641	427	1,190	-8.46
9	한화에이스스	2,270▲	200	+9.66	399	6,000	1		2,070	+1.22
10	신원	2,300▲	200	+9.52	48,027	15,499	233,646	534	2,100	-1.64
11	신한제3호스	2,400▲	195	+8.84	304	3	1		2,205	-0.90
12	KGP	4,305▲	315	+7.89	3,800	2,773	1		3,990	+2.31
13	이화전기	368▲	26	+7.60	55,642	32,009	1,030,955	375	342	-1.16
14	좋은사람들	2,125▲	150	+7.59	4,538	34,804	71,554	151	1,975	+0.77
15	엘디티	3,795▲	265	+7.51	380	3	1		3,530	+2.62
16	블루콤	7,430▲	500	+7.22	195	51	31		6,930	+0.73
17	엔시트론	719▲	48	+7.15	15,001	5,040	300		671	-2.75
18	동일산업	84,800▲	5,500	+6.94	496	123	1		79,300	+0.38
19	광명전기	2,715▲	165	+6.47	7,725	4,260	33,479	90	2,550	-0.39
20	인디에프	1,200▲	70	+6.19	9,530	5,403	53,954	64	1,130	-0.89

19 데이트레이딩
매매시간 전략

장 시작 후 주가가 가장 활발하게 움직이는 시간은 9시에서 9시 30분입니다. 데이트레이딩으로 단타 매매하는 투자자들은 이 시간대에 수익을 내야만 마음 편히 하루 동안 매매할 수 있습니다. 아침부터 손실로 시작하면 온종일 마이너스를 만회하기 위해 마음이 조급해지기 마련입니다. 손실이 나서 계속 매매를 하다 보면 더 큰 손실을 초래하게 됩니다.

손실이 나면 잠시라도 컴퓨터 앞을 떠나 커피 한잔의 여유를 가져야 합니다. 그래서 단타 매매 투자자들은 주식시장에서 첫 단추를 잘 꿰어야 합니다.

장 시작 후 어느 정도 수익이 나면 필자는 주식 매매를 거의 하지 않습니다. 수익 금액을 지키려고 항상 노력하는 편이기 때문입니다. 대개는 아침에 수익이 나면 더 큰 돈을 벌려고 계속 베팅을 합니다. 그러다 보면 아침에 수익 난 금액도 다 잃는 경우가 많습니다. 자신을 절제할 수 있어야 주식시장에서 이길 수 있습니다.

장 시작 후 어느 정도 수익이 나면 매매를 자제하고, 절제하는 습관을 길러보십시오. 단타 매매 투자자들의 경우 장 초반 수익 난 금액을 지키는 것이 가장 힘듭니다. 하지만 이것을 실천하지 못하면 주식시장에서 절대 성공할 수 없습니다.

필자가 주식을 매매하는 시간대가 오전 9시~10시 30분, 13시 30분~15시 30분입니다. 10시 30분부터 13시 사이는 대부분 점심시간이어서 주식시장에 수급도 없고, 지루한 횡보를 보이는 시간대입니다.

10시 30분부터 13시 사이에는 컴퓨터 앞에서 벗어나 맛있는 점심과 커피 한 잔의 여유를 즐기거나, 헬스클럽에서 운동을 하는 것이 좋습니다. 온종일 컴퓨터 앞에만 앉아 있으면 시력도 나빠지고 체력도 많이 떨어지게 됩니다.

주식을 종가에 홀딩하려는 종목은 14시 30분 이후에 매수하는 게 좋습니다. 외국인과 기관투자자들이 매매하는 대형주의 경우에는 14시 30분 부근에 기관투자자들의 매매집계를 보고 개인투자자들이 장 막판에 매수에 가담하기 때문에 종가 베팅 종목은 14시 30분 이후에 매수하는 게 좋습니다.

20 고수들은 현재가창을 어떻게 이용할까?

현재가창 화면을 보면 매수호가는 엉성하고, 매도호가는 짱짱한 것을 볼 수가 있습니다. 대부분의 초보투자자들은 매수호가가 짱짱한 호가를 좋아하는데, 거꾸로 생각하면 됩니다.

에이치엘비의 호가를 보면 매도호가에는 몇천 주씩 있고 매수호가는 몇백 주밖에 없습니다. 그래도 주가는 밀리지 않고 있는 모습을 볼 수 있습니다. 진정으로 매수하려는 세력들은 굳이 매수호가에 빽빽하게 매수를 걸어두지 않습니다.

현재는 몇백만 원으로 투자를 하는 분들이라도 상상을 해보십시오. 내가 주식으로 많은 돈을 벌어서 그 언젠가 10억, 50억 원의 돈으로 주식투자를 한다면 에이치엘비라는 주식을 매수하고 싶다. 어떻게 할까요? 대부분의 세력은 장중에 어느 정도 횡보조정 후 변곡점에서 위쪽에 보이는 매도 물량을 과감하게 매수해버립니다. 이 시간 이후부터는 현재가창을 보는 생각도 바꾸기 바랍니다. 매도 물량이 많은 호가의 종목 중 주가가 밀리지 않고 있으면 이런 종목 위주로 매매하기 바랍니다.

21

세력의 매수·매도를 감지하는
X-Ray 현재가창

현재가창에서 X-Ray 화면을 보면 세력들의 매수·매도주문 수량을 알 수 있습니다. 매수와 매도를 한 건당 몇 주씩 주문할 것인지 결정하는 데 도움이 됩니다. 대부분 증권사에는 이런 화면이 있습니다. 한 호가에 큰 물량이 있다면 항상 의심하면서 봐야 합니다. 매수호가에 매수 수량이 많은 경우에는 허매수도 많이 포함되어 있다는 것을 명심해야 합니다.

다음 모헨즈의 경우에는 9,300원 호가에 7만 8,134주 매도 물량 가운데 한 사람이 7만 5,000주를 매도 물량으로 내놓은 것을 X-Ray 화면으로 확인할 수 있습니다. 이런 호가의 경우 대부분 9,300원 매도 물량이 소진되고 나면 당일 주가의 단기 꼭지일 가능성이 높습니다. 항상 큰 매도 물량이 소진될 때 보통 개인투자자들도 같이 매수에 동참합니다. 필자는 큰 물량이 있는 호가는 주가의

모헨즈의 X-ray 현재가 화면

단기 꼭지일 가능성이 있기 때문에 매수에 동참하기보다는 큰 매도 물량이 소진된 후 몇 분 동안 주가의 흐름을 살펴봅니다. 그리고 주가가 다시 위쪽으로 상승할 때 매수에 동참하는 편입니다.

미래에셋대우증권의 경우 주문 수량 세력분포의 주문들 중 굵은 글씨로 표시되는 주문이 있습니다. 매도 10호가 주문들 중 가장 수량이 큰 상위 3건의 주문과 매수 10호가 중 상위 3건의 주문을 굵은 글씨로 표시하여 시각적으로 세력이 어디에 매도주문과 매수주문을 했는지 알 수 있습니다.

홈센타홀딩스의 경우 한 사람이 1,995원 매수 호가에 4만 주를 주문한 것을 볼 수 있습니다. 이런 매수세가 진매수인지, 아니면 허매수인지에 대한 판단은 호가가 내려오면 알 수 있습니다. 호가가 내려와도 취소하지 않고 물량을 체결

홈센타홀딩스 X-ray 현재가 화면

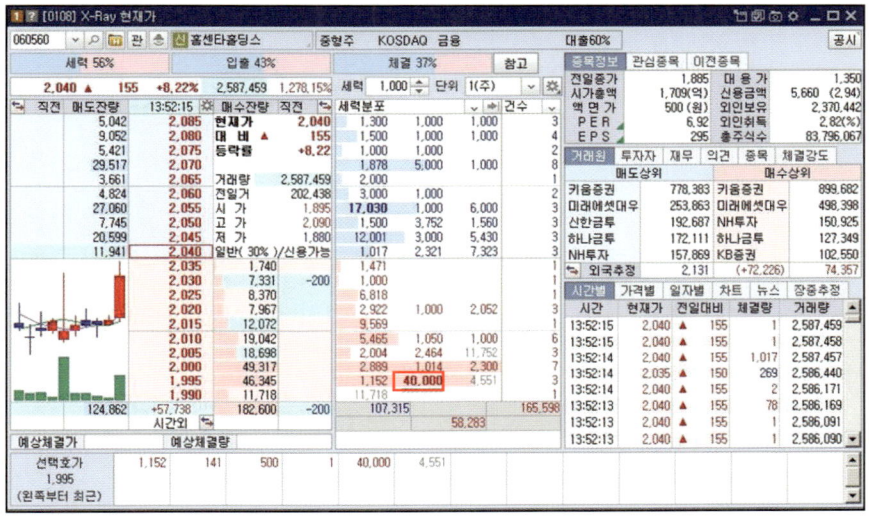

좋은사람들 X-Ray 현재가 호가별 분포도

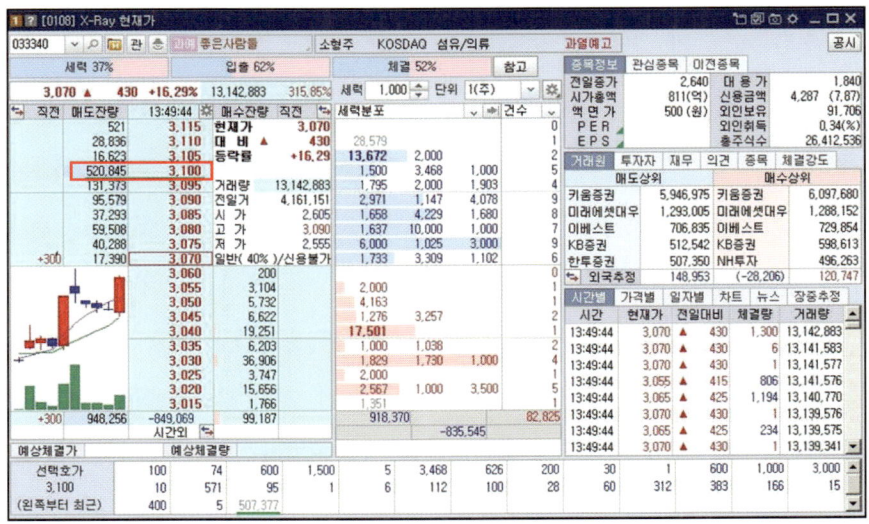

SECTION 4. 실전에서 강해지는 기초 훈련

시키면 진매수이고, 호가가 내려와서 취소해버리면 허매수입니다.

좋은사람들의 매도호가는 3,100원으로 52만 845주의 매도 물량이 있는데, 한 건의 주문에서 50만 7,377주를 매도한 것을 볼 수 있습니다. 이를 통해 매도호가에 세력이 매도를 걸어두고 있음을 알 수 있습니다.

0이 많은 숫자를 라운드피겨라고 하는데, 예를 들면 1,000원, 1,500원, 2,000원 2,100원, 5,000원, 10,000원 20,000원 등 0이 많은 숫자에 매도 물량이 많은 것을 볼수 있습니다.

좋은사람들의 호가를 보면 3,100원으로 딱 떨어지는 라운드피겨 가격에 많은 매도 물량이 걸려 있는 모습을 볼 수 있습니다.

초보투자자들이 조심해야 할 부분은 분봉 차트가 많이 오른 상태에서 라운드피겨 가격에 있는 큰 물량이 소진된다고 해도 절대로 매수에 동참해서는 안 된다는 것입니다. 주가의 단기 꼭지 가격에서 매수할 수도 있다는 것을 명심하십시오.

라운드피겨 가격의 큰 물량들은 대부분 세력들이 매도할 때 많이 쓰는 호가입니다. 대부분의 경우 라운드피겨 가격의 물량이 모두 소진되면 주가가 밀리는 경우가 많습니다. 그렇기 때문에 일단 라운드피겨 가격의 물량을 소진하고 주가가 눌림목을 주었다가 재차 상승하는지 주의 깊게 살펴보시기 바랍니다.

대아티아이의 현재가창을 보면 6,350원 한 건당 주문이 14만 940주라는 것을 X-Ray 화면을 통해서 볼 수 있습니다. 세력들이 주로 매도 물량을 정리할 때 라운드피겨 가격에 매도를 걸어두고 있다는 것을 기억하십시오.

분봉 차트가 약간 상승을 했다 싶으면 거의가 라운드피겨 가격에 있는 큰 물

■ 대아티아이 X-Ray 현재가 화면 ■

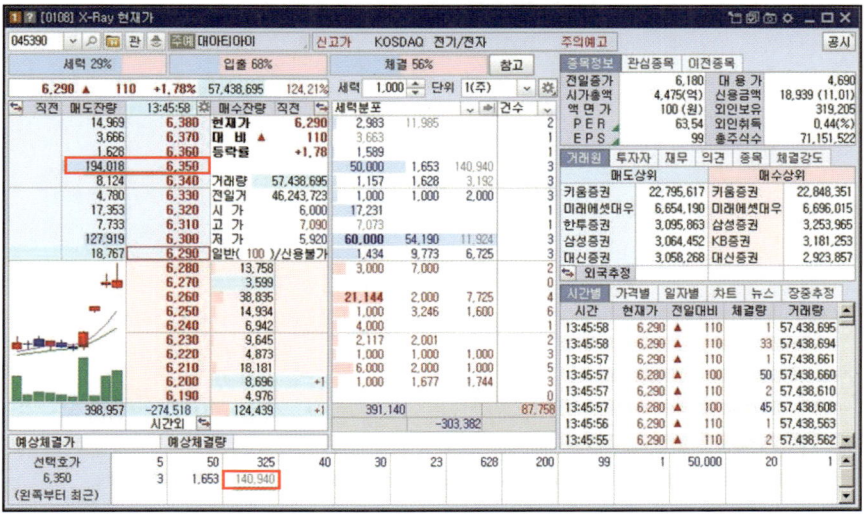

량을 소진하고 눌림목을 주게 되어 있습니다. 절대로 추격매수를 하지 말고 기다리면 고점에 매수한 사람들이 손절매를 하는 늘림목 구간이 나오게 됩니다. 그때 매수 포인트로 잡고 매수하는 것입니다.

SECTION 5.
이동평균선으로 공략하는
매수·매도 타이밍

22

주가 이동평균선
익히기

주가 이동평균선이란?

일정기간 동안의 주가를 산술평균한 값인 주가 이동평균을 차례로 연결한 선입니다. 투자자가 이용 가능한 기술적 지표 가운데 가장 신뢰할 수 있고, 알기 쉬운 지표 중 하나가 이동평균선입니다.

1960년대 그랜빌이 수학의 이동평균선을 주식에 대입하면서 이동평균선을 주식에서도 활용하게 되었습니다. 이동평균선은 주가의 평균치를 연결한 선을 말합니다. 거래량이 주가의 그림자라면 이동평균선은 주가의 발자국입니다. 이동평균선은 주가가 어떤 흐름으로 움직였는지를 보여주는 그래프로, 5일 이동평균선(5일선)은 최근 5일 동안 캔들의 종가를 모두 더한 뒤 5로 나눕니다. 그렇게 하루하루 나온 가격의 평균값을 구한 뒤 선으로 이으면 5일 이동평균선이 되는 것입니다.

　이동평균선은 주가가 상승할 때는 저항선이 되고, 주가가 하락할 때는 지지선이 됩니다. 주가의 이동평균선은 서로 멀어지면 근접하려는 속성이 있고, 이동평균선에서 가까워지면 다시 멀어지려는 성질을 가지고 있는데 이것을 이격도라고 합니다. 이격도는 주가와 이동평균선과의 거리를 뜻합니다.

　5일 이동평균선은 주가의 단기 생명선으로, 기간이 짧은 만큼 변화가 빠릅니다. 20일 이동평균선(20일선)은 주가의 상승, 횡보, 하락 등을 알려주는 추세선으로, 20일 이동평균선을 돌파하는 골든크로스(단기 주가 이동평균선이 장기 주가 이동평균선을 아래서 위로 급속히 돌파하는 상황을 말하며, 강세장으로의 강력한 전환신호로 해석)는 매수 시점이 됩니다.

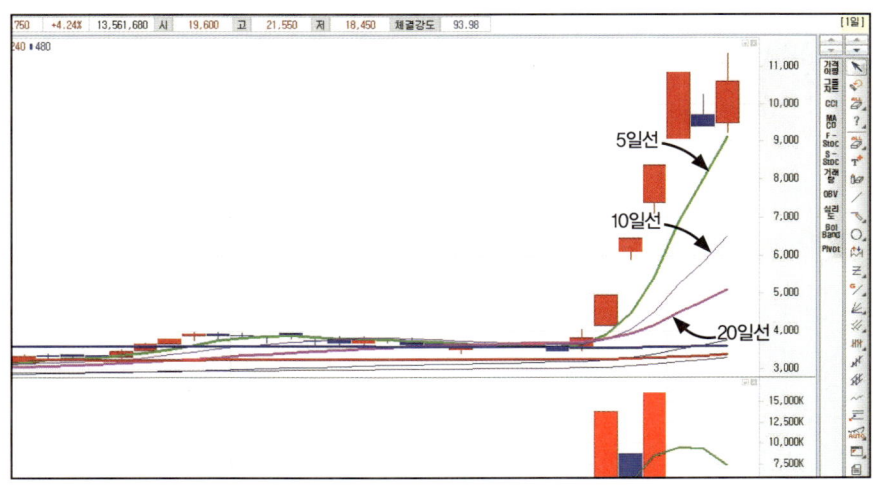

‖ 일봉 차트에서 이동평균선 ‖

60일 이동평균선(60일선)은 기업의 실적에 따라서 기관이나 외국인의 투자 여부가 결정되는 것으로 수급과 관련이 있다고 해서 수급선이라고도 합니다. 120일 이동평균선(120일선)은 기업들의 반기 결산 사이클과 관련이 있다고 해서 경기선이라고도 불립니다. 240일 이동평균선(240일선), 480일 이동평균선(480일선)은 대세상승인지 하락인지를 보여주는 선으로 대세선이라고 부릅니다.

5일 이동평균선

5일 동안의 평균주가를 이어놓은 선으로 단기 생명선이라고도 합니다. 단기간 주가가 급등한 종목은 캔들이 일봉 차트에서 5일 이동평균선 위에 있으면 "매도세가 작고 차트가 살아있다"라고 표현합니다. 일봉 차트에서 종가(15시 30분)가 5일 이동평균선을 깨고 하향 이탈하는 캔들이 나오면 단기 추세 이탈로 보고 반드시 매도로 대응해야 합니다. 수급과 재료에 의해 단기 급등했던 주식의 생명선은 5일 이동평균선입니다.

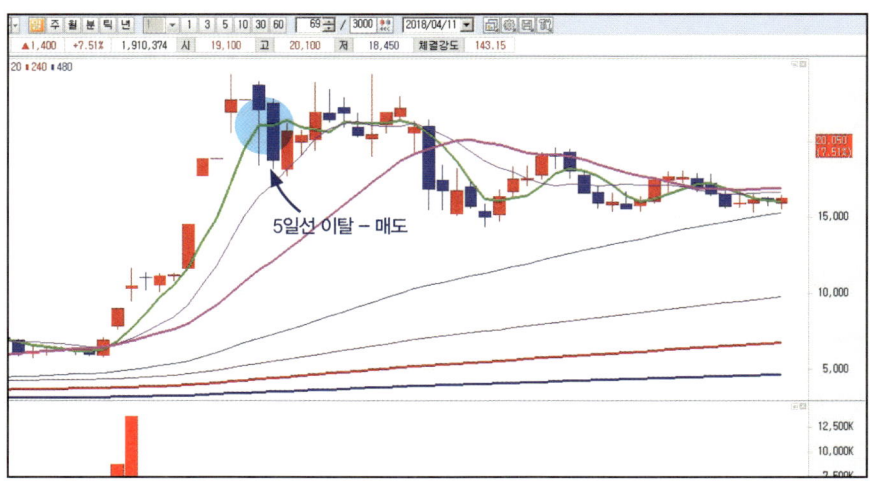

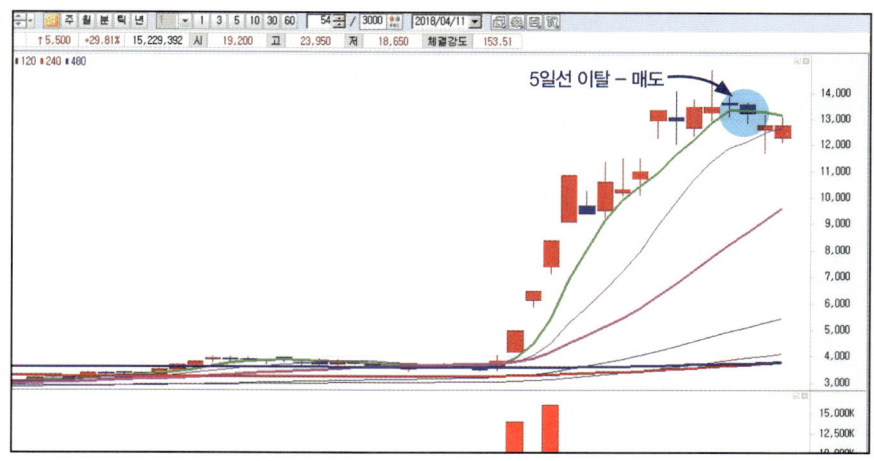

다시 한번 강조하지만 단기 급등주는 캔들이 5일 이동평균선을 하향 이탈하면 매도로 대응해야 합니다.

10일 이동평균선

10일 동안(2주)의 주가 평균을 이어 놓은 선을 말합니다.

20일 이동평균선

20일간(한 달) 주가의 평균을 이어놓은 선으로, 기술적 분석 시 가장 많이 사용합니다. 중·대형주 추세 매매를 할 경우는 20일 이동평균선은 생명선으로, 20일 이동평균선을 이탈하지 않으면 지속 홀딩합니다. 일봉 차트에서 20일 이동평균선을 하향 이탈하면 추세 이탈로 보고 보유 주식을 매도해야 합니다.

상승하던 주가가 눌림목을 주고 20일 이동평균선 부근에 오면 지지 여부를 살펴봐야 합니다. 지지가 된다면 20일 이동평균선 부근에서 주식의 매수 포인

❙ 셀트리온헬스케어, 20일 이동평균선 이탈 이후 양봉 캔들 발생 ❙

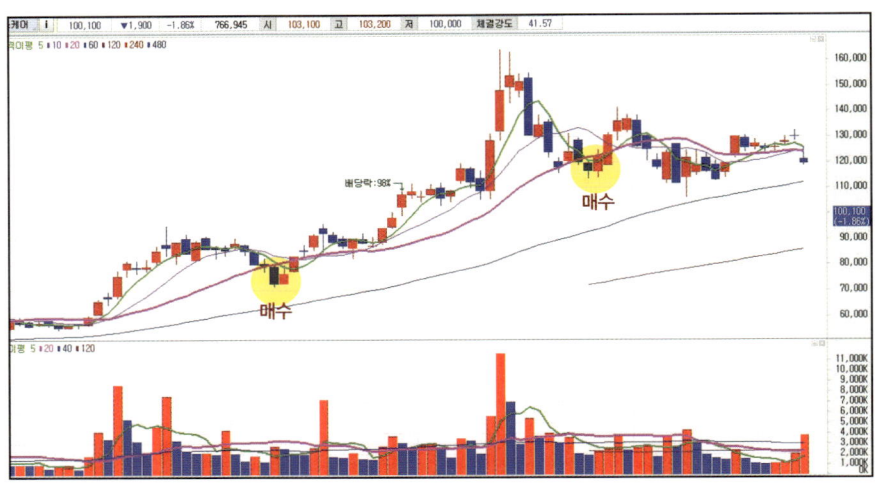

트로 잡아야 합니다. 최근에는 20일 이동평균선을 이탈했다가 하루나 이틀이 지나 양봉 캔들을 내는 경우도 있습니다. 그리고 캔들이 20일 이동평균선을 하향 이탈했다가 거래량이 줄어들면서 며칠 횡보를 하는 경우는 주가가 다시 상승으로 전환할 수 있다고 보고 관심을 지속적으로 가져봐야 합니다.

 일봉 차트에서 20일 이동평균선을 이탈하더라도 거래량이 줄면서 횡보하는 종목의 경우에는 재차 양봉을 내면서 20일 이동평균선 위로 캔들이 올라올 때도 매수 타이밍으로 봐야 합니다.

 상승장에서는 일봉상 20일 이동평균선이 무너졌다가 다음 날 양봉 캔들을 나타난다면 상승 반전의 의미이므로, 매수 타이밍이라고 볼 수 있습니다.

60일 이동평균선

3개월 동안의 주가를 평균한 값을 이어놓은 선으로 분기 실적을 예측할 수 있습니다.

120일 이동평균선

6개월 동안의 주가를 평균한 값으로, 경기선이라고 합니다. 주가가 120일 이동평균선 위에 있으면 호황, 120일 이동평균선 아래에 있으면 불황이라고 볼 수 있습니다.

240일 이동평균선

1년 동안의 주가를 평균한 값으로 심리선이라고도 합니다(장기 이동평균선). 주가가 정배열 차트에서 역배열로 접어드는 시기에는 5일 이동평균선이 20일 이동평균선을 하회하고, 또 60일 이동평균선과 120일 이동평균선을 하회하더라도 주가가 회복할 가능성이 있습니다. 하지만 일봉 차트에서 240일 이동평균선을 하회하는 순간, 주가는 깊은 수렁으로 빠지게 됩니다. 1년 동안 이 주식을 보유하고 있다면 전부 손실이 나는 구간이라는 의미입니다. 240일 이동평균선을 이탈하면 (재상승하기 위해서는 기간 조정이 많이 필요하기 때문에) 무조건 손절매해야 합니다.

주가가 하락 후 1년이나 2년 정도 바닥권을 다지고, 횡보한 후 240일 이동평균선을 돌파하면 강력 매수 관점으로 접근해야 합니다.

일봉 차트에서 240일 이동평균선, 480일 이동평균선

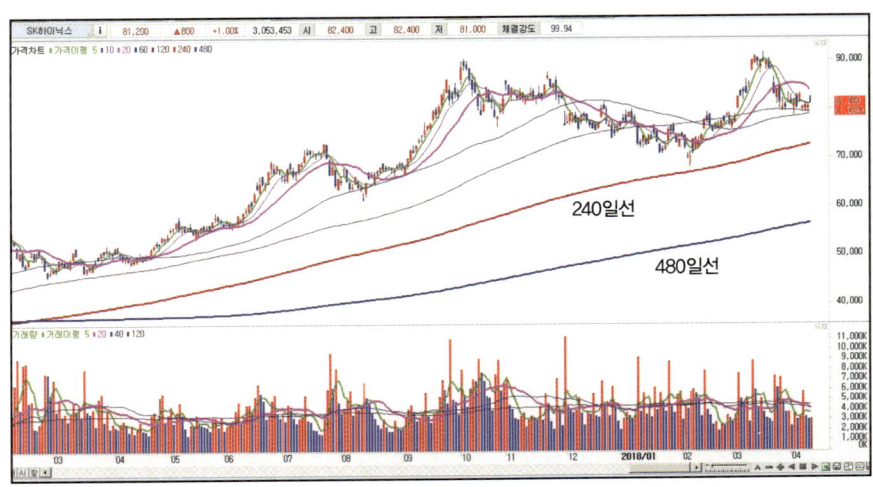

서울반도체 240일 이동평균선, 480일 이동평균선

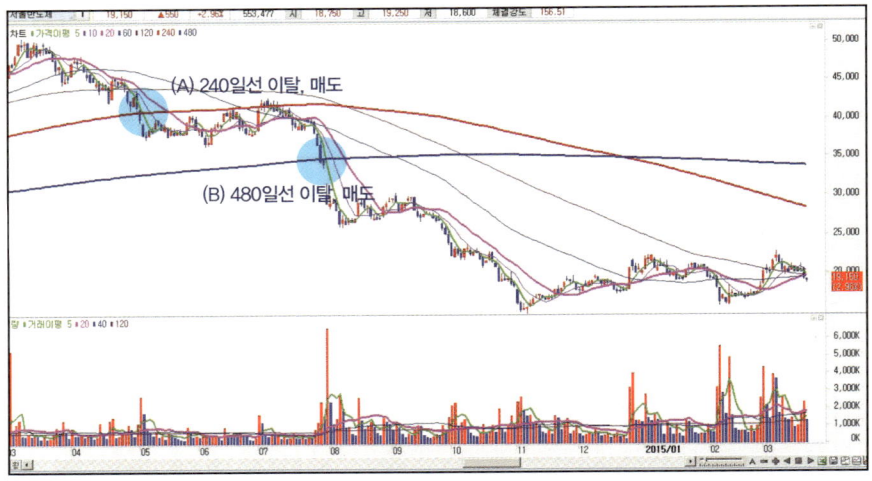

서울반도체의 일봉 차트에서 보이듯 주가가 240일 이동평균선을 이탈하고 지속적으로 하락했습니다. 이때는 이유를 불문하고 보유 주식을 매도해야 합니다. 서울반도체의 경우 2014년도 5월 초에 (A) 부분에서 240일 이동평균선을 이탈하고, 2014년 7월 말에는 (B) 부분에서 480일 이동평균선까지 이탈했습니다. 480일 이동평균선을 이탈하게 되면 2년 동안 서울반도체의 주식을 보유한 투자자들은 전부 손실의 구간으로 접어들게 됩니다. 480일 이동평균선까지 이탈하고 나면 1년 내지 2년 동안 주가는 바닥권에서 횡보를 하게 되며, 세월이 지나 다시 상승으로 방향을 전환하더라도 480일 이동평균선과 240일 이동평균선은 저항구간으로 바뀌게 됩니다. (A) 부분이 240일 이동평균선 이탈 지점인데, 다음 차트를 보면 주가가 하락한 후 2년 반 동안 바닥 국면에서 횡보하고 2017년 초반 이동평균선이 수렴하는 ①, ② 구간부터 상승으로 변곡점이 생기는 것입니다.

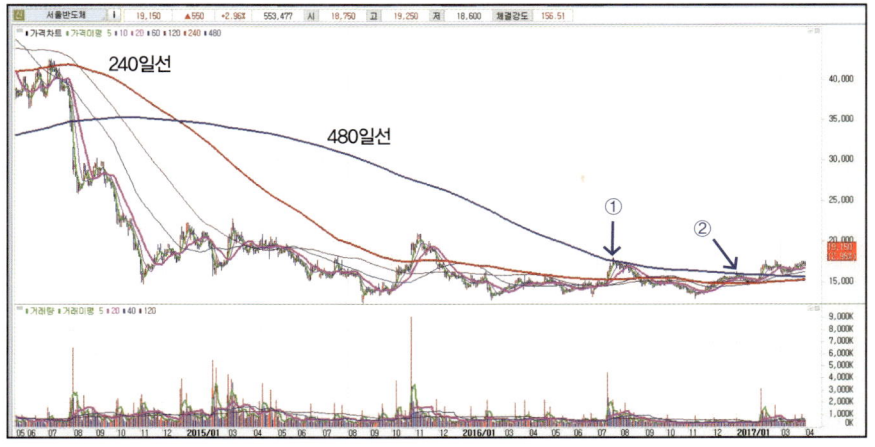

240일 이동평균선과 480일 이동평균선을 하회하는 종목은 무조건 매도합니다. 재매수하고 싶으면 역배열 일봉 차트에서 480일 이동평균선에 수렴할 때 매수를 고려할 수 있습니다.

한번 역배열 차트로 접어든 주가는 대부분 장기간 조정을 하게 됩니다. 그래서 240일 이동평균선을 하회하면 무조건 매도해야 하는 것입니다. (A) 지점에서 매도한 후 다시 이 주식에 관심이 생긴다면, 장기간 횡보한 후 ① 지점에서 480일 이동평균선과 수렴하면서 주가의 변곡점이 생기게 됩니다. 이때부터 이 주식에 관심을 가지면 됩니다. 첫 파동에는 2년 동안 이 주식에 물려 있는 사람들의 매도 물량으로 인해 480일 이동평균선은 저항선이 되어 첫 상승파동에서 바로 돌파가 나오지 않았습니다. 하지만 두 번째나 세 번째 파동에서 장기 이동평균선을 돌파하게 됩니다. 480일 장기 이동평균선을 돌파할 경우에는 추세가 바닥권에서 상승으로 전환하는 신호로 강력 매수로 대응해야 합니다.

480일 이동평균선

2년 동안의 주가의 평균값으로 심리선이라고도 합니다(장기 이동평균선).

주가가 장기간 하락했다가 240일 이동평균선을 돌파하고, 480일 이동평균선까지 돌파한다면 세력의 개입으로 볼 수 있습니다. 1년이나 2년의 장기 이동평균선을 모두 돌파하는 종목은 매수세가 아주 강한 종목으로, 관심을 가지고 보는 것이 좋습니다.

240일 이동평균선이나 480일 이동평균선은 대부분 증권사 기본 차트에서 제공되지 않습니다. 그렇기 때문에 이동평균선을 꼭 일봉 차트에 추가로 지정해서 사용해야 합니다. 주가가 하락할 때는 이 부근에서 지지가 나타나지만, 역배열로 접어든 차트에서는 240일 이동평균선이나 480일 이동평균선은 저항구간이 됩니다.

다음 삼성중공업의 일봉 차트를 보면 240일 이동평균선과 480일 이동평균선을 하회하면 어떤 변화가 일어나는지를 볼 수 있습니다. 일봉 차트에서 240일 이동평균선과 480일 이동평균선의 하락은 추세 붕괴라고 할 수 있습니다. 이 경우 꼭 강력 매도해야 합니다.

▌ 삼성중공업 일봉 차트 240일 이동평균선과 480일 이동평균선 이탈 ▌

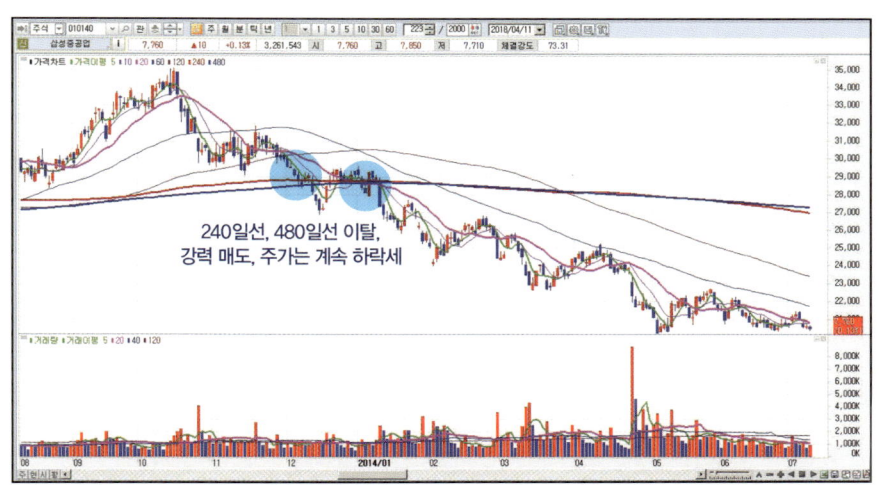

▌ 삼성중공업 일봉 차트 ▐

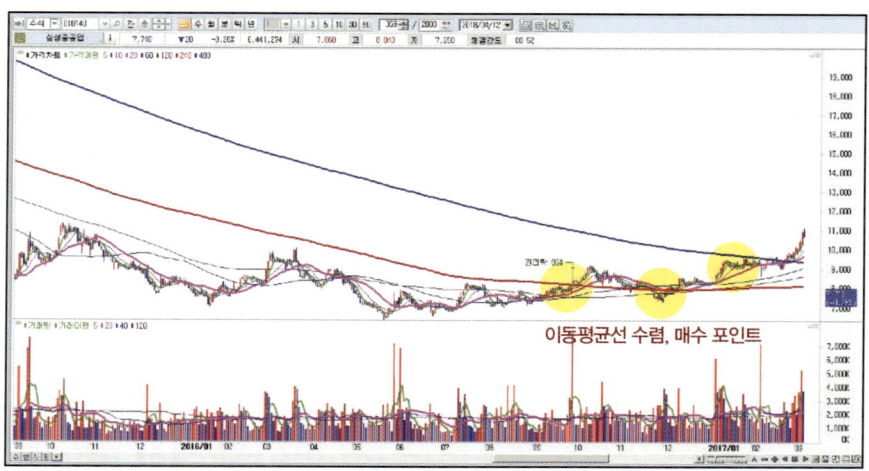

　한번 역배열 차트로 접어들면 장기간 주가가 하락하게 됩니다. 위 차트에서 보듯이 1년 이상의 하락 내지 횡보의 시간이 흐른 후 240일 이동평균선과 480일 이동평균선이 이격이 좁혀지고 수렴할 때 재매수 포인트로 잡으면 됩니다.
　주가가 일봉 차트에서 240일 이동평균선과 480일 이동평균선을 뚫고 상승으로 전환한다고 보면 1년이나 2년의 매물벽을 강하게 돌파한 것입니다. 대량 거래 발생과 함께 역배열에서 정배열로 전환되는 것이기 때문에 이럴 경우에는 매수하는 것이 좋습니다.

23. 이동평균선으로 보는 정배열과 역배열

주가 정배열과 역배열

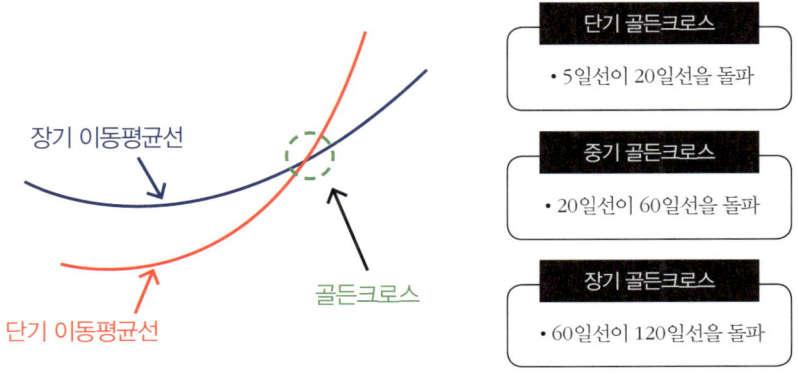

주가가 정배열이라고 하는 것은 이동평균선이 5일선, 10일선, 20일선, 60일선, 120일선, 240일선, 480일선으로 배열되는 것을 말합니다. 역배열은 이동평균선이 정배열과 반대로 배열됩니다. 주식시장에서 정배열의 주식을 매매하는 것이 역배열의 주식들을 매매하는 것보다 빨리 수익을 낼 수 있는 방법입니다.

정배열 차트

하락에서 상승의 추세로 전환한 차트로 단기, 중기, 장기 이동평균선의 순서로 정렬하는 것을 말합니다. 주가가 지속적인 상승을 보이기 위해서는 기본적으로 정배열 상태에 놓이는 것이 바람직합니다.

정배열 차트로 접어들면 단기적으로 수익권으로 접어든다고 볼 수 있습니다.

일봉 차트에서 5일 이동평균선이 20일 이동평균선을 뚫고 올라가는 것을 단

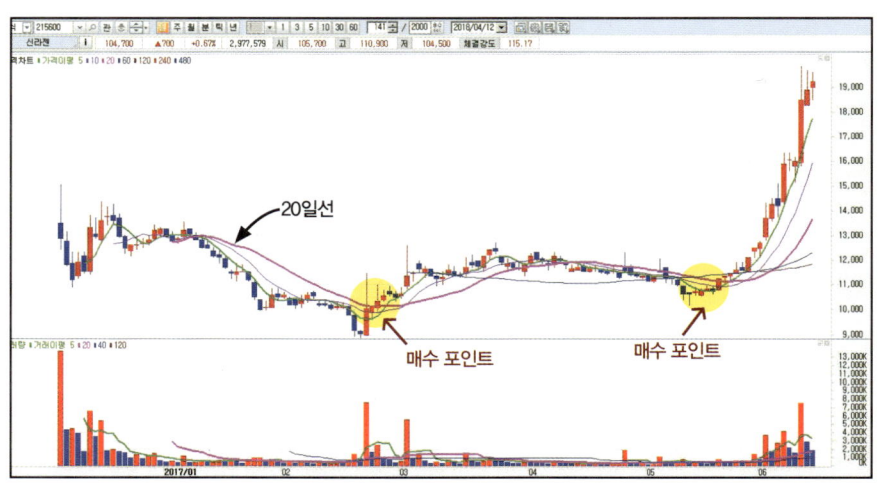

▌ 신라젠의 이동평균선의 정배열 차트 ▌

기 골든크로스(Golden Cross, 주식 차트에서 '단기 이동평균선'이 단기보다 긴 기간의 이동평균선을 상향 돌파하는 것)라고 하는데, 신라젠의 차트에 노란색 표시 부근이 매수 포인트가 됩니다.

역배열 차트

상승에서 하락으로 추세로 전환한 차트이며, 장기, 중기, 단기 이동평균선으로 정렬됩니다. 역배열 차트로 접어들면 서서히 손실로 바뀐다고 볼 수 있습니다.

이를 데드크로스(Dead Cross)라고 하는데, 골든크로스와 반대로 '단기 이동평균선'이 '중·장기 이동평균선'을 하향 돌파하는 것을 말합니다. 골든크로스와 데드크로스는 정반대의 개념인 것입니다.

주식투자에 가장 중요한 원칙은 보유한 종목이 일봉 차트에서 5일 이동평균선이 20일 이동평균선을 하향하게 되면 한 달 동안 주식을 보유하고 있는 분들

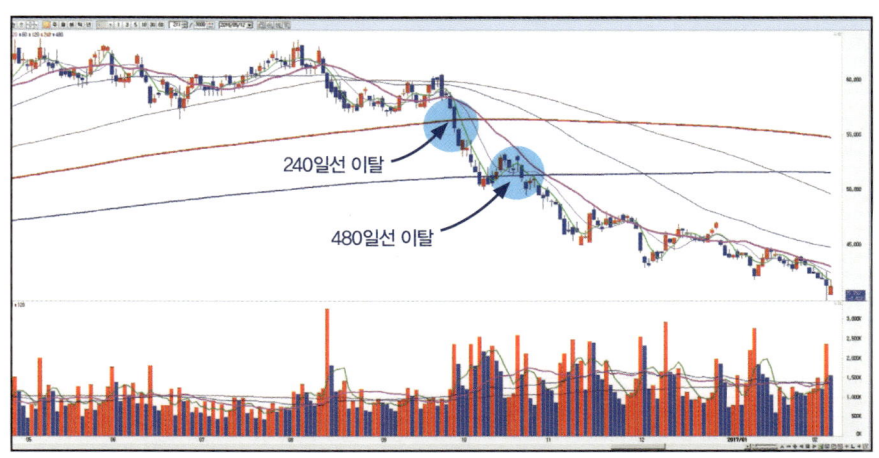

▮ 한국전력 역배열 초기 일봉 차트 ▮

한국전력 역배열 1년 후 일봉 차트

이 손실로 접어들게 되므로 무조건 매도로 대응해야 한다는 것입니다. 장기투자자의 경우도 일봉 차트에서 주가가 240일 이동평균선을 하향 이탈하면 무조건 매도해야 합니다. 1년 동안 주식을 보유하고 있다면 손실구간으로 접어들게 되므로 과감하게 손절매하고 다른 종목으로 교체하는 것이 좋습니다. 이런 종목들을 보유하고 있으면 1년 이상 마음고생만 하게 될 것입니다.

일봉 차트에서 240일 이동평균선과 480일 이동평균선을 이탈하면 일반적으로 주가는 장기간 깊은 수렁에 빠지고, 1년 이상 긴 조정기로 접어듭니다. 480일 이동평균선까지 이탈하면 무조건 매도하고 종목을 교체해야 합니다.

일봉 차트에서 240일 이동평균선이 480일 이동평균선을 하향 이탈하면 다시 정배열로 돌아오기까지 최소 1년 이상의 기간이 소요됩니다.

한국전력이나 오리엔트바이오의 차트에서 보듯이 480일 이동평균선을 이탈하고 난 후 최소 1~2년 정도를 하락 내지 횡보하고 있음을 볼 수 있습니다.

▌ 오리엔트바이오 역배열 일봉 차트 ▌

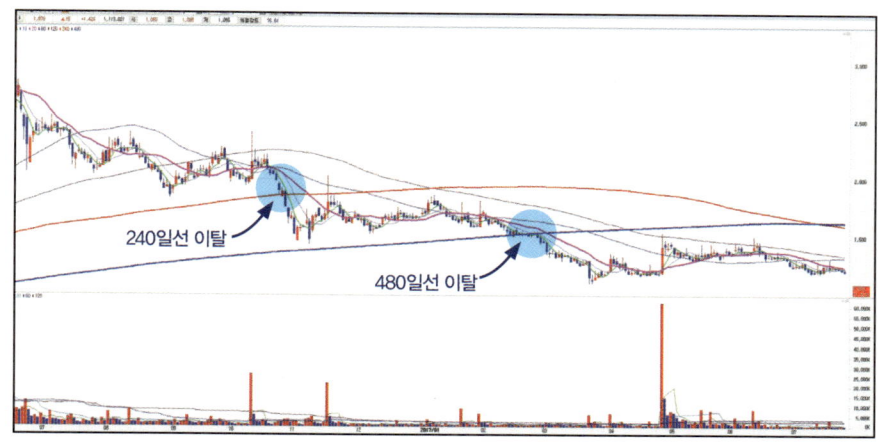

▌ 오리엔트바이오 역배열 1년 후 일봉 차트 ▌

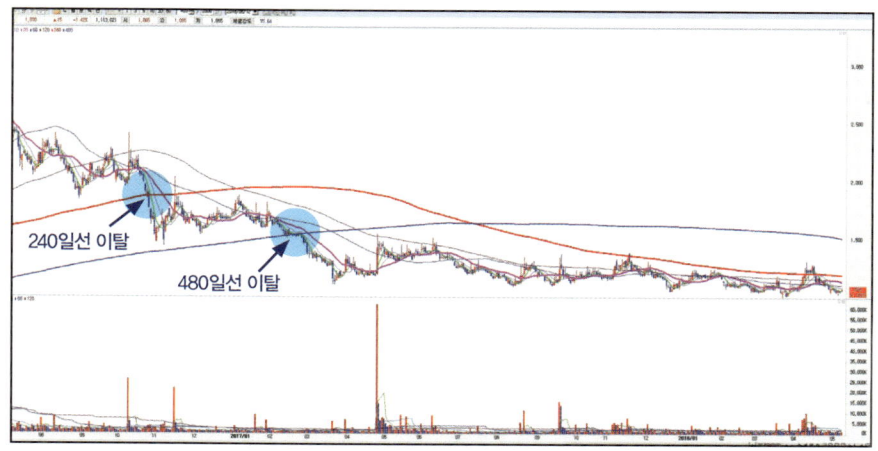

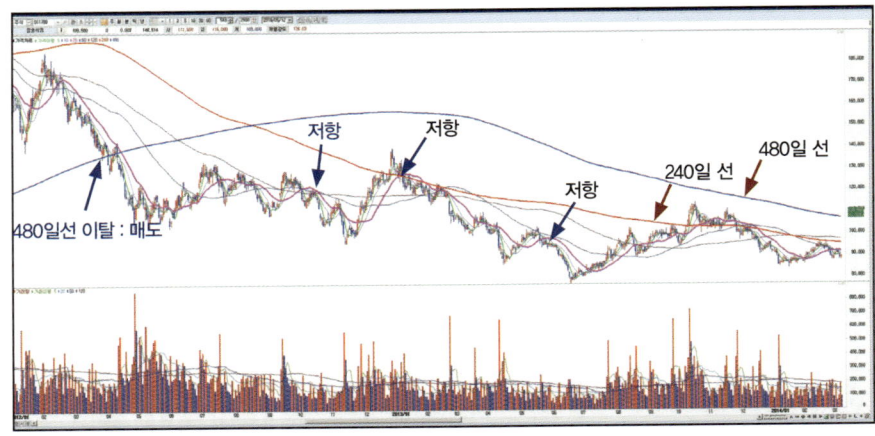

▌ 금호석유 240일 이동평균선과 480일 이동평균선 이탈 역배열 일봉차트 ▌

위 금호석유의 일봉 차트를 보면 주가가 480일 이동평균선을 하향이탈한 후에는 상승하려고 해도 지속적으로 이동평균선의 저항을 받게 됩니다. 주식에 물려 있던 분들이 본전 부근의 가격에 오게 되면 매도를 하기 때문에 쉽게 상승하지 못하는 것입니다.

그래서 주식은 일봉 차트에서 역배열로 하락하게 되면 다시 정배열로 바뀌기까지 충분한 시간과 기간조정이 필요합니다.

24

역배열 차트에서
매수 포인트 잡기

주가가 정배열에서 480일 이동평균선까지 하향 이탈하면서 역배열로 전환되면 다시 정배열로 회귀하는 데 최소 1년 이상의 기간 조정이 필요합니다. 다음 종목들의 일봉 차트를 보면 주가가 1년 정도의 횡보기간을 거친 후 정배열로 전환되는 모습입니다. 장기 이동평균선인 480일 이동평균선을 돌파하려면 일반적으로 일봉 차트에서 480일 이동평균선과 이격도가 좁혀지면서 상승하고, 세 번의 파동을 거쳐서 480일 이동평균선을 돌파하게 됩니다.

   이 주식을 매수하려고 한다면, 미리 들어가서 마음고생하지 말고 일봉 차트에서 이동평균선이 수렴한 후 3번째 상승파동이 임박한 시점에서 매수 포인트로 대응하면 됩니다.

인트로메딕 일봉 차트

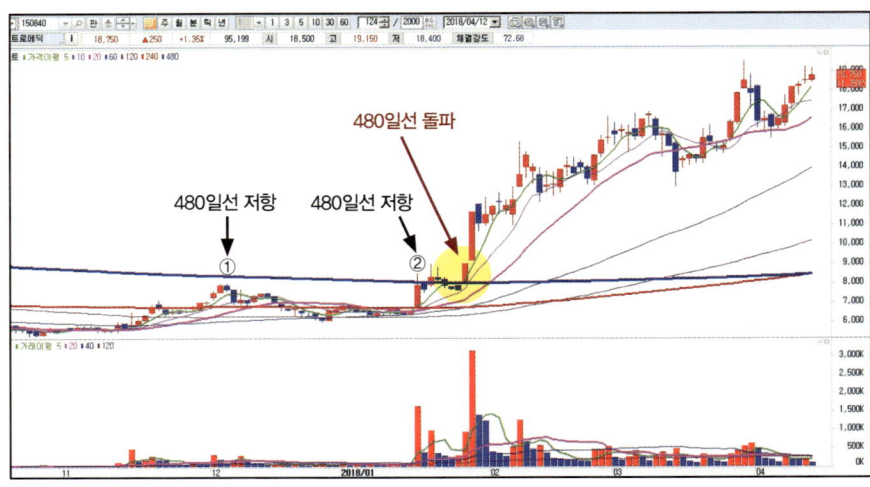

①번과 ②번 화살표에서 주가가 상승을 시도했으나 2년 동안 이 주식에 물려 있던 투자자들의 매도세로 480일 이동평균선의 저항을 받았고, 조금 더 기간이 지나 480일 이동평균선과 수렴하는 3번째 파동에서 480일 이동평균선 돌파가 나오게 됩니다.

가장 강력한 매물벽을 뚫었기 때문에 480일 이동평균선을 돌파하는 종목은 적극적으로 매수에 가담해도 좋습니다.

┃ 엔케이 3번의 상승 파동 후 240일 이동평균선 돌파 일봉 차트 ┃

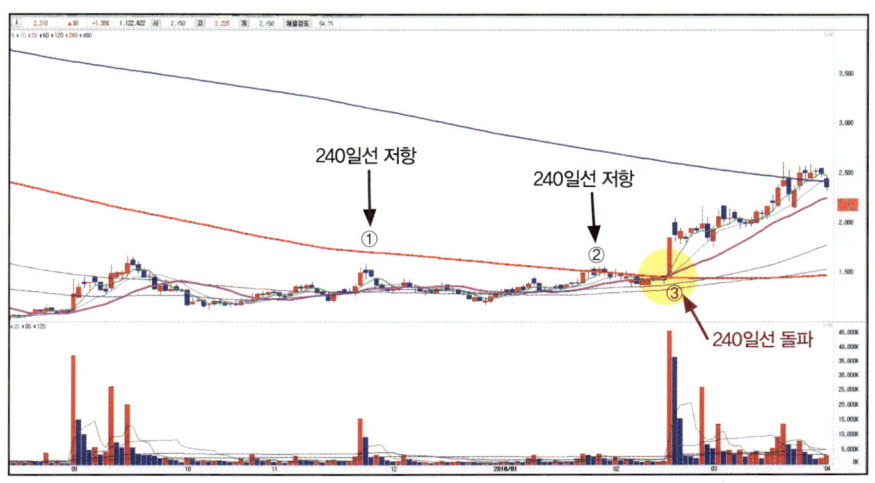

    엔케이도 장기간 횡보를 하다가 ①번과 ②번 부분에서 예비 상승 2파동이 나오고 몇 일 기간조정 후 240일 이동평균선에 가까이 수렴되었습니다. 그리고 기간 조정을 거친 후 3번째 상승파동에서 대량 거래를 수반하고 240일 이동평균선을 돌파했습니다.

    역배열 일봉 차트에서는 기억해야 할 것은 240일 이동평균선이나 480일선 이동평균선과의 이격도가 좁아지고, 이동평균선이 수렴할 때 주가의 변곡점이 발생한다는 것입니다.

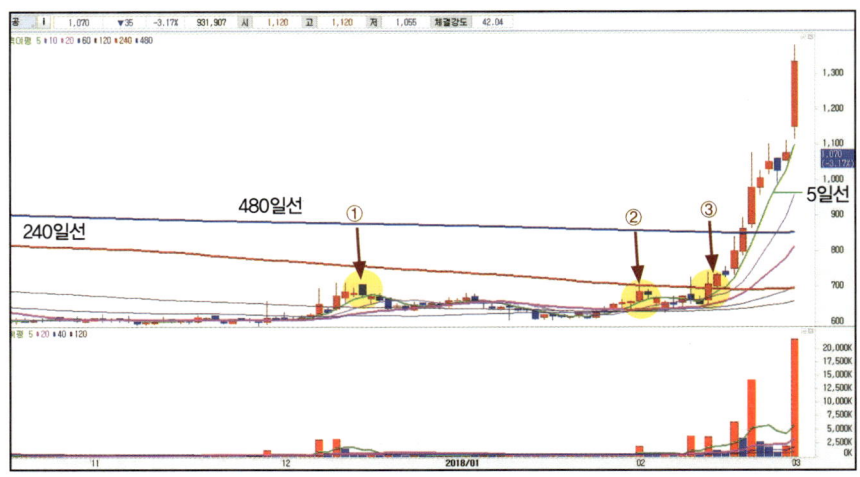

■ 오리엔트정공 역배열 일봉 차트, 매수 포인트 ■

　　2017년 1월에 240일 이동평균선을 이탈한 후 주가가 하락한 오리엔트정공의 일봉 차트입니다. 1년 정도 기간 조정 후, 차트에서 보이듯 상승 예비파동 ①번과 ②번을 거쳐 이동평균선이 밀집된 ③번, 즉 3번째 상승파동에서 240일 이동평균선과 480일 이동평균선을 돌파한 후 5일 이동평균선을 따라 급등했습니다. 장기 이동평균선에서 돌파가 나오려면 이동평균선이 수렴할 때까지 기다려야 합니다. 일봉 차트에서 240일 이동평균선이 위쪽에 480일 이동평균선이 있는 역배열 종목에 관심이 있다면 이동평균선이 수렴할 때까지 기다렸다가 매수 포인트를 잡아야 합니다.

25

역배열 차트에서
480일 이동평균선 지지 패턴

주가가 하락을 하다가 480일 이동평균선에서 지지를 하는 패턴의 차트입니다.

두 종목의 일봉 차트(140페이지)를 보면 480일 이동평균선이 강력한 지지라인을 형성해서 다시 반등하는 모습을 볼 수 있습니다. 금호석유의 경우는 480일 이동평균선을 살짝 이탈한 후 하방 경직성을 보이다가 상승으로 전환하였습니다. 두 종목처럼 240일 이동평균선은 이탈했지만 주가가 하락하다 480일 이동평균선을 한 달 정도 지지하는 것이 확인된다면, 480일 이동평균선 부근에서 단기 매수 포인트를 잡으면 됩니다.

오텍 일봉 차트

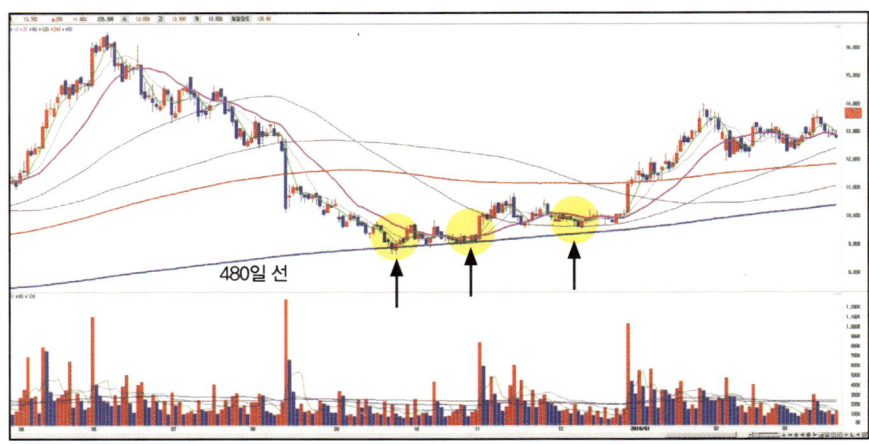

금호석유 일봉 차트

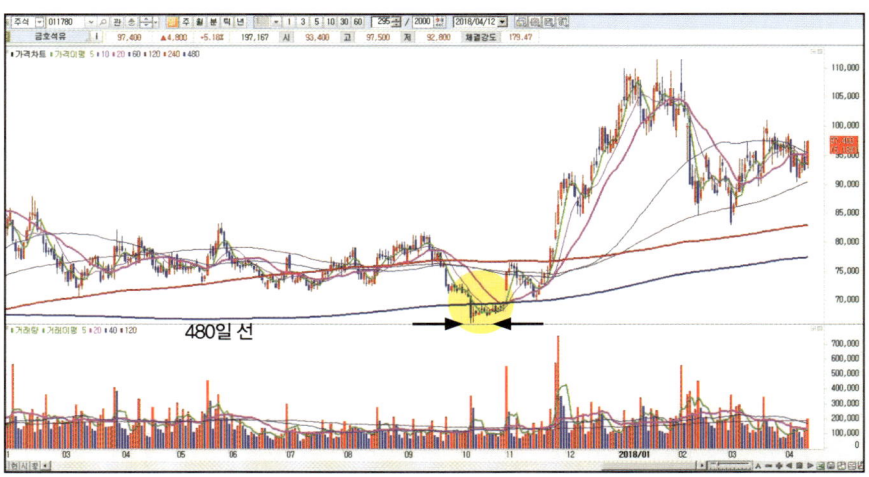

26
장기간 역배열 차트에도
급등 종목이 나온다

끼가 있는 종목들 중 1년 정도나 장기간 하락 횡보 후 특별한 재료나 이슈가 나왔을 때 역배열 일봉 차트에서 급등하는 경우도 있습니다.

뉴프라이드의 경우에는 2016년 말부터 2017년 말까지 1년 정도 주가가 바닥 국면에서 횡보하였습니다. 그런데 2017년 11월 29일 대마초 첫 상품화 완료 기사로 초급등했던 종목입니다.

역배열 일봉 차트에서 240일 이동평균선을 돌파하기란 쉽지 않습니다. 하지만 끼가 있는 종목들 중에는 가끔 240일 이동평균선을 돌파하는 급등주가 나올 수 있습니다. 때문에 역배열 일봉 차트에서 호재성 기사가 나오는 종목들을 유심히 봐야 합니다.

뉴프라이드의 경우 바닥권에서 장기간 횡보하다가 큰 이슈가 나와 역배열에

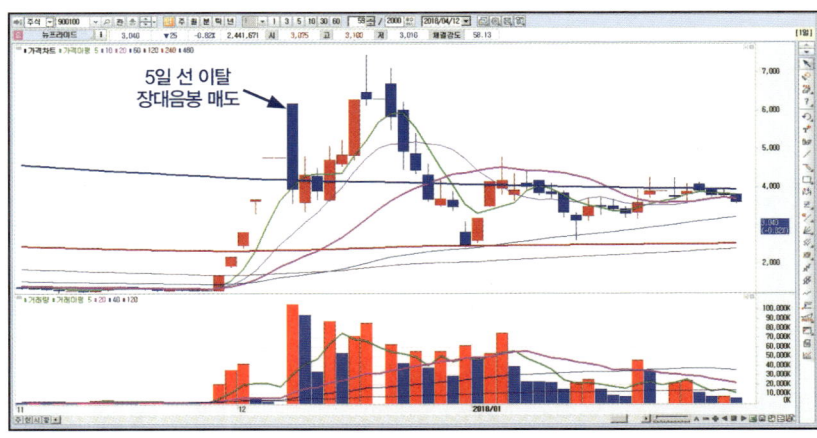

■ 뉴프라이드 역배열에서 급등 일봉 차트 ■

2017년 11월 29일부터 급등

■ 종합시황에 나온 뉴프라이드의 기사 ■

서 240일 이동평균선을 돌파했습니다. 뉴프라이드는 미국에서 대마초 첫 상품화를 완료하고 본격적인 판매 돌입이라는 재료로 급등했습니다.

이렇게 단기간에 급등하는 종목들은 일봉 차트에서 종가상 5일 이동평균선을 깨지 않는다면 홀딩을 해서 수익의 극대화해야 합니다. 단기 급등주의 매도 시점은 종가가 5일 이동평균선을 이탈할 때입니다.

폴루스바이오팜 역배열에서 급등 초기 일봉 차트

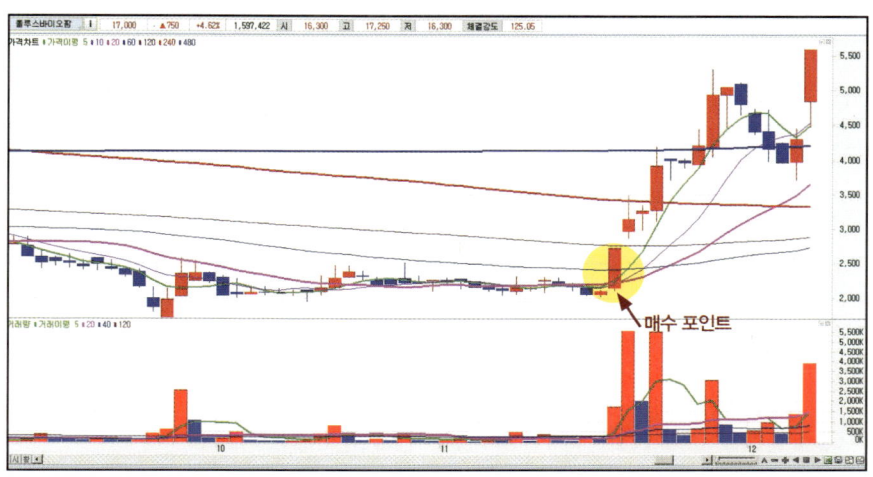

폴루스바이오팜도 1년 정도 장기간 횡보하다가 바닥권에서 대량거래 발생 후 2017년 역배열에서 정배열로 급등한 일봉 차트입니다.

폴루스바이오팜 역배열에서 급등 2개월 후 일봉 차트

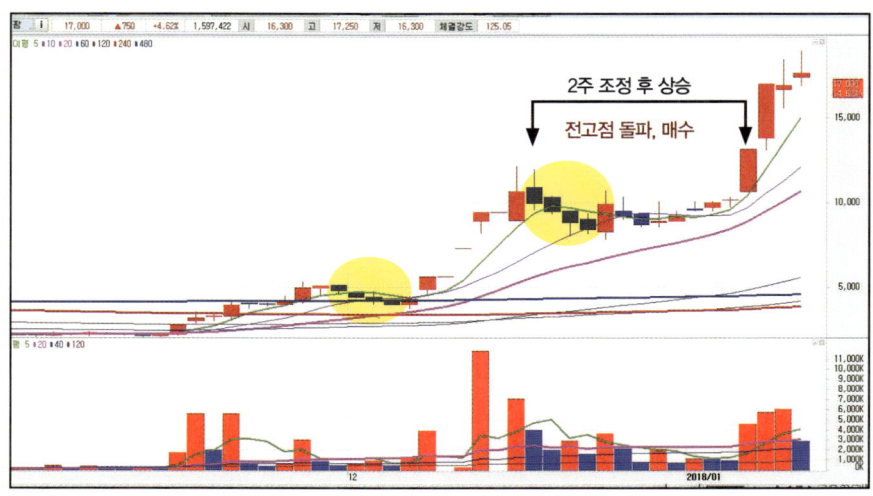

SECTION 5. 이동평균선으로 공략하는 매수·매도 타이밍 _ 143

일봉 차트에서 5일 이동평균선이 20일 이동평균선을 돌파하는 골든크로스를 매수 시점으로 잡아 매수합니다. 이 차트에서는 단기 고점을 찍고 일봉 차트에서 조정 캔들이 발생할 때는 4음 1양의 패턴이 나타나고 있습니다. 폴루스바이오팜의 일봉 차트에서 음봉 4개(일주일 조정)가 나타난 후 그다음 날 저점이 매수 포인트가 됩니다. 그리고 기간 조정을 거친 후 다시 상승 2파로 상승하는 모습입니다.

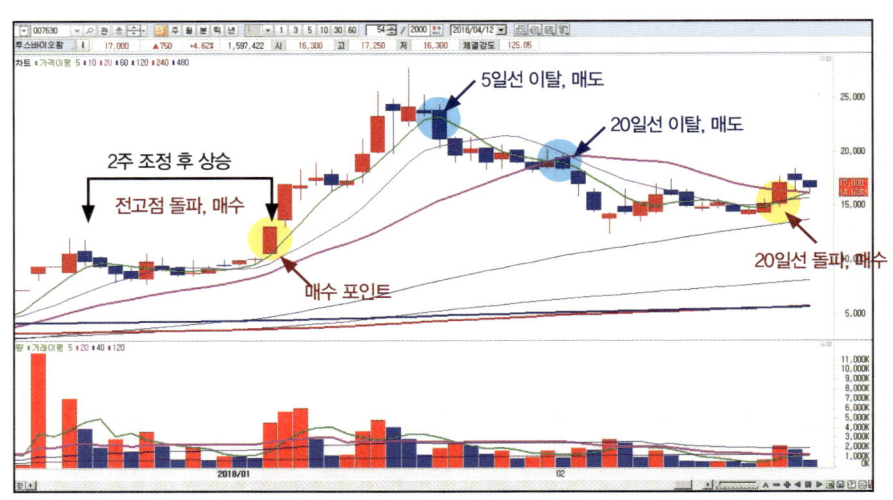

▌ 폴루스바이오팜 급등 3개월 후 일봉 차트 ▌

폴루스바이오팜의 경우 상승 1파 후에 암니스에서 폴루스바이오팜으로 사명을 변경하고 제3자 유상증자를 하고 대주주도 변경된다는 호재가 나왔습니다.

주식시장에는 아무리 공정 공시라고 해도 누군가는 먼저 재료를 알고 선취매하고 있다는 것을 기억해두십시오. 한 번의 호재로 주가가 상승한 종목은 며칠 동안 상승하더라도 꼭 홀딩하고 무조건 일봉 차트에서 5일 이동평균선을 이탈하면 매도로 대응해야 합니다.

27 쌍바닥 차트로 포착하는 매수 포인트

내려갈 만큼 모두 내려왔다는 신호

대형주를 매매하는 투자자는 월봉 차트에서 쌍바닥 내지 삼중바닥형 패턴이 나타나면 바닥을 찍고 상승으로 전환하는 신호라는 것을 알아채야 합니다.

매수 포인트는 일봉 차트에서 5일선이 20일선 돌파를 하면 매수를 하듯이 월봉 차트에서는 5개월선이 20

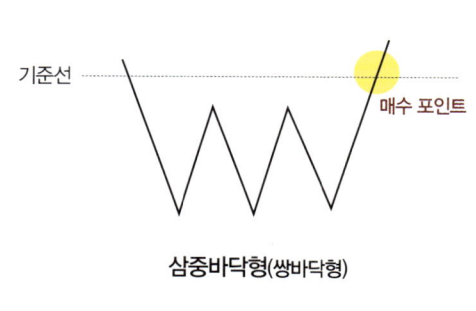

삼중바닥형(쌍바닥형)

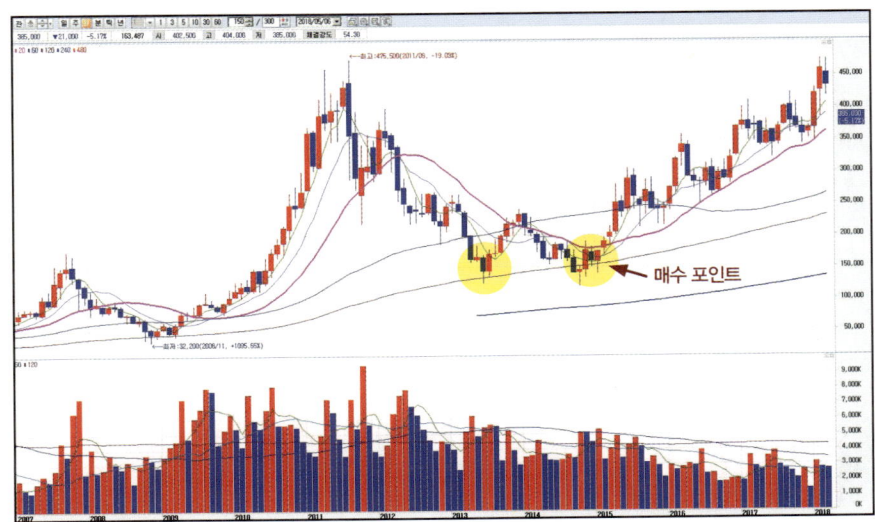

개월선을 돌파하는 시점이 신뢰성이 매우 높은 매수시점입니다. 월봉 차트에서 쌍바닥 내지 삼중바닥을 확인한 후 전환되는 종목은 바닥권에 대한 지지라인이 상당히 두텁다고 볼 수 있습니다.

롯데케미칼, LG전자, LG의 월봉 차트를 통해 대형주에 중·장기투자할 때 이런 월봉 차트의 모습을 보이면 매수 포인트로 잡아야 합니다.

▌ LG전자 월봉 쌍바닥 차트 ▌

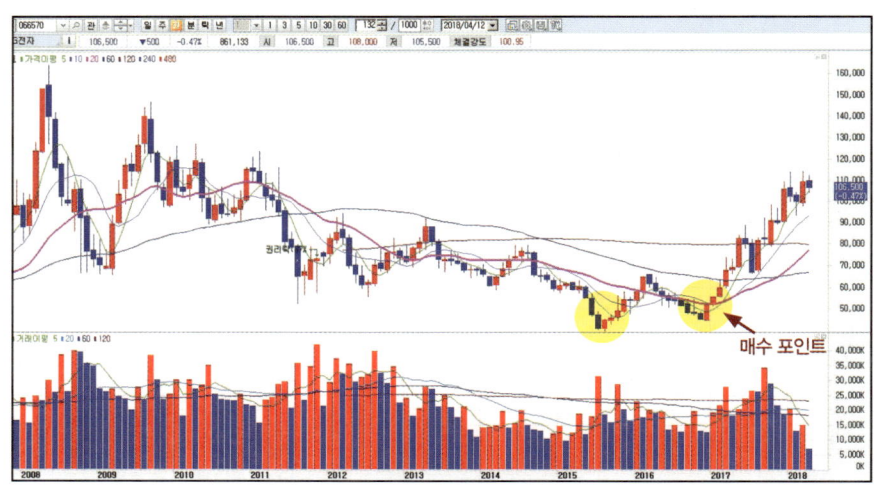

▌ LG유플러스 월봉 쌍바닥 차트 ▌

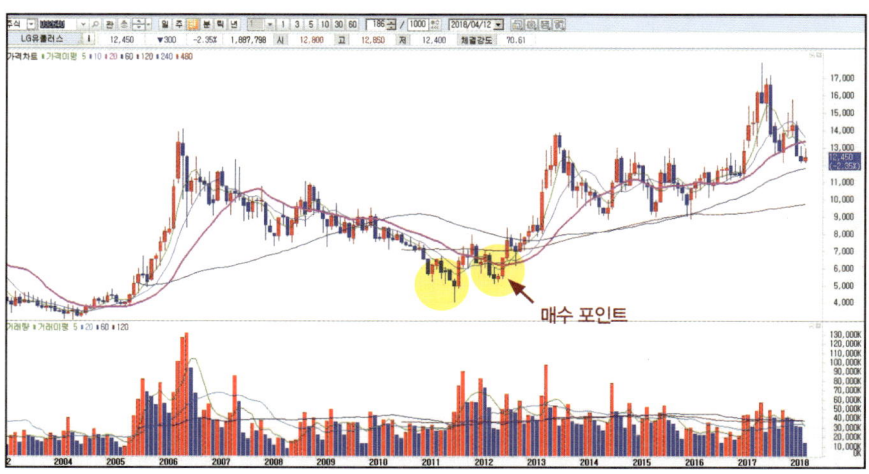

28
이동평균선에 수렴할 때
주가 방향성이 바뀐다

이동평균선 수렴이란 여러 이동평균선이 한 점을 기준으로 모이는 것을 말합니다. 주식을 매수한 투자자들의 평균 단가에 접근했다는 의미이기도 합니다. 이동평균선 수렴이 중요한 이유는 이동평균선 수렴이 나타난 이후에 종목의 급등이나 급락을 예상할 수 있는 변곡점이 나타나기 때문입니다. 이동평균선이 수렴되면 에너지가 모아졌다 한쪽 방향으로 발산되는데, 이렇게 주가의 변곡점이 생긴다는 것이 핵심 포인트입니다.

   이동평균선이 수렴하면 주가의 방향성이 결정됩니다. 단기 이동평균선이 밑에서 위로 올라가는 골든크로스가 발생하면서 주가가 상승 쪽으로, 그 반대로 데드크로스가 생기면 주가가 하락할 가능성이 높습니다.

코오롱머티리얼 일봉 차트 이동평균선 수렴

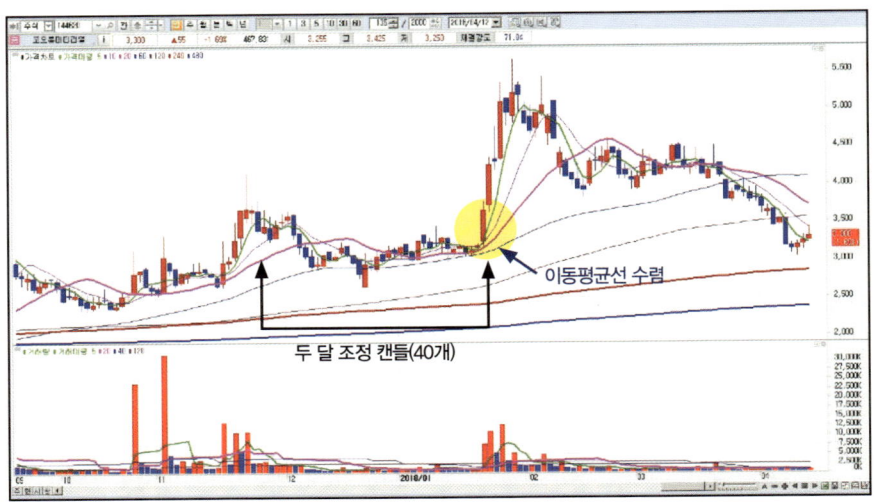

드림시큐리티 일봉 차트 이동평균선 수렴

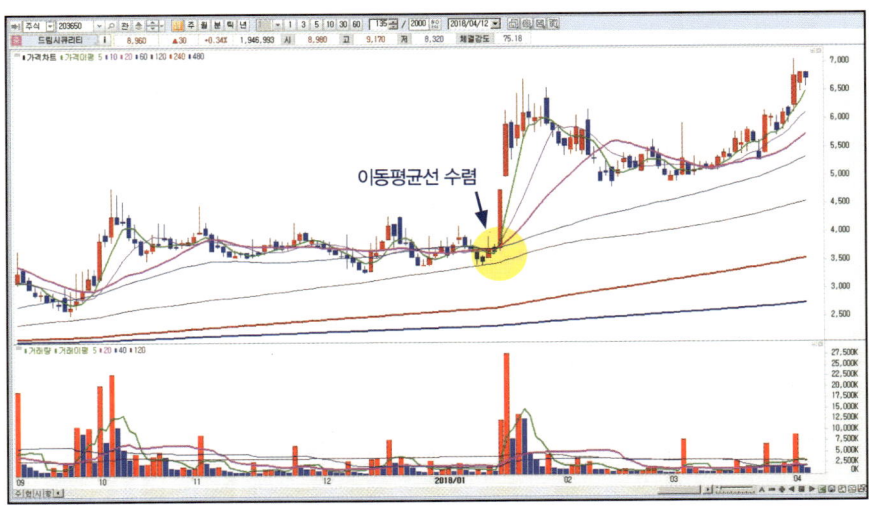

앞의 그림은 이동평균선들이 수렴할 때쯤 주가가 급등했음을 보여주는 차트입니다. 주가가 상승하려면 이동평균선들이 수렴해야 주가의 변곡점이 발생한다는 것을 꼭 기억해 두시기 바랍니다.

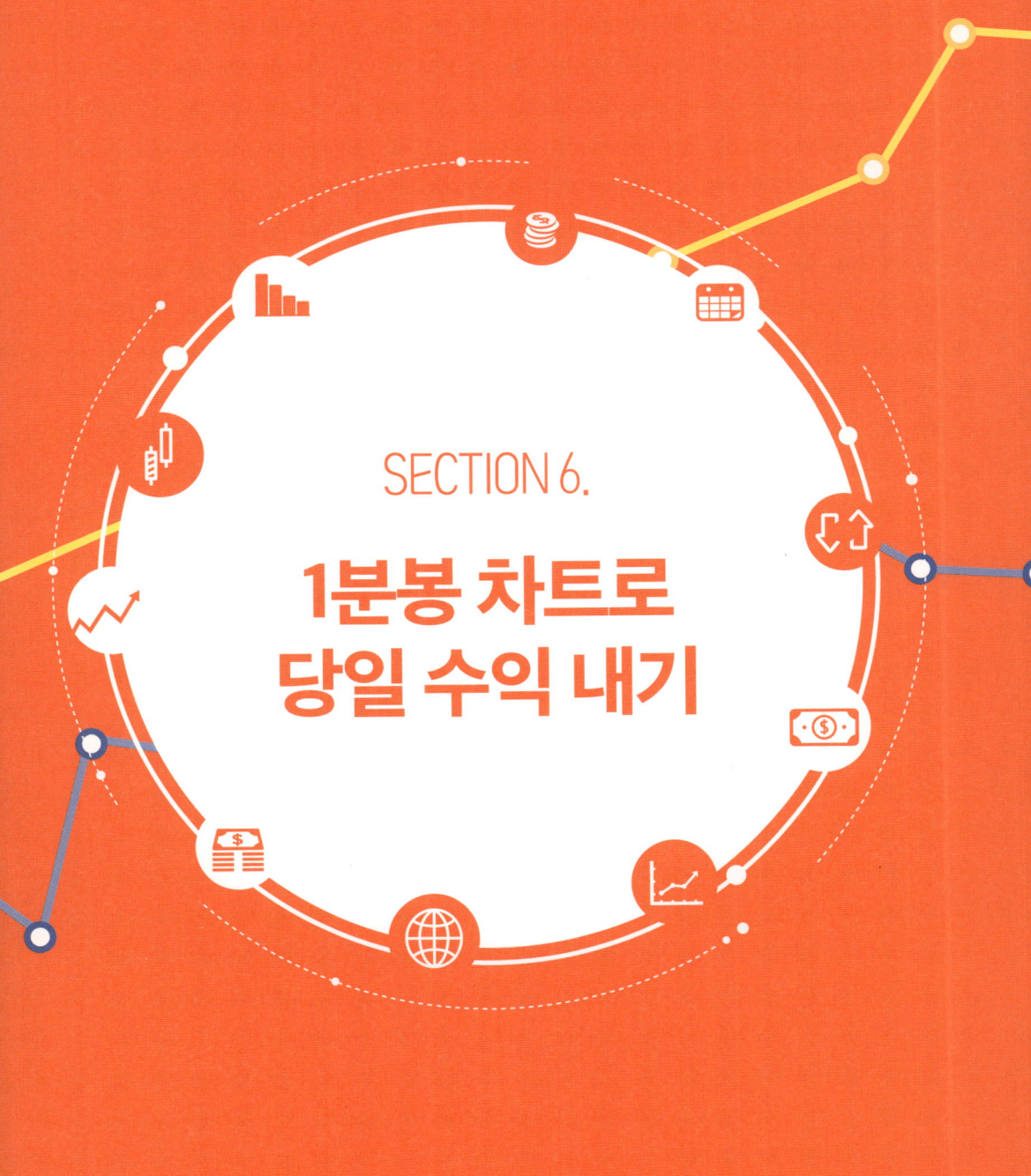

29

1분봉 차트로 매매하기
주가가 상승할 때

장중 분 차트 매매(1분봉 차트로 매매)

거의 모든 증권사에 일봉 차트나 1분봉 차트에는 다음과 같은 분봉들이 모두 그려져 있지 않습니다. 그렇기 때문에 이동평균선에 모두 직접 입력해서 매매하는 것을 권합니다.

1분봉 차트에서 5분봉, 10분봉, 20분봉, 60분봉, 120분봉, 240분봉, 480분봉을 꼭 차트에 입력해 보십시오. 1분봉 차트(일봉)에서 20분봉, 240분봉, 480분봉은 가장 중요한 선들이어서 다른 분봉 선보다 선 굵기를 두껍게 합니다.

다음은 1분봉 차트와 일봉 차트를 세팅하는 화면입니다.

■ 셀트리온 1분봉 차트 세팅 화면 ■

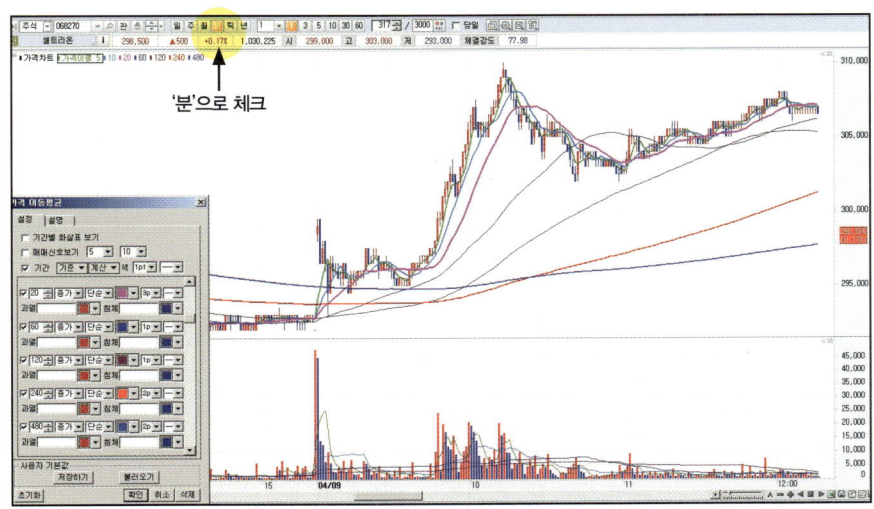

■ 셀트리온 일봉 차트 세팅 화면 ■

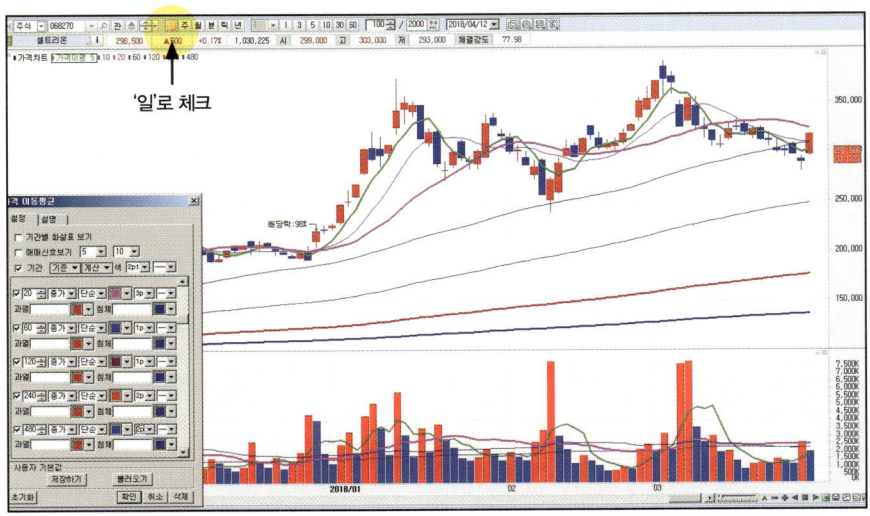

장 시작 후 상승하는 주가의 오전장 고점은 당일 9시 40분에서 10시 부근에서 찍고 횡보하게 됩니다. 대형주의 경우는 우상향으로 계속 상승 파동이 진행되는 경우도 많습니다. 모든 주식이 다 그런 것은 아니지만 장 시작 후 바로 상승하는 종목의 경우에는 9시 40분 부근에서 단기 고점을 찍고 차트가 꺾이게 되면 매도하는 게 좋습니다.

주가 상승 시 고점(1분봉 차트)

상승파동의 분봉 차트에서 추세 매매는 1분봉에서 20분봉 차트를 기준으로 합니다. 어떤 종목이 당일 우상향으로 1분봉의 파동이 나온다면 상승이 완만한 경우는 엘리어트 파동의 상승 5파까지 올라가게 됩니다. 상승 추세에서는 1분봉 차트에서 20분봉을 1% 이내에서 이탈하는 것은 추세 이탈로 보지 말고, 확실하게 추세가 꺾일 때까지 홀딩해서 수익의 극대화를 노려야 합니다. 상승 흐름에서 호재가 나와 상승 이격이 급격이 커지는 종목은 엘리어트 파동의 상승파동 3파 고점에서 매도해야 합니다.

재료가 나온 테마주의 경우에는 주가의 변화가 급하게 움직일 것이고, 시가총액이 큰 대형주의 경우는 주가가 완만하게 우상향하는 경우가 많습니다.

엘리어트 파동이론은 주가는 연속적인 8개의 파동이 사이클을 이루며 상승과 하락을 반복한다는 이론으로, 주가의 변동은 상승 5파와 하락 3파로 움직이며 끊임없이 순환하면서 시장의 추세를 이어갑니다. 미국의 회계사 출신 주식분석가인 랠프 넬슨 엘리어트가 1938년 《파동이론(The Wave Principle)》이라는

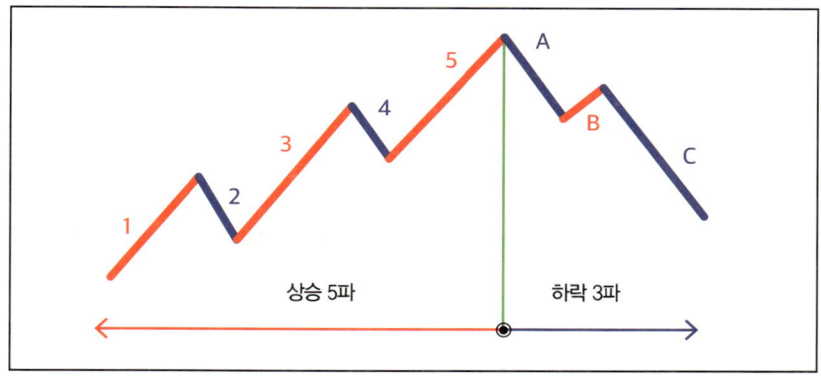

저서를 통해 발표한 이론으로, 21세기도 여전히 증권시장에서 주식의 등락을 예측하는 기술적 분석 기법으로 사용되고 있습니다.

1분봉 차트나 일봉 차트에서 100% 맞는 것은 아니지만 엘리어트 파동이론 같이 상승 5파, 하락 3파가 나오는 종목들도 있으니 참고해보시기 바랍니다.

분봉 차트에서 상승 시 주가의 조정시간

1분봉 차트에서 주가가 1파 상승 후 주가의 조정 파동은 10분, 30분, 1시간, 2시간, 4시간 정도 조정하고 다시 상승 2파 상승으로 전개되는 경우가 많습니다.

다음 차트에는 상승 1파동부터 상승 5파동까지 표시되어 있습니다. 이날 1분봉 차트에서도 나타나듯 중·대형주의 경우 우상향으로 천천히 상승하면서 1파동 상승 후 10분 정도 조정파동이 나옵니다. 그리고 다시 3파동 상승이 이어지고 30분 정도 조정파동이 나온 후 마지막 5파동에서 상승세로 전개되었습니다. 상승 5파동이 나왔다 싶으면 단타 매매 투자자는 고점에 매도하는 것을 원칙으로 삼으면 됩니다. 대부분 상승 파동이 나오고 나면 주가는 횡보 국면으로 진입하게 됩니다.

▎라이브파이낸셜(씨티엘) 2018년 1월 22일 기사 내용 시황창 ▎

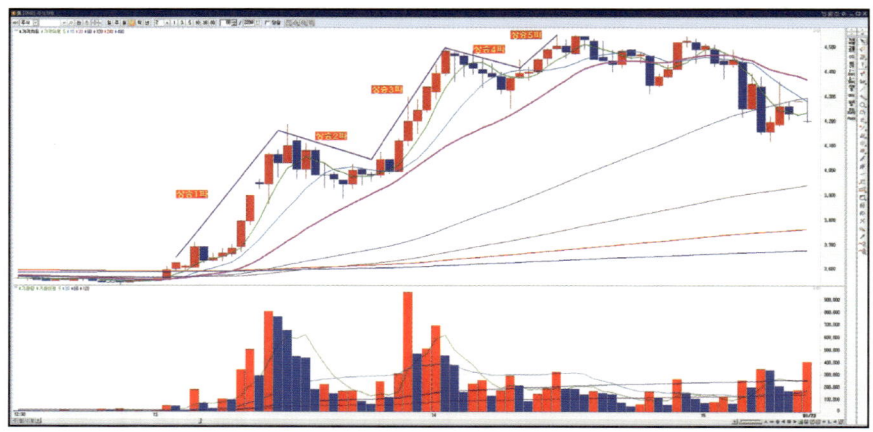

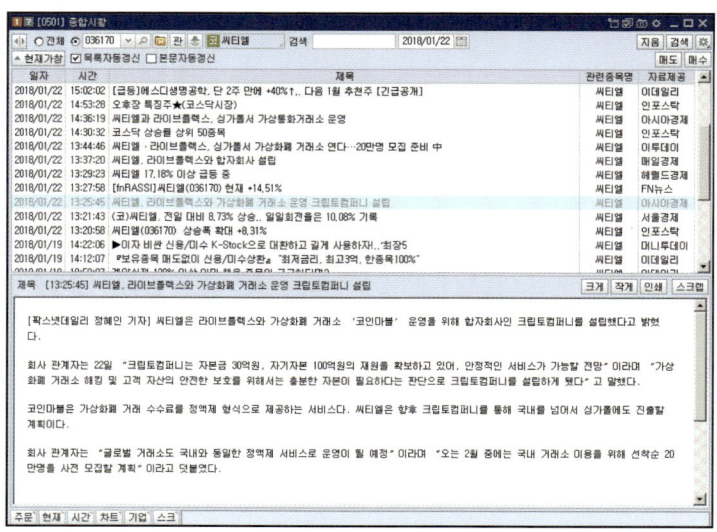

2018년 1월 22일 라이브파이낸셜(씨티엘)이 '가상화폐 거래소 운영 크립토컴 퍼니를 설립합니다'라는 기사가 증권사 홈트레이딩시스템 시황에 나왔습니다. 이 시황창을 보면 비슷한 기사가 여러 번 나온 것을 알 수 있습니다. 이런 경우는 거의 회사에서 홍보하기 위해 보도자료를 내보낸 것입니다. 보도자료는 증권사 홈트레이딩시스템보다 인터넷 언론 매체에서 먼저 나오는 경우도 있습니다. 좋은 재료는 메신저를 통해서 증권가에 금방 전파되고, 대부분 보도자료는 몇 군데의 언론 매체에서 여러 번 기사로 시황창에 나온다는 것을 기억해두시기 바랍니다. 보도자료가 나오고 주가가 상승하면 기자들이 '특징주로 관련 기사를 쓰는 경우도 많습니다.

　라이브파이낸셜(씨티엘) 시황이 나온 시점에서 분 차트를 보면 이미 주가는 어느 정도 오른 상태입니다. 보도자료 같은 경우에는 빠른 인터넷 언론 매체에서

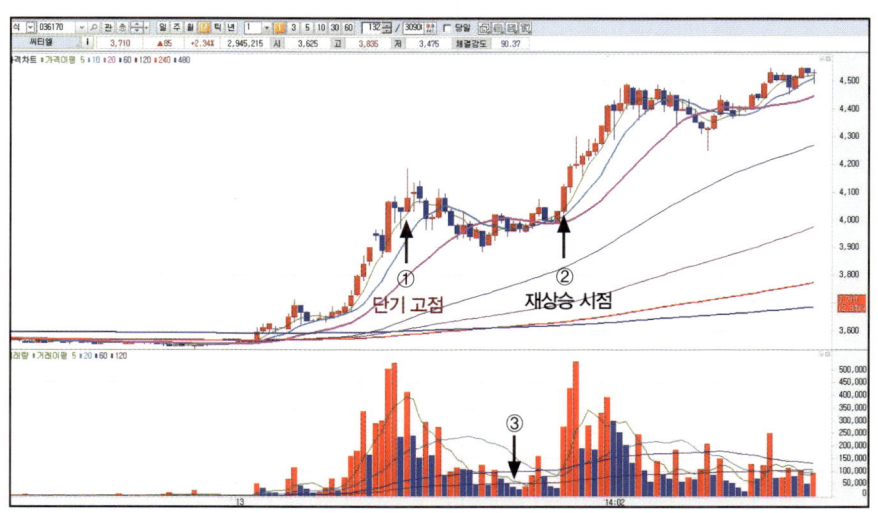

┃ 라이브파이낸셜(씨티엘) 1분봉 차트에서 주가 조정 파동의 예 ┃

먼저 기사화되면 주식시장에 미스리메신저나 텔레그램 메신저를 통해서 단타 매매 투자자들에게 전파됩니다. 그리고 재료가 좋다 싶으면 매수에 가담함으로써 주가가 미리 상승하게 됩니다. 이후 시황창에 기사가 뜨면 그때는 진매수 세력과 진매도 세력이 힘겨루기를 합니다. 이때 매수세가 강하면 상승하고, 매도가가 아주 강하면 하락합니다.

차트에 표시된 ①부근에서 단기 고점을 찍고 ②의 재상승 시점까지 조정 시간이 25분 소요되었습니다. 상승을 하다가 중간 부분에 1분봉이 20일 이동평균선을 이탈했지만, 하단에 거래량이 급격하게 감소한 부분(③)이 나타납니다. 이럴 경우 되돌림 파동(매수자와 매도자의 힘이 균형에 도달하는 단기 고점 이후 반대의 힘이 강해지는 국면에서 나타남)이 나타날 수 있습니다. 이 경우 완전히 추세 이탈로 보지 않고, 다시 1분봉 차트에서 20분봉 위로 올라갈 수 있기 때문에 계속 관찰해봐야 합니다.

수급으로 상승한 에스모의 차트 모습입니다. 장 시작 후 상승했다가 눌림을 한 번 주고 상승하면서 1분봉 차트에서 10분봉 차트를 한 번도 이탈하지 않고 상승한 모습입니다. 대개 아침에 상승하는 종목의 경우는 9시 40분을 기점으로 상승의 고점을 찍는다고 보면 됩니다.

┃ 에스모 상승 1분봉 차트 ┃

　다음 페이지는 한올바이오파마가 2017년 12월 19일 신약물질을 5,500억 원에 스위스 제약회사로 기술을 수출하면서 급등했던 일봉 차트의 모습입니다. 상승파동 후 조정 일봉 캔들의 모습을 화살표로 표시한 것입니다. 대개 추가 상승하는 주식들은 1주일, 2주일, 1달(20일)의 조정을 거친 후 재상승합니다. 한올바이오파마의 경우는 일주일 정도 조정하고 재상승하는 모습을 보여주고 있습니다. 차트에서 표시된 화살표 ①에서처럼 이틀 정도 장대양봉이 출현하면 단기 꼭지일 확률이 상당히 높기 때문에 반드시 고점에서 매도하고 나와야 합니다.

　한올바이오파마의 2018년 1월 12일의 1분봉 차트입니다. 이날 아침 9시 15분에 고점을 찍고 4시간 정도(240개 캔들) 횡보하고 재상승하는 모습입니다. 이 차트에서 보여주듯 중·대형주의 경우는 재상승까지 4시간 정도 횡보하는 종목도 있다는 것을 꼭 기억해두십시오.

■ 한올바이오파마 일봉 차트(2018년 1월) ■

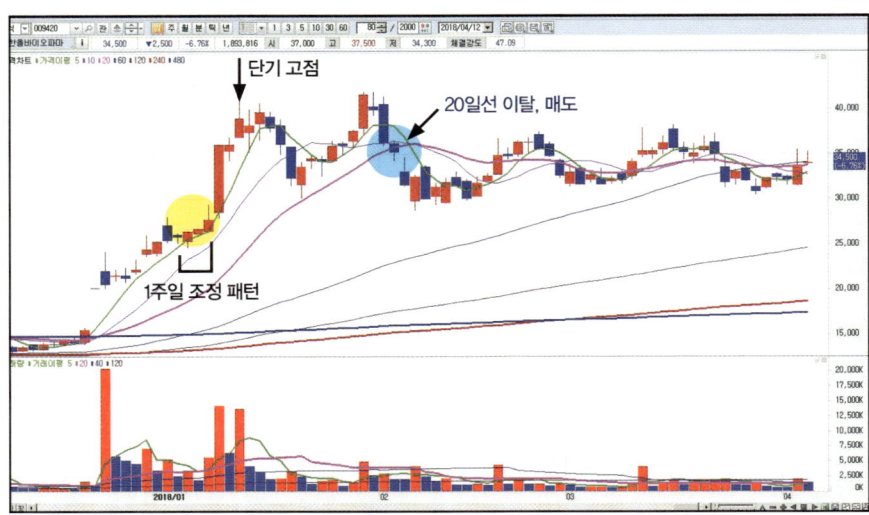

■ 한올바이오파마 1분봉 차트(2018년 1월 12일) ■

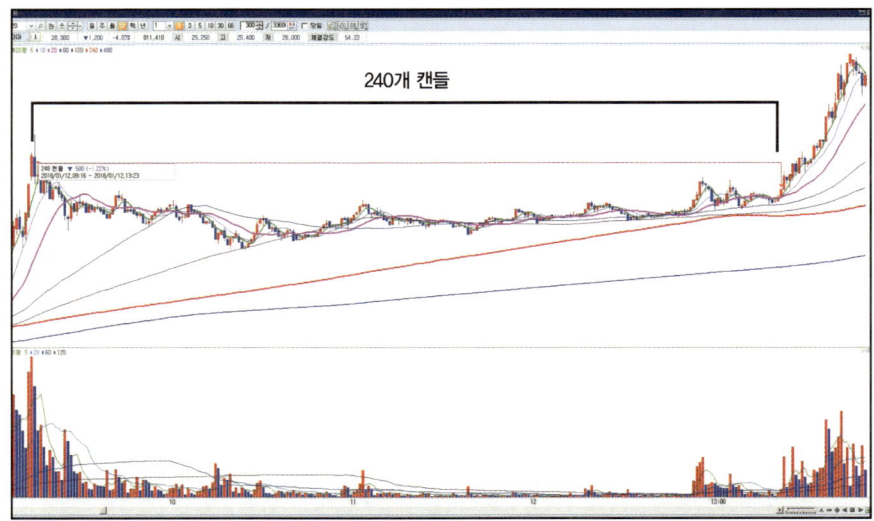

┃ 한올바이오파마 단기 고점 이후 일봉 차트 ┃

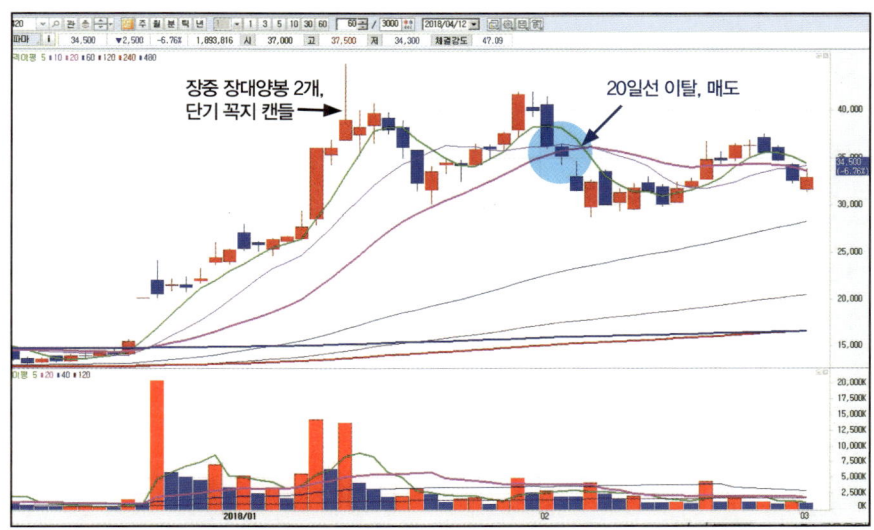

　이것은 반드시 기억해둬야 합니다. 2~3일 만에 거래량이 터지고 장대양봉으로 단기간에 50% 이상 수직 상승하면, 더 큰 수익의 욕심을 버리고 2~3일 내에 고점에서 꼭 매도해야 합니다.

30

1분봉 차트로 매매하기
주가가 하락할 때

주가 하락 시(1분봉 차트)

1분봉 차트에서 20분봉 이동평균선 차트를 완전히 이탈하고 내려가면 추세 이탈로 보고 무조건 매도합니다.

1분봉에서 주가가 상승의 흐름으로 진행되면 상승 3파동 내지 상승 5파동이 마무리되고, 하락파동으로 흐름이 바뀌게 됩니다. 장중 재료가 나와서 주가가 수직으로 급등하는 종목은 상승 2파동에서 고점을 찍게 되는 경우가 있습니다. 그러므로 20분봉 이동평균선과 이격도가 크게 벌어지면서 가파른 각도로 주가가 상승하면 상승 2파동 고점에서 매도해야 합니다.

하락은 대개 2파동으로 진행되지만 꼭지에서 하락세로 접어들면 초보자들은 단타 매매를 하지 않는 것이 좋습니다. 하락세로 접어들게 되면 하락은 깊고 반등은 아주 짧게 나옵니다. 그리고 1분봉 차트에서 240분봉 이동평균선, 480분봉 이동평균선을 쉽게 돌파하지 못하고 며칠 동안 조정하게 됩니다.

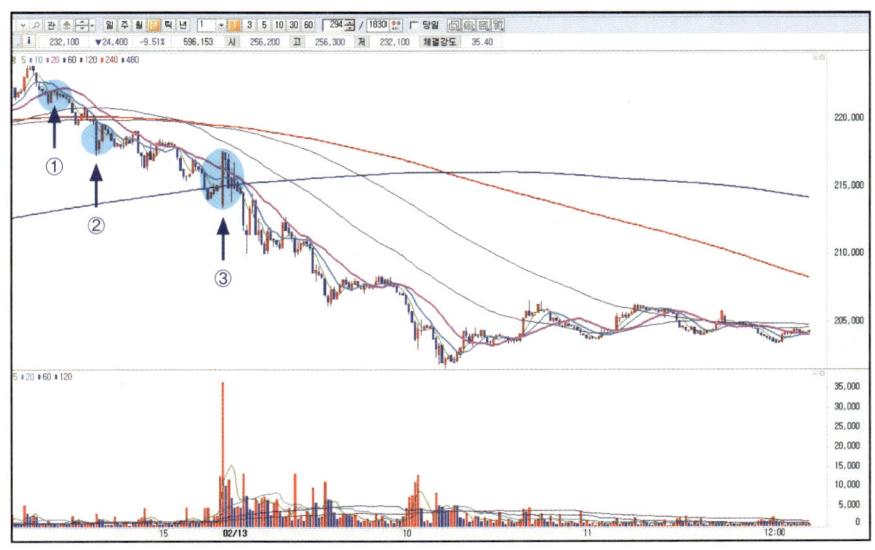

헬릭스미스(바이로메드)의 분봉 차트의 경우 ①로 표시된 화살표 부분은 1분봉 차트에서 20분봉 이동평균선 차트를 깨고 내려가는 시점으로 매도 포인트입니다. ② 화살표는 1분봉 차트에서 240분봉 이동평균선을 깨고 내려오는 시점이고, ③ 화살표는 1분봉 차트에서 480분봉 이동평균선을 깨고 하락하는 곳입니다. 분봉 차트에서 역배열로 접어들게 되면 다시 상승으로 전환되려면 최소 하루나 이틀의 시간이 필요합니다. 그래서 1분봉 차트에서 20분봉 이동평균선을 확실하게 이탈한다 싶으면 단기 고점을 찍었다 생각하고 매도합니다. 그런 후 다른 종목으로 교체 매매하는 것이 좋습니다.

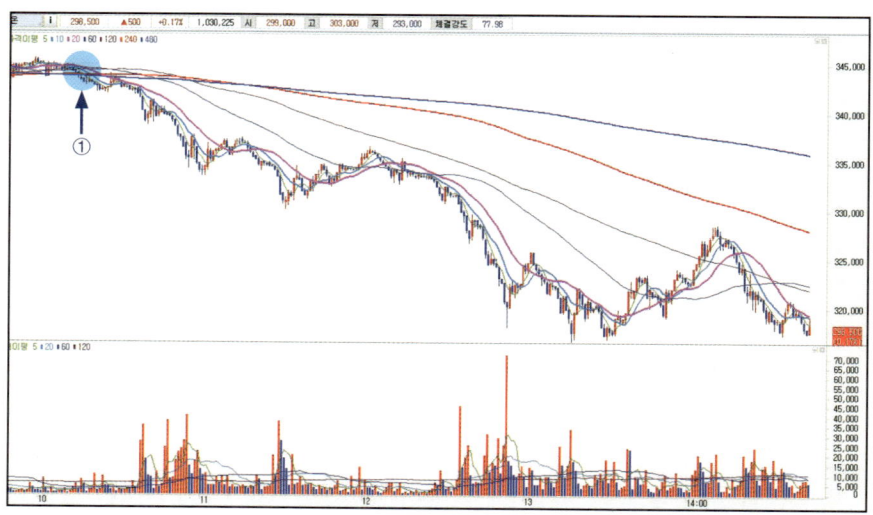

▌ 셀트리온 역배열 1분봉 차트 ▌

① 부분에서 1분봉 차트는 역배열로 접어듭니다. 이때는 묻지도 말고 매도하는 게 정석입니다. 하락 흐름을 보면 반등하는 척하다 다시 재하락하고 있습니다. 반등은 짧고 하락은 깊은 전형적인 패턴입니다. 이런 분봉 차트는 아무리 고수라 할지라도 수익을 낼 구간이 그리 많지 않기 때문에 매매하지 않는 것이 정답입니다. 역배열 주식들은 조정을 받고 다시 정배열로 돌아설 때 매수 타이밍을 잘 잡아야 합니다.

코스닥 테마주 같은 경우는 개인투자자들이 많이 매매하기 때문에 심리에 따라서 14시 30분 이후 장 막판에도 급등락이 심하게 나타나는데 이런 경우는 1등주만 저점에 매수해서 단타 매매로 대응하는 것이 좋습니다. 대개의 경우는 14시 30분 부근에 급락이 많이 나오는데, 매수 포인트는 1분봉 차트에서 480분봉 이동평균선 부근 내지 480분봉 이동평균선을 살짝 이탈할 때부터 분할 매수해 단타 매매합니다. 이렇게 짧은 시간에 3% 이상의 단기 수익률을 올릴 수 있습니다. 종가까지 매매할 시간이 있기 때문에 어느 정도 단기 반등은 반드시 나오게 됩니다.

┃ 데일리블록체인 장 막판 급락했다가 다시 반등하는 분 차트 ┃

14시 40분 이후 주가가 급락하는 데일리블록체인의 1분봉 차트입니다. 1분봉 차트에서 480분봉 이동평균선에 수렴하고 쌍바닥 확인 후 재상승한 모습입니다. 단기 급락이 나오는 종목의 경우 1분봉 차트에서 480분봉 이동평균선에서 지지하면 매수 포인트로 진입한다는 것을 꼭 기억해야 합니다.

▌ 스타모빌리티(인터불스) 장 막판 급락 분 차트 매수 포인트 ▌

　　개별 종목의 경우에는 횡보하던 주가가 15시 부근에서 하락하다 1분봉 차트에서 480분봉 이동평균선을 지지하고 쌍바닥 확인 후 대부분 재상승합니다. 개별 종목에서 장 막판 수급으로 급락이 나오는 종목의 경우 480분봉 이동평균선 부근에서 매수 포인트를 잡습니다.

　코스닥 테마 종목군들이 움직이는 장세에서 만약 대장주가 장 마감 임박이 가까운 15시 이후에 상한가를 이탈하여 갑자기 급락하는 경우에는 15시 20분 동시호가 임박 시간으로 심리선이 무너져서 1분봉 차트에서 480분봉 이동평균선을 이탈하고 내려가는 경우도 있습니다. 이럴 경우는 1분봉 차트에서 480분봉 이동평균선을 이탈하더라도 바로 매수에 가담해서는 안 됩니다. 음봉이 계속 나타나다가 하나의 양봉이 출현하면 대개 단기 저점 캔들이라 할 수 있습니다. 단타 매매 투자자들은 1분봉 차트에서 480분봉 이동평균선을 하향 이탈하고 연속 음봉 이후 양봉이 출현할 때 매수 포인트로 잡습니다.

31

국내 사모CB
추가 상장 물량 대응법

2018년 1월 10일에 에이스테크의 추가 상장 물량 154만 1,571주가 2018년 1월 15일에 상장된다는 공시가 17시 9분에 나왔습니다. 이럴 경우는 대부분 추가 상장 물량 때문에 다음날 주가는 하락하게 되었습니다.

  2018년 1월 15일에 상장되지만 증권회사에 연락하면 영업일 기준 이틀 전인 2018년 1월 11일부터 장내에 매도가 가능합니다. 주가가 하루 이틀 빠지면서 특정 창구에서 매도가 집중적으로 나옵니다. 만약 에이스테크를 매수하고 싶다면 주가 하락 후 더 이상 특정 창구에서 매도가 거의 나오지 않는 것이 확인되면 이 종목을 저점에서 서서히 관심을 가지고 봐야 합니다.

추가 상장 관련 공시 종합시황창

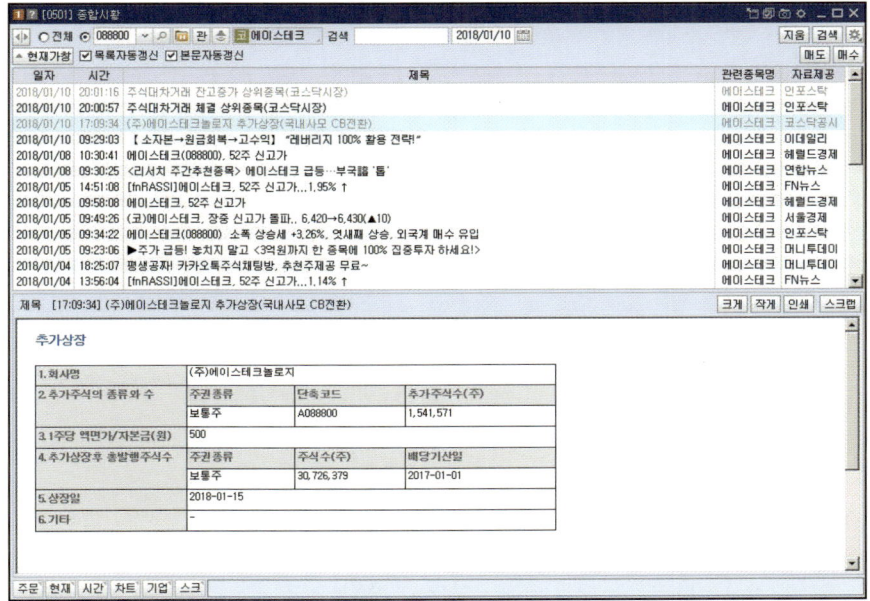

추가 상장 물량 공시 나온 날

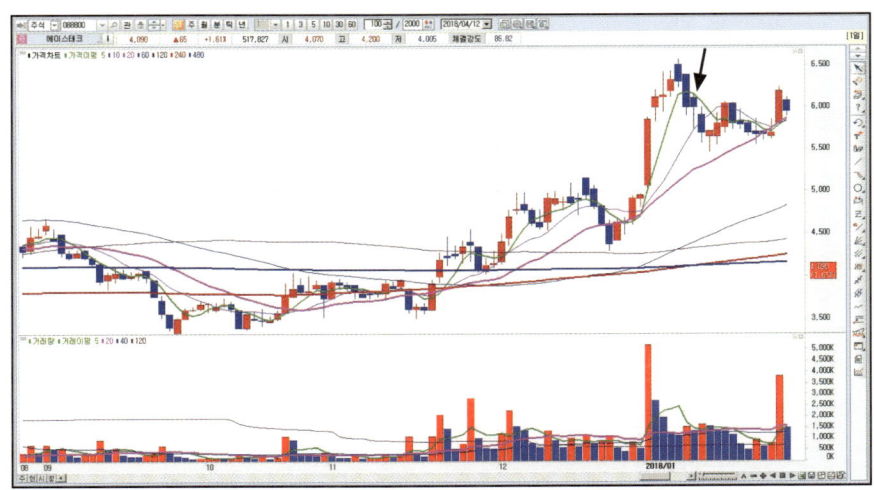

32
미국시장 주가 급락 후 코스닥시장 대응법

미국 주식시장과 코스닥시장의 상관관계

　미국 주식시장이 급락하면 전 세계 주식시장도 영향을 받아서 대부분 하락하게 됩니다. 그래서 주식투자를 할 때에는 항상 전날 미국 증시가 어떻게 되었는지 꼭 확인을 해보고 우리나라 주식시장에도 대응해야 합니다.

　다음은 우리나라 주식시장도 종합주가지수가 3% 이상 갭 하락으로 출발하여 오후장에 거의 보합까지 올라온 코스닥지수의 1분봉 차트의 모습입니다. 장이 시작하고 바로 저점을 확인하기란 사실 어렵지만, 종합주가지수가 3% 정도 하락한다면 시초가 부근 내지 시초가에서 살짝 하락할 때가 당일 저점입니다.

2018년 2월 5일 미국 다우지수 -1,175포인트 일봉 차트

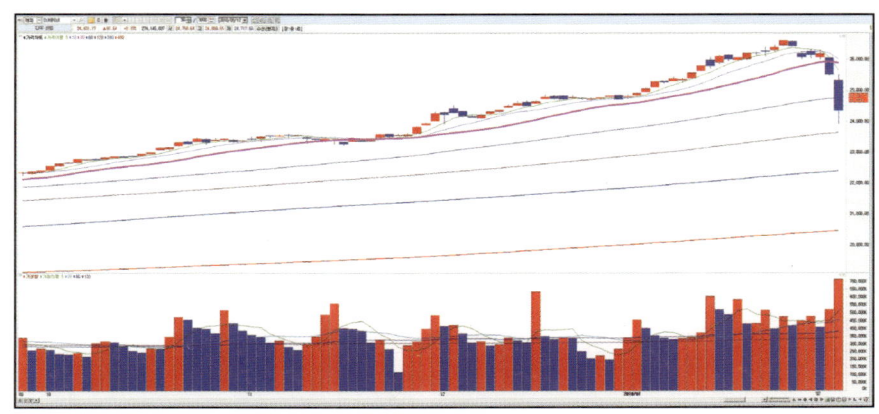

코스닥지수 1분봉 차트 모습

①은 코스닥지수가 쌍바닥을 확인하고, ② 화살표는 1분봉 차트에서 240분봉 이동평균선과 수렴 후 점차 상승하는 모습입니다. 핵심 포인트는 1분봉 차트

에서 240분봉 이동평균선을 골든크로스할 때 코스닥지수의 움직임이 상승으로 전환하는 모습입니다.

다음 세 종목의 분 차트를 보면 코스닥지수의 급락세로 갭하락으로 출발했다가 오전에 바닥을 확인하고 1분봉 차트에서 240분봉 이동평균선이 수렴한 이후부터 상승으로 전환하는 모습입니다. 대부분 미국시장이 급락하고 나면 오전장은 바닥을 확인하면서 조정을 하고, 12시 전후로 시작해서 주가가 서서히 반등세로 접어든다는 것을 기억해두시기 바랍니다.

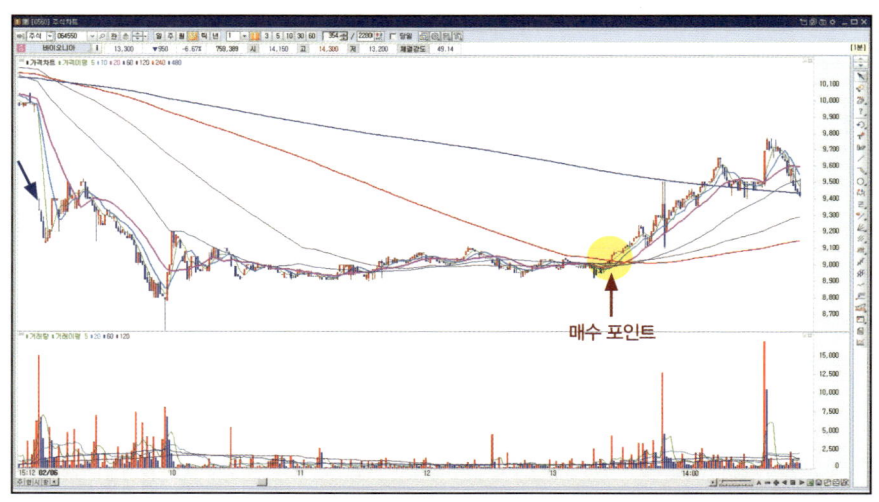

▌ 바이오니아 코스닥지수 급락 후 상승 1분봉 차트 ▌

■ 헬릭스미스(바이로메드) 코스닥지수 급락 후 상승 1분봉 차트 ■

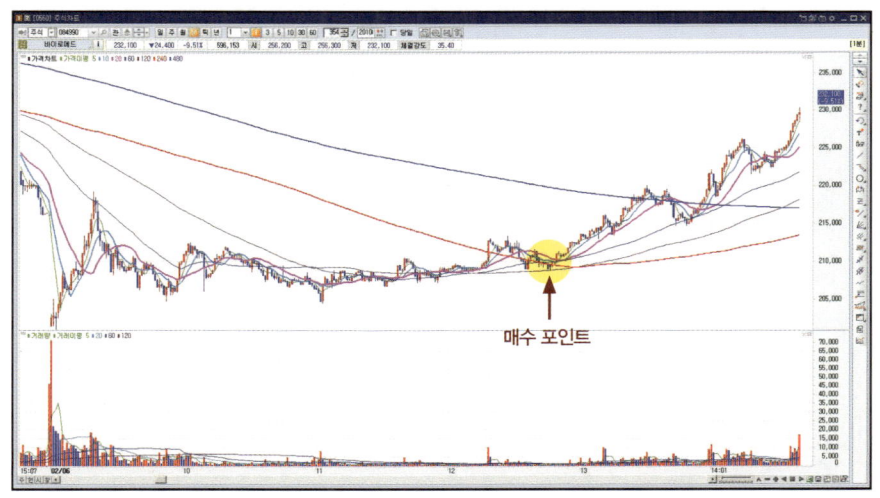

■ 신라젠 코스닥지수 급락 후 상승 1분봉 차트 ■

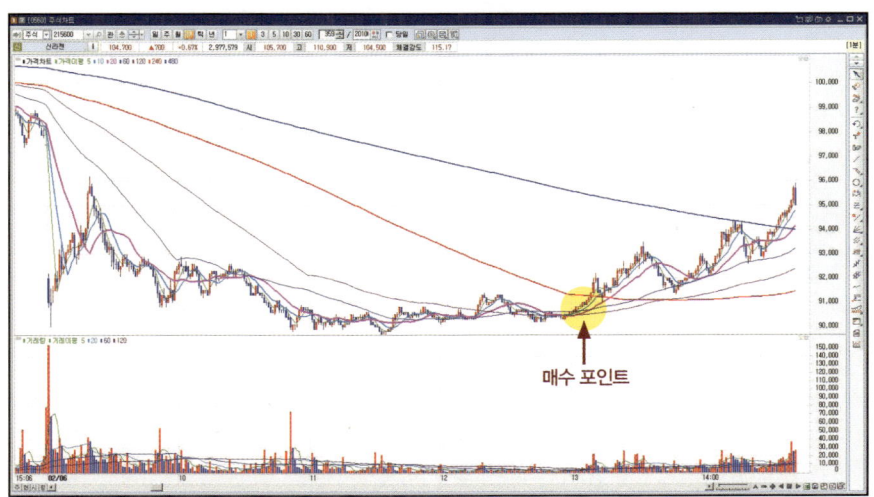

SECTION 6. 1분봉 차트로 당일 수익 내기

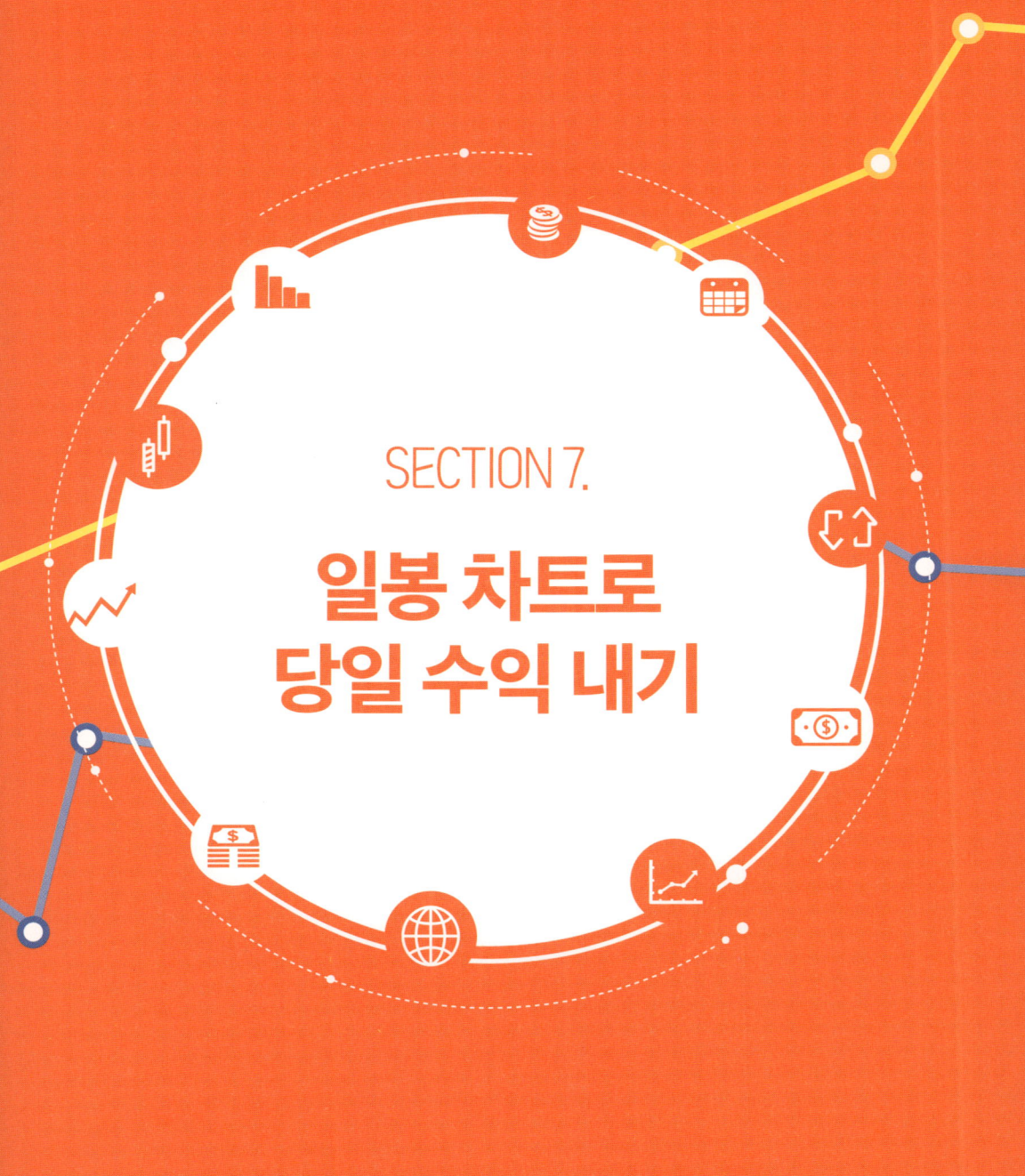

33 일봉 차트로 매수·매도 포인트 잡기

일봉 차트의 5일 이동평균선

일봉 차트에서 5일 이동평균선이란 5일 동안 주가의 평균을 선으로 나타낸 것입니다. 5일 이동평균선은 일주일간의 주식을 매수한 사람들의 단기 심리를 반영하고 있기 때문에, 5일 이동평균선은 단기 급등주의 생명선이라 할 수 있습니다.

5일 이동평균선은 단타 매매 투자자들의 기술적 지표로 사용됩니다. 5일 이동평균선 위에 캔들이 위치해 있으면 단기 매수세가 강하게 살아있는 것이고, 5일 이동평균선을 이탈하면 매도 심리가 우위로 접어들면서 매도세가 강하게 나와 일봉 차트에서 5일 이동평균선이 꺾이게 됩니다. 그래서 급등주는 종가상 5

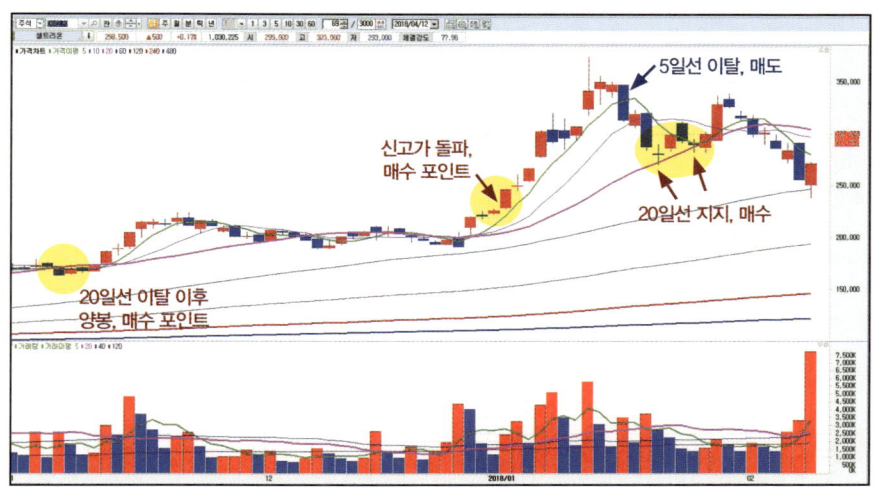

■ 셀트리온 2017년, 2018년 1월 일봉 차트 ■

일 이동평균선을 이탈하면 꼭 매도로 대응해야 합니다.

　셀트리온의 2018년 1월 일봉 차트를 보고 확인해보도록 하죠.

　2018년 1월 2일 신고가 돌파 후 2018년 1월 17일 처음으로 5일 이동평균선을 이탈하는 캔들이 출현했습니다. 셀트리온을 보유하고 있는 투자자라면 이날 한 번 매도 타이밍을 잡고, 다시 일봉 차트에서 20일 이동평균선 부근에 오면 재매수 타이밍으로 잡으면 됩니다.

　주식 매매 기법 중 하나가 신고가(주식시장에서 지금까지 한 번도 오르지 못했던 가격으로 정해진 높은 주가)를 돌파하는 종목을 신고가 돌파 시점 내지 신고가를 돌파해서 장중 눌림목이 나타나면 그때 매수해 홀딩해서, 종가상 일봉 차트에서 캔들이 5일 이동평균선을 이탈하면 매도하는 기법입니다.

셀트리온의 경우는 2018년 1월 3일에 신고가를 돌파합니다. 이날 셀트리온을 매수해서 5일 이동평균선을 이탈한 2018년 1월 17일에 매도하면 되는 것입니다. 사실 이론은 쉽지만 매일매일 현재가창을 보고 있다면 홀딩하기가 쉽지 않습니다. 차라리 주식을 배우기 시작한 초보 투자자나 초등학생에게 가르치면 쉽게 따라 할 것입니다. 자신의 주관적인 생각이 개입되면 주식은 어려워집니다. 항상 차트와 거래량을 믿고 매수와 매도를 결정해야 합니다.

일반투자자는 신고가 종목을 여기가 꼭지가 아닐까 하는 생각에 매수하기를 꺼립니다. 신고가 종목이야말로 그 종목에 투자하는 모든 투자자가 수익이 난 구간이기 때문에 매도 물량도 그만큼 없고, 조금만 매수세가 붙으면 시세가 크게 상승합니다. 일반투자자들은 대부분 주가가 많이 빠져 있는 종목을 좋아합니다.

이 시간 이후부터는 이런 생각부터 바꾸기 바랍니다. 종목 선정에 있어서 "가는 종목이 더 간다"라는 말이 있듯이 무조건 우상향으로 상승하는 종목들을 매매하는 습관을 길러야 합니다.

34 주가 조정 시기에는 언제 매수할까?

2~3일 조정 패턴

주가가 어느 정도 상승하고 나면 상승폭에 대한 주가의 조정이 필요합니다. 단기 급등주의 경우 5일 이동평균선 위에서 캔들이 조정을 하게 되며, 캔들이 5일 이동평균선을 하향하게 되면 반드시 가격조정과 시간 조정을 거친 후 재상승을 모색하기 때문에 일봉 차트에서 가장 중요한 기간 조정 후 매수 급소를 찾아내야 합니다. 주가 조정기간의 캔들은 2~3일 조정(캔들 2~3개), 1주일 조정(캔들 4~6개), 2주일 조정(캔들 8~12개), 1개월 조정(캔들 18~22개), 2개월 조정(캔들 36~44개)으로 보면 되고, 주가가 조정하면서 거래량도 줄어야 하고, 거래량이 가장 없는 날이 주가가 조정하는 바닥권의 가격이 될 것입니다. 그리고

파미셀 일봉 차트: 2일 조정 패턴

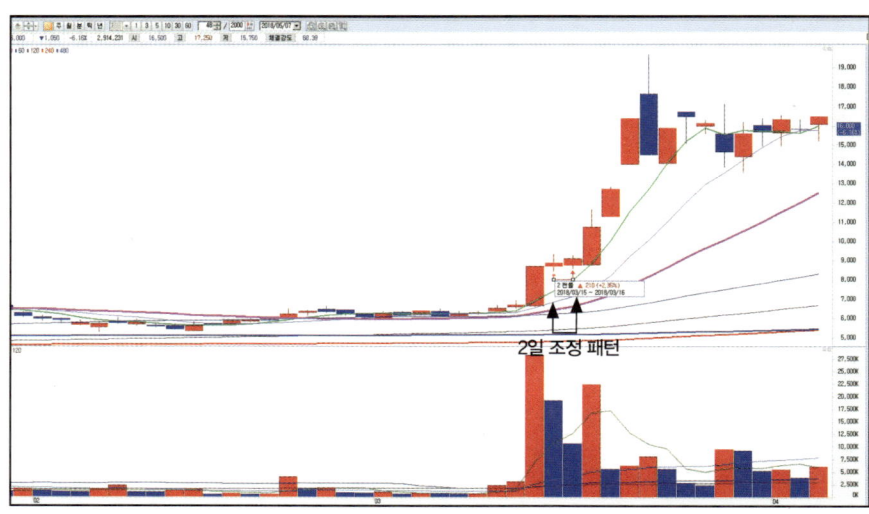

나노메딕스 일봉 차트: 3일 조정 패턴

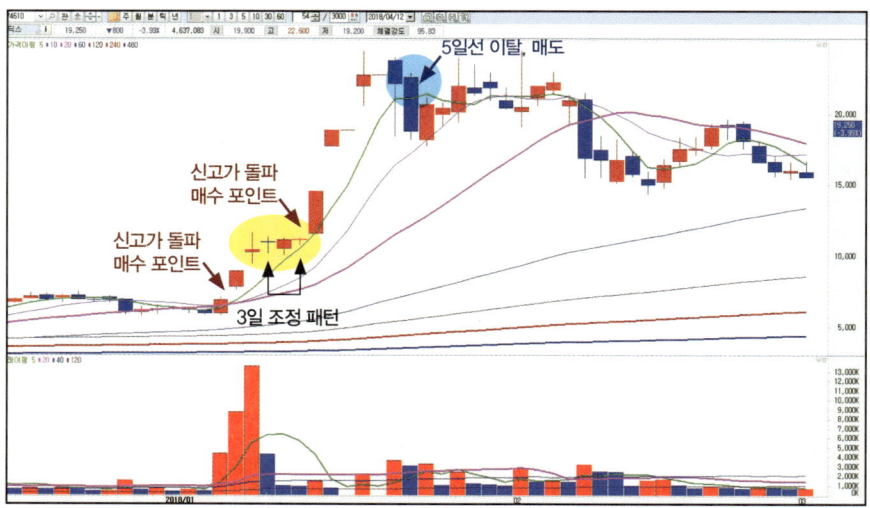

거래량이 줄었다는 말은 그만큼 매도 세력이 없다는 의미이기도 합니다.

장대양봉 발생 이후 조정 시 전날 장대양봉 길이의 5% 이내에서 조정이 완료되면서 도지 캔들이 발생하면 2일 조정 후 재상승하는 경우도 있습니다.

파미셀과 나노메딕스도 상승하다가 3일 정도 조정하고 재상승하는 패턴을 보여주고 있습니다. 이처럼 5일 이동평균선을 이탈하지 않고 아주 강한 단기 급등 종목의 조정 기간은 2~3일 정도임을 알 수 있습니다.

1주일 조정 패턴(4음 1양 패턴, 1주일 조정 패턴)

폴루스바이오팜 일봉 차트를 보면 주가가 상승하다 4일째 음봉 조정 캔들이

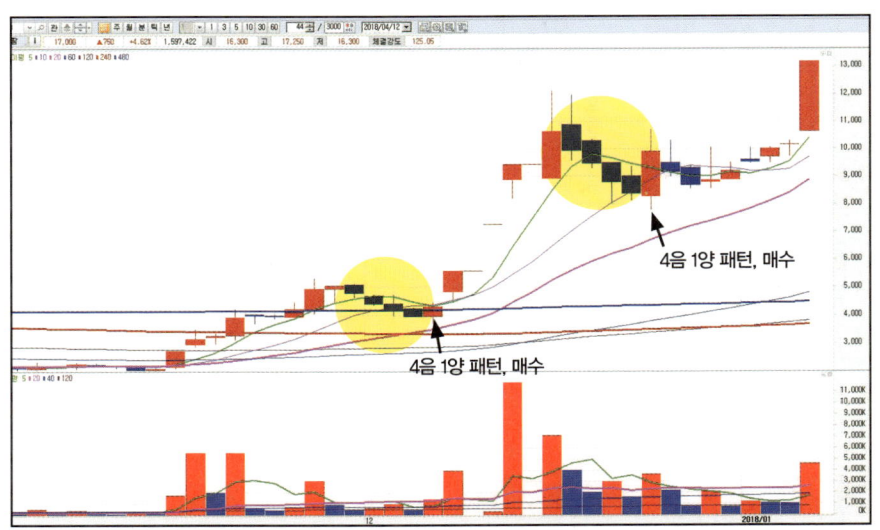

∎ 폴루스바이오팜 일봉 차트: 4음 1양 패턴, 매수 타이밍 ∎

나타나고, 5일째 되는 날 양봉 캔들이 나타나는 패턴입니다. 화살표 두 곳이 매수 포인트가 되는 곳입니다. 4음 1양의 패턴으로 자주 출현하는 조정 패턴의 모습이니 익혀두시기 바랍니다.

5G 안테나를 생산하고 있는 에이스테크의 일봉 차트를 자세히 보면 상승하다 조정 음봉 캔들 4개가 나타나고, 그다음 날에 양봉 캔들이 출현합니다. 상승하던 주가가 고점을 찍으면 최소 4~5일 정도 조정하고 재상승의 양봉 캔들이 출현한다는 것을 기억해두십시오. 일봉 차트에서 에이스테크도 20일 이동평균선을 이탈한 때도 있습니다. 일봉 차트에서 20일 이동평균선을 깨면 매도 포인트인데, 자세히 보면 그다음 날 바로 양봉 캔들이 출현합니다. 20일 이동평균선

┃ 에이스테크 일봉 차트 : 4음 1양 패턴, 매수 포인트 ┃

을 이탈한 후 다음 날 양봉 캔들이 출현하면 재매수 타이밍이 됩니다. 일봉 차트에서 20일 이동평균선 돌파는 매수 신호로 볼 수 있습니다.

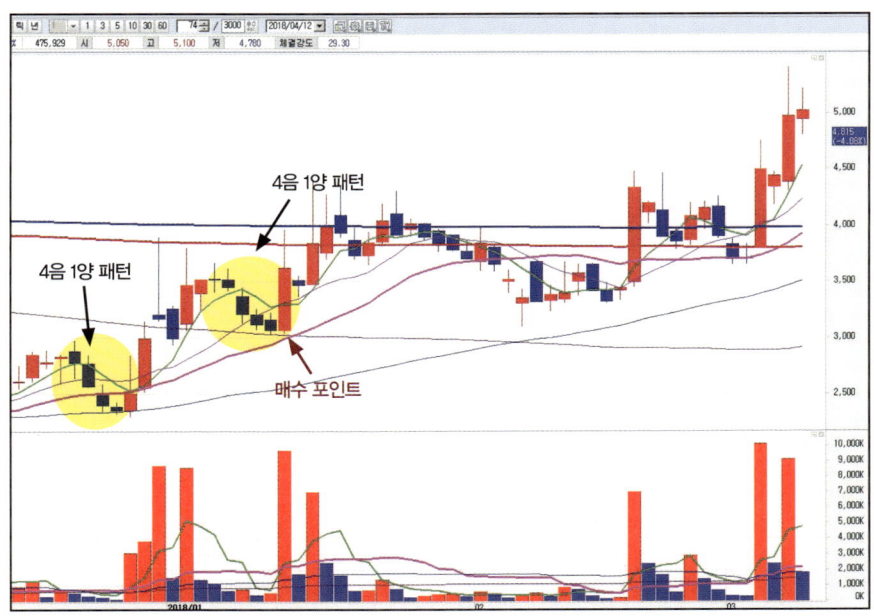

▮ 미래생명자원 일봉 차트 : 4음 1양 패턴, 매수 포인트 ▮

미래생명자원의 일봉 차트입니다. 역배열 차트 바닥권에서 상승으로 전환하는 차트이며, 조정 캔들의 모습을 보면 음봉이 4개 나타난 이후 양봉 캔들이 나타나 매수 포인트가 됩니다. 역배열 차트에서 상승하는 종목은 큰 호재가 없는 이상 거의가 240일 이동평균선이나 480일 이동평균선을 단번에 돌파하기 쉽지 않습니다. 왜일까요? 240일 이동평균선이란 1년 동안 미래생명자원의 주식에 투자한 사람들의 평균 가격입니다. 480일 이동평균선은 2년 동안 미래생명자원에 물려 있는 사람들의 평균 가격입니다. 이 주식에 물려서 고생하던 분들이 '기다리고 기다리던 본전을 회복할 순간이 왔네' 하며 이 부근에서 주식을 많이 매도하기 때문입니다. 그만큼 매도하려는 매물이 많이 존재하고 있다는 것입니다. 그래서 역배열에서 매물 때문에 올라오는 종목들의 240일 이동평균선과 480일 이동평균선을 일봉 차트에서 보면 위꼬리를 많이 달고 다시 조정했다가 상승을 모색하게 됩니다.

주가가 상승하면서 5일 이동평균선을 이탈하지 않는 종목의 경우 1주일 정도

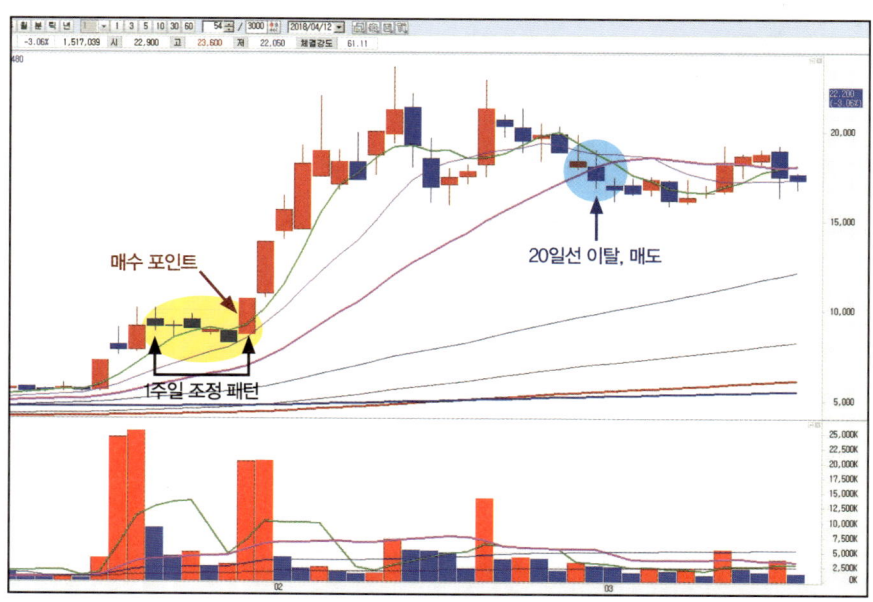

조정하고 재상승할 가능성이 높습니다. 동성제약의 일봉 차트를 보면 4일 정도 주가의 조정을 거친 후 5일째 재상승한 모습을 볼 수 있습니다.

에스티큐브의 경우 신고가 갱신 후 5일째 되는 날 '면역항암 혁신신약 후보 물질 확보'라는 기사가 나오면서 상한가에 진입했습니다. 에스티큐브의 일봉 차트를 보면 일주일 정도 조정 기간 동안 캔들의 저점은 깨지 않았고, 거래량도 줄어들면서 주가의 단기 바닥국면을 형성하고 있습니다. 단기 급등했다가 주가가 일봉 차트에서 5일 이동평균선을 이탈하고 난 이후 1주일 정도 조정 후 단기 반등이 나올 수 있음을 기억해두십시오.

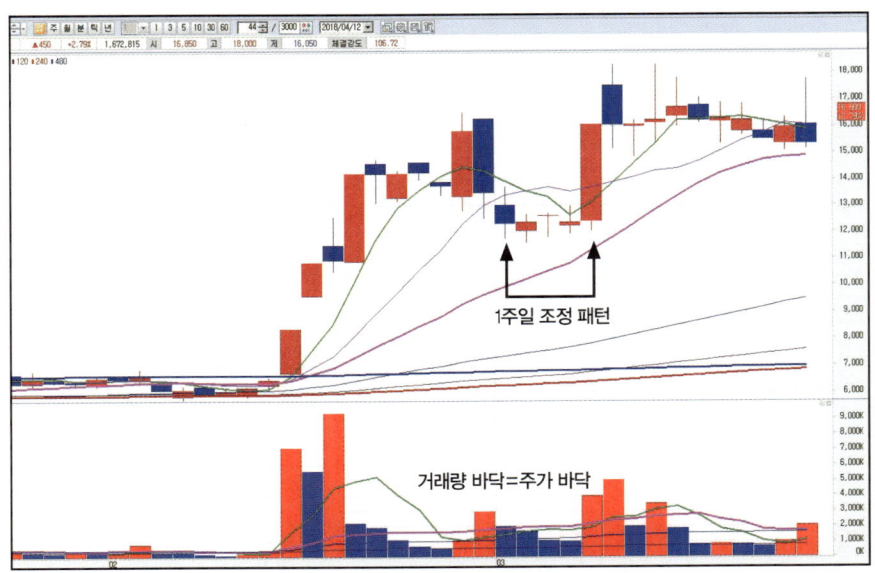

에스티큐브 일봉 차트 : 1주일 조정 후 단기 반등 패턴

2주일 조정 패턴(8~12개 조정 캔들)

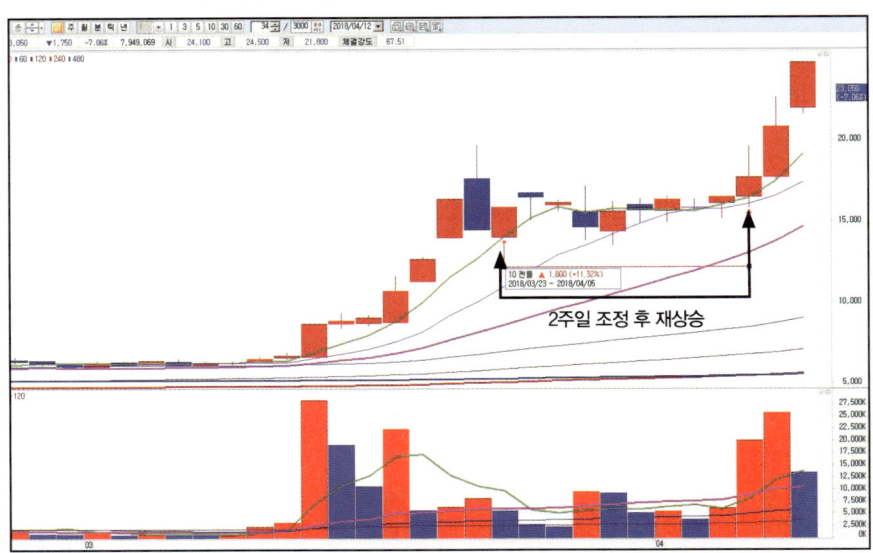

파미셀 일봉 차트 : 2주일 조정 후 재상승 패턴

　　신고가를 찍고 2주일의 기간 조정을 한 후 재상승하는 파미셀의 일봉 차트 모습입니다. 이런 종목들의 패턴을 기억하시면 일봉 차트에서 거래량도 줄어들면서 캔들이 기간 조정을 10개 정도(2주일) 하고 거래량이 증가하면 매수 포인트로 접근하면 됩니다.

나노메딕스 일봉 차트 : 2주일 조정 후 재상승 패턴

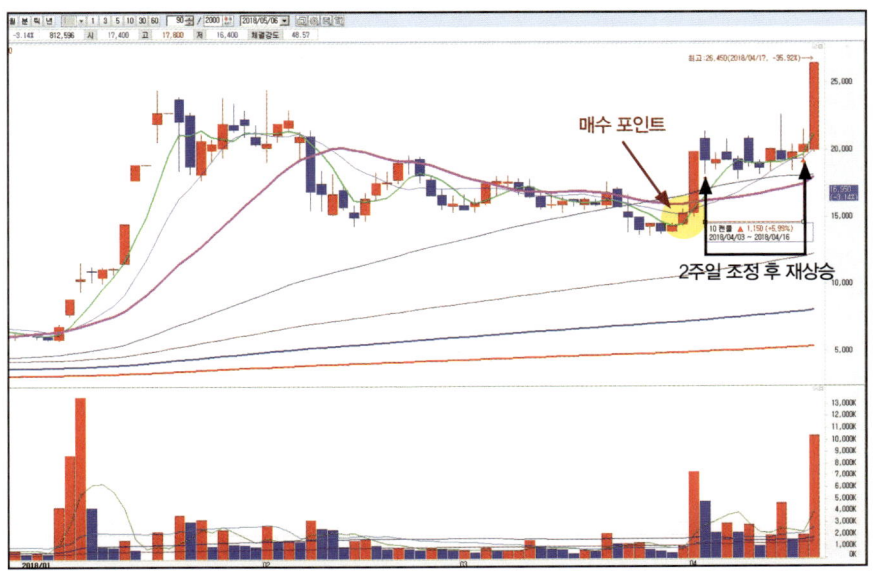

나노메딕스도 일봉 차트에서 보면 왼쪽 고점을 찍고 3개월 정도 횡보 후 다시 5일 이동평균선이 20일 이동평균선을 돌파하는데, 이 시점이 단기 매수 포인트가 되는 지점입니다. 장대양봉의 캔들을 발생하고 2주일의 기간 조정을 거친 후 재상승하는 일봉 차트의 모습을 보여주고 있습니다.

┃ 대한광통신 일봉 차트 : 2주일 조정 후 상승 패턴 ┃

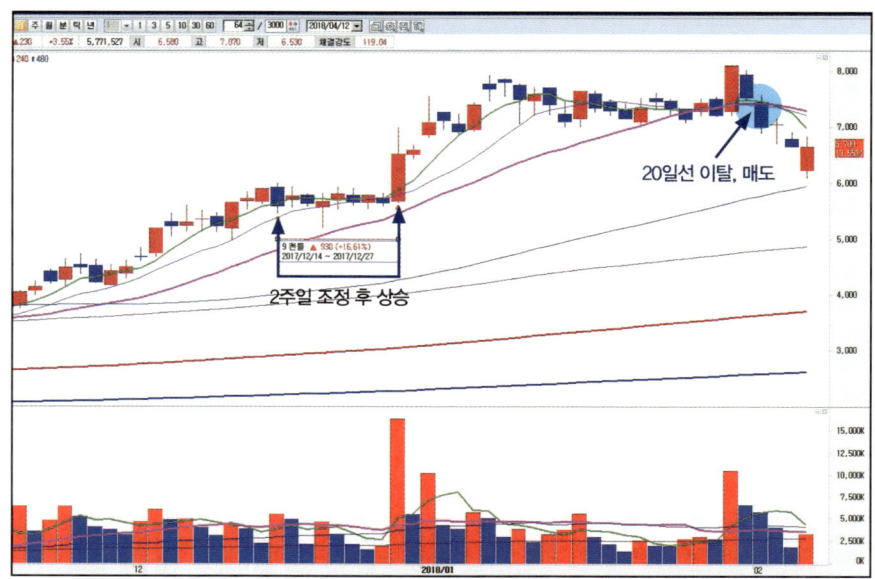

　대한광통신의 경우는 오른쪽 화살표에서 조정 캔들이 9개(9일 조정) 발생하면서 거래량도 줄어드는 모습입니다.

　9일째 되는 날 조정을 마감하고 다시 대량 거래로 인해 상승으로 전환하였습니다. 이 종목에 투자하는 중·장기투자자는 계속 홀딩하겠지만, 단타 매매 투자자는 2주일 시간 조정 캔들이 발생하고 나면 그때부터 관심을 가지면서 거래량이 증가하는 날 매수 포인트로 접근합니다.

미래생명자원 일봉 차트에서 왼쪽 두 부분을 보면 상승 후 음봉 캔들이 4개가 나타나고 양봉 캔들이 하나 발생했습니다. 4일 동안 주가의 기간 조정 후 5일째 되는 날 저점에서 매수하면 양봉의 캔들이 나타날 확률이 높습니다.

중간 부분을 보면 장대양봉 이후 기간 조정 캔들이 8일 발생한 후 재상승해서 장대양봉이 출현했습니다. 첫 장대양봉 이후 거래량도 점차 감소했고, 약 2주일(8~12개 캔들) 정도 조정 후 재상승하는 패턴을 보이고 있습니다.

장대양봉이 출현하고, 거래량도 감소하고, 조정 캔들이 나타나면 대부분의 투자자는 이런 종목을 잊어버리곤 합니다. 이런 종목들은 항상 관심 종목에 넣어두고 1주라도 매수해서 주가의 움직임을 관찰해야 합니다. 그리고 조정 후 거래량이 증가하고 재상승할 때는 재매수 타이밍으로 잡아야 합니다.

■ 네이처셀 일봉 차트 : 2주일 조정 후 상승 패턴 ■

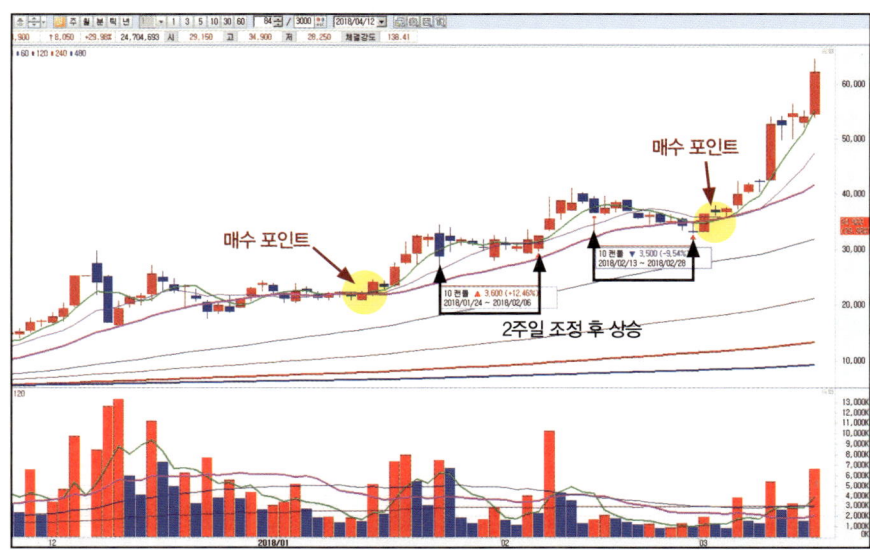

　　네이처셀의 경우에도 5일 이동평균선이 20일 이동평균선에 눌림목을 주었다가 재차 상승하는 경우 그 부분이 매수 포인트가 됩니다. 일봉 차트에서 보면 고점을 찍고 2주일 정도 기간 조정한 후 재상승한 일봉 차트입니다. 주가가 상승할 때는 기간 조정이 꼭 필요합니다. 주가가 상승하면서 재료에 의한 단기 급등주를 제외하고는 기간 조정의 시간은 1주일, 2주일, 1개월, 2개월 정도의 시간 조정 기간을 둔 후 재상승한다는 것을 기억해두십시오.

1개월 조정 패턴(18~22개 정도의 조정 캔들)

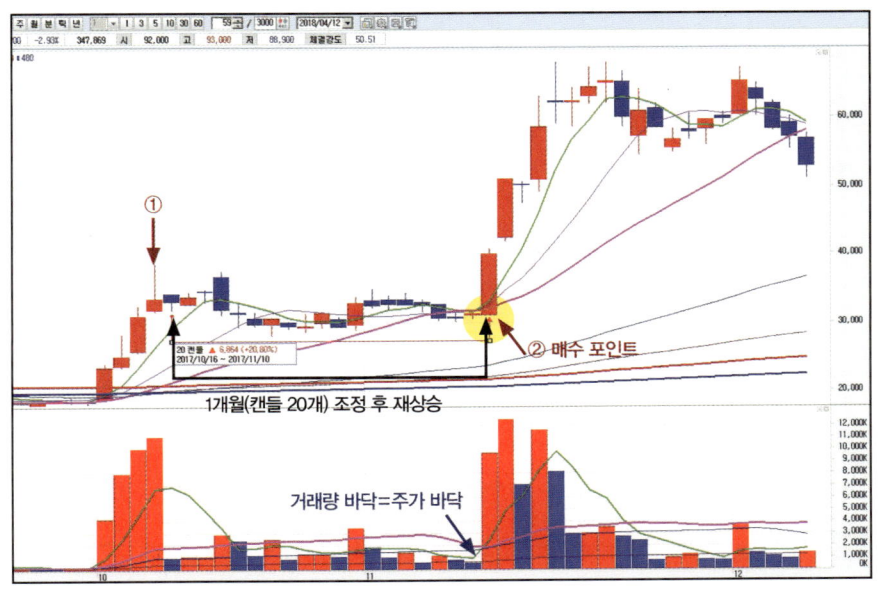

셀트리온제약 일봉 차트 : 1개월 조정 후 재상승 패턴

① 부근에서 고점을 찍고 1개월 동안 조정 후 20일 이동평균선으로 수렴하면서 재상승한 차트입니다. ①에서 ② 사이의 캔들 수를 세어보면 1개월(20개의 캔들) 정도 조정 기간을 거친 후 재상승한 것을 알 수 있습니다. 주가의 조정은 길수록 상승파동이 크게 나옵니다. 쉽게 말해서 1주일 조정한 종목보다는 1개월 조정한 종목의 상승파동이 더 길게 나옵니다.

셀트리온제약의 일봉 차트에서도 알 수 있듯이 주가가 횡보 내지 조정할 때는 거래량이 줄어야 한다는 것을 꼭 명심해두시기 바랍니다.

주가의 조정 기간이 2주일을 넘어간다면 최소 1개월은 조정하겠구나라고 생각합니다. 그리고 단타 매매 투자자들은 다른 종목을 매매하다가 조정 기간인 1개월이 가까워 오면 이 종목을 다시 확인하면 됩니다. 미리 매수한 후 들어가면 마음고생만 할 수 있습니다.

■ 시큐브 일봉 차트 : 1개월 조정 후 재상승 패턴 ■

시큐브의 일봉 차트에서 초록별 사이에 20개의 조정 캔들(1개월 조정)이 나타나고, ①부근에서 신고가 돌파 캔들이 발생했습니다. 매수 시점은 신고가 돌파가 나오는 1번 캔들이 되는 것이고, 매도 시점은 장대양봉이 2개 출현한 ② 캔들이나 일봉상 5일 이동평균선과 10일 이동평균선 이탈 지점인 ③ 부근입니다.

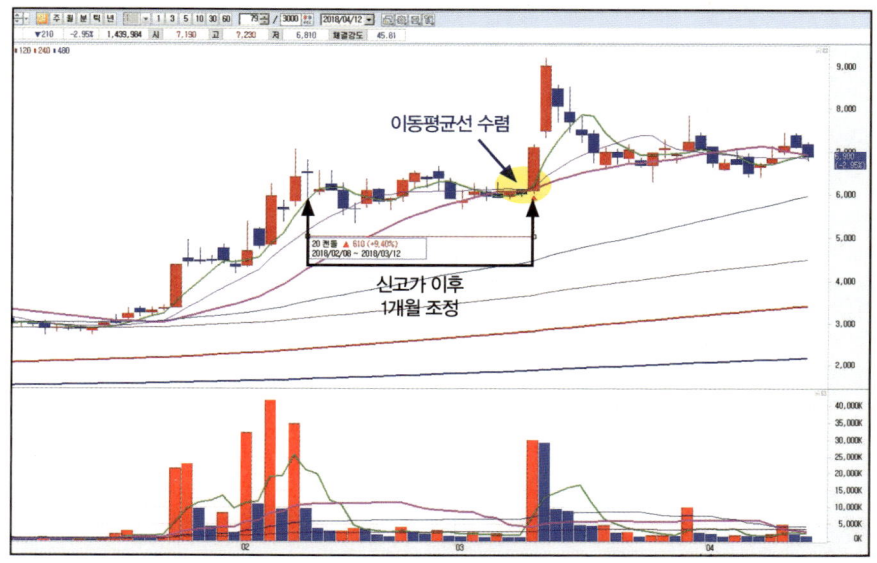

에스모(넥센테크)의 경우도 신고가를 찍고 1개월 동안 조정한 후 이동평균선에 수렴하고 나서 대량 거래와 함께 상승한 차트입니다. 이처럼 일봉 차트에서 거래량이 줄어들고 1개월 동안 조정하는 패턴들이 있다는 것을 기억해두십시오.

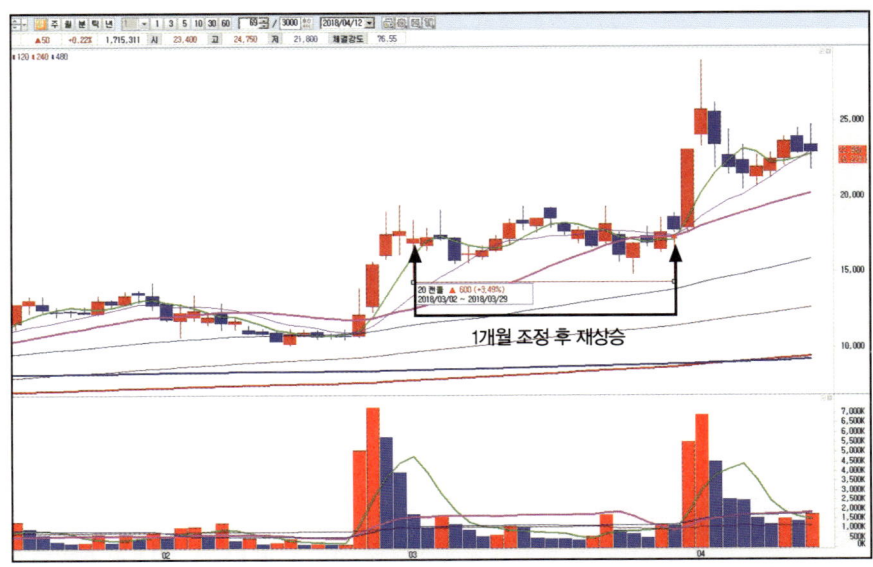

바이오리더스도 이전 고점을 갱신한 후 1개월 정도 기간 조정을 두고 재차 상승하는 모습을 볼 수 있습니다.

2개월 조정 패턴(36~44개 부근의 조정 캔들)

코오롱머티리얼 일봉 차트 : 2개월 조정 후 상승 패턴

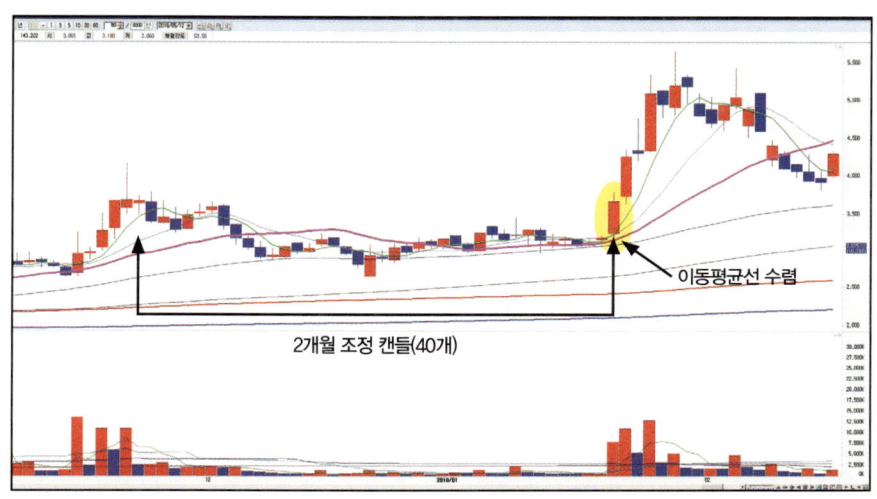

유니크 일봉 차트 : 2개월 조정 후 상승 패턴

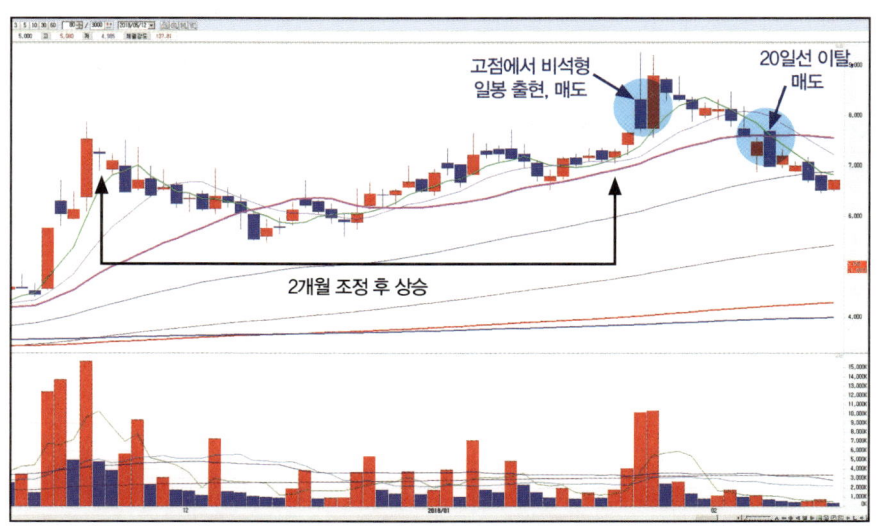

두 종목의 일봉 차트를 보면 2017년 11월 21일 1차 상승 이후 2개월 정도 조정하고 2018년 1월 22일부터 재상승하는 모습을 볼 수 있습니다. 상승 부근에서는 기관투자자와 외국인들의 순매수가 유입되면서 다시 전고점을 돌파하고 있습니다. 두 종목의 핵심 포인트는 주가가 일봉상 고점을 찍고, 2개월 정도 기간 조정을 거친 후 재상승파동이 나왔다는 점입니다.

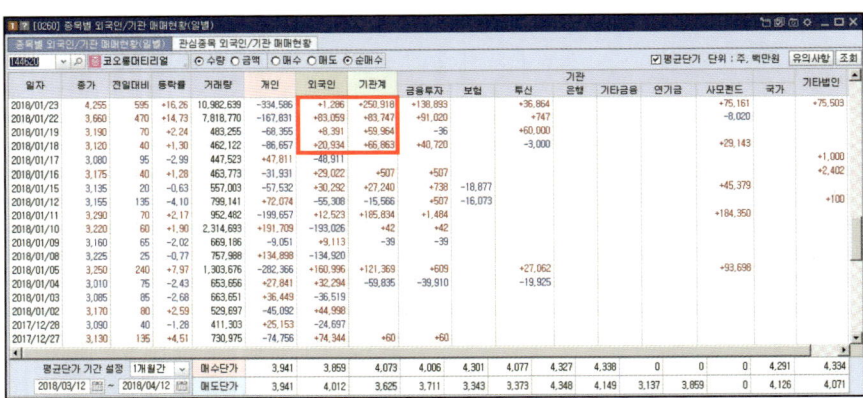

■ 코오롱머티리얼과 유니크의 기관과 외국인 매수 동향 ■

장 마감 이후 꼭 기관과 외국인 동향을 파악하는 습관을 길러야 합니다. 위 그림을 보면 코오롱머티리얼과 유니크의 경우 기관투자자의 순매수가 평소보다 많았음을 알 수 있습니다.

이렇게 되면 개인투자자들은 시간외단일가에서 코오롱머티리얼과 유니크란 종목을 매수하게 됩니다. 그래서 시간외단일가가 오르고, 그다음 날 시초가가 갭 상승으로 출발하게 됩니다.

35
20일 이동평균선 이탈 후
단기 매수 포인트

기술적 분석에서는 일반적으로 일봉 차트에서 20일 이동평균선을 이탈하면 매도하라고 합니다. 필자도 보통의 경우 그렇게 매매하는데, 다음 차트에서 보듯이 20일 이동평균선을 이탈하고 난 이후 다시 2주일 정도 조정 기간을 거쳐 5일 이동평균선이 20일 이동평균선 수렴에 가까워지면서 골든크로스할 때가 매수 포인트가 됩니다.

▌ 명문제약 일봉 차트: 20일 이동평균선 이탈 후 ▌

이런 되돌림 파동에서는 방망이를 짧게 잡고 단타 매매로 10%에서 20% 정도의 수익을 낸다는 생각으로 진입하면 됩니다.

36

단기 고점,
캔들의 모양은 이렇다!

일봉 차트에서 주가가 수직 상승하고, 대량 거래가 발생하면서 장대양봉이 두 개 정도 출현하면 거의 단기 꼭지라고 할 수 있습니다.

참다 참다 주식을 정말 사고 싶을 때를 꼭지라 생각해도 무방합니다. 이럴 경우는 장기투자자라 할지라도 고점에서 한 번 매도하고 재매수 타이밍을 노려보는 것이 좋습니다. 항상 그렇지만 남들이 추격매수할 때 냉정하게 판단해서 고점에 매도할 수 있는 투자자가 되어야 합니다. 주식시장에서 남들이 살 때 팔고, 남들이 팔 때 저점에서 매수할 수 있는 투자자가 진정한 고수라고 생각합니다.

신라젠 일봉 차트 : 2017년 11월 21일 단기 고점

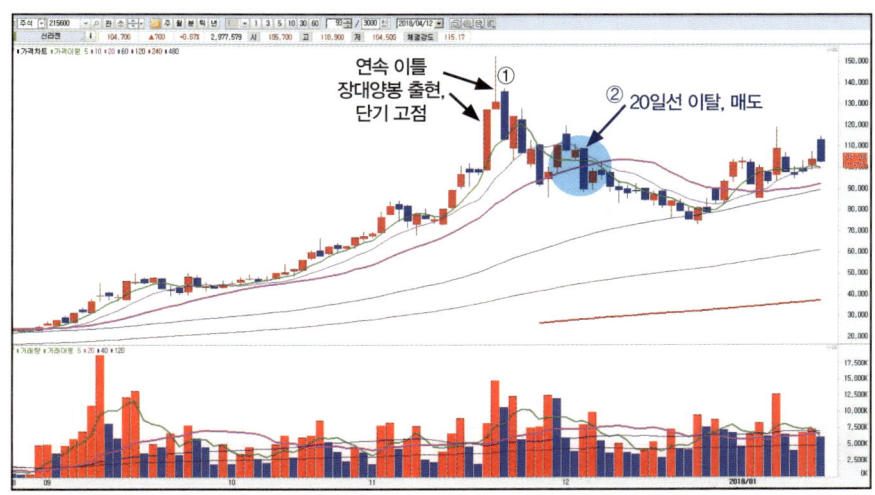

신라젠 일봉 차트를 보면 ① 부근에서 수직 상승이 이틀 나왔습니다. 대부분 이틀 동안 50% 이상 급등하면 주가의 단기 고점이라고 볼 수 있습니다. 위꼬리 비석형 모양의 캔들이 발생하던 날 신라젠의 주가는 장중에 거의 상한가 부근까지 상승하다 내려왔습니다. 대부분의 투자자는 추가 상승을 기대하고 매도하지 않지만 장대양봉의 캔들이 2개 발생하면서 이틀 동안 50% 이상의 시세를 주면 단기 고점이라고 생각하고 반드시 고점에 매도해야 한다는 것을 명심하시기 바랍니다.

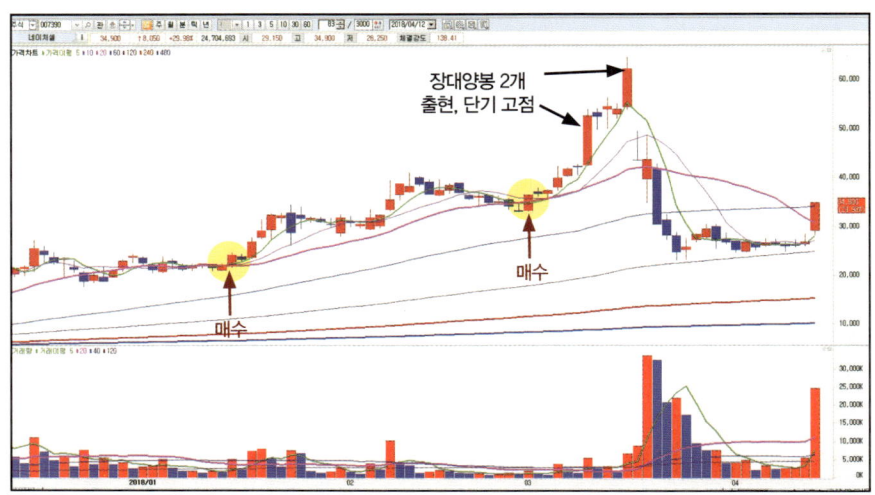

네이처셀도 일봉 차트에서 장대양봉이 두 개 출현한 후 급락을 보였습니다. 물론 네이처셀 주가의 급락 배경은 '조인트시스템 조건부 허가 실패'라는 기사 때문이긴 합니다. 만약 일봉 차트에서 장대양봉이 두 개 출현하던 날 단기 고점이라 생각하고 매도했다면 하는 아쉬움이 남는 차트입니다.

일봉 차트에서 짧은 단봉으로 주가가 서서히 우상향하는 것은 괜찮지만, 신고가에서 장대양봉이 2~3개 출현하면서 단기간에 주가가 50% 이상 급등한다면, 좋은 기사나 재료에 의해 급등하는 단기 급등주를 제외하고는, 무조건 단기 꼭지라고 보고 매도로 대응하시기 바랍니다.

> ## 네이처셀 세포치료제 조인트시스템, 조건부 허가 '불발'
> ### 중앙약심 "조건부 허가 위한 임상계획 및 결과 타당하지 않다" 결론

　네이처셀이 주말에 '조인트시스템 조건부 허가 불발'이라는 기사가 언론매체에 나온 후 월요일 하한가로 출발했습니다. 하한가 매도 잔량이 300만 주가량 쌓여 있다가 지속적으로 하한가에 매수세가 유입되었습니다. 그리고 100만 주 미만으로 잔량이 줄어들면서 현재가 체결창에서 매수주문 1건이 10만 주나 8만 주, 5만 주 등 큰 매수 물량이 체결되면 단타 매매하는 개인투자자들은 전부 하한가에 매수주문을 하게 됐습니다. 그렇게 되면 순식간에 하한가가 풀리게 되고, 하한가 이탈 이후 어느 정도 반등이 나옵니다. 물론 하한가 이탈 후 바로 하한가로 다시 잠기는 경우도 있지만, 종목에 따라서 조금씩은 다르다는 것도 기억해두십시오. 네이처셀의 경우는 1분봉 차트를 보면 캔들이 10분봉 이동평균선을 돌파하고 상승하다가 20분봉 이동평균선을 돌파하지 못하고 하락으로 전환하고 있습니다. 1분봉 차트에서 20분봉 이동평균선을 뚫지 못하고 내려오면 그 부근에서 매도하면 됩니다.

　네이처셀이 월요일 종가는 하한가로 마감하고 화요일 주가의 시초가는 갭 하락으로 출발하였습니다. 1분봉 차트를 보면 반등을 시도하다가 하락으로 전환되었고, 하락으로 전환되면 대부분 시초가 부근에서 매수한 투자자들이 손절매를 하게 됩니다. 주가가 하락하게 되면 초고수가 아닌 이상 1분봉 차트에서 정확하게 최저점을 잡기는 어렵습니다. 일반투자자들은 1분봉 차트에서 20분봉 이동평균선을 돌파하는 골든크로스에서 매수 포인트를 잡고, 상승을 하다가 이

‖ 네이처셀 1분봉 차트 : 단기 악재 출현 후 하한가로 출발 ‖

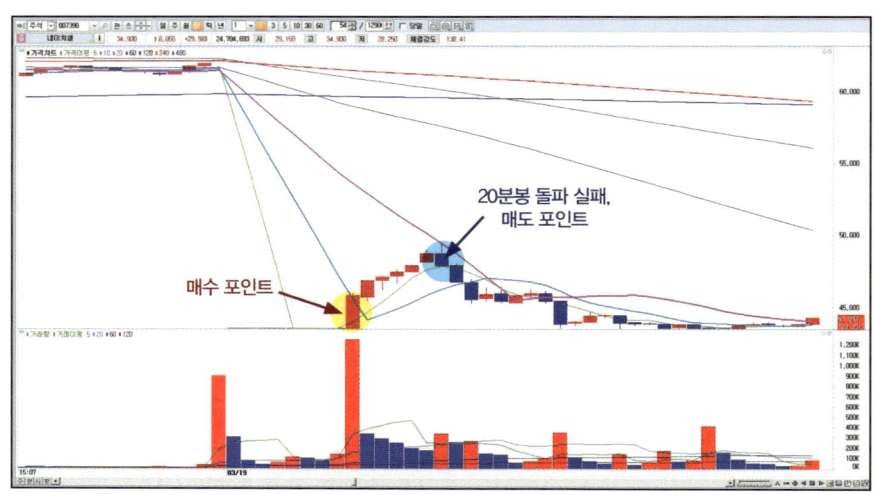

‖ 네이처셀 1분봉 차트 : 240분 이동평균선 부근 매도 타이밍 ‖

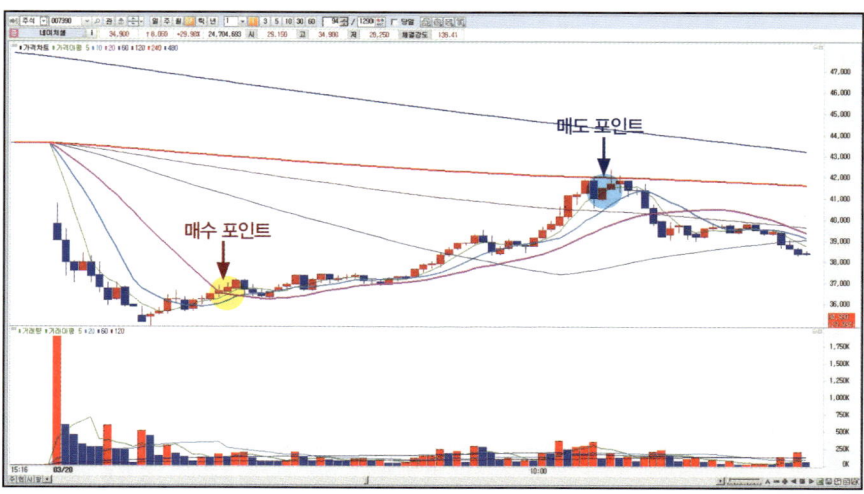

동평균선에서 저항을 받고 내려오는 시점에서 매도하면 됩니다. 이날의 경우에는 1분봉 차트에서 240분 이동평균선을 돌파하지 못하고 하락했기 때문에 240분 이동평균선 부근을 매도 타이밍으로 잡으면 됩니다.

37

대형주 매매 프로그램
매수·매도 체크

신라젠이나 시가총액이 큰 종목은 매일매일 기관이나 외국인 매매 동향을 보면서 매매해야 합니다. 특히 단타 매매 투자자들은 기관과 외국인 집계 시간에 꼭 확인해봐야 합니다.

신라젠이 장 종료까지 프로그램 매수가 증가하는 차트입니다. 개인투자자들은 이 차트를 실시간으로 모니터링하면서 지속적으로 매수가 들어오는지 확인한 후 매수에 가담하면 됩니다.

오후 2시 48분, 차트에서 화살표 부분이 당일 고점 돌파 시점입니다. 그때부터 장 종료 부근까지 프로그램 매수가 약 20만 주 유입되어 주가가 상승으로 마감하였습니다.

2018년 1월 23일 신라젠 프로그램 매수세 유입

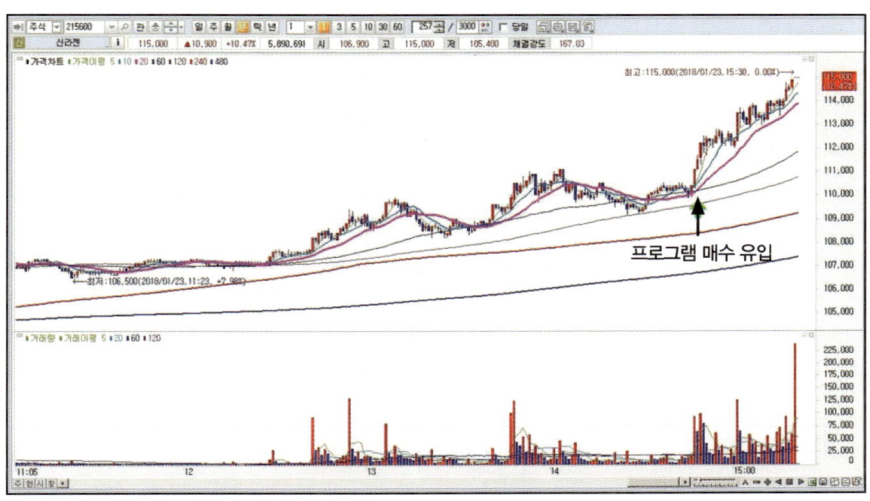

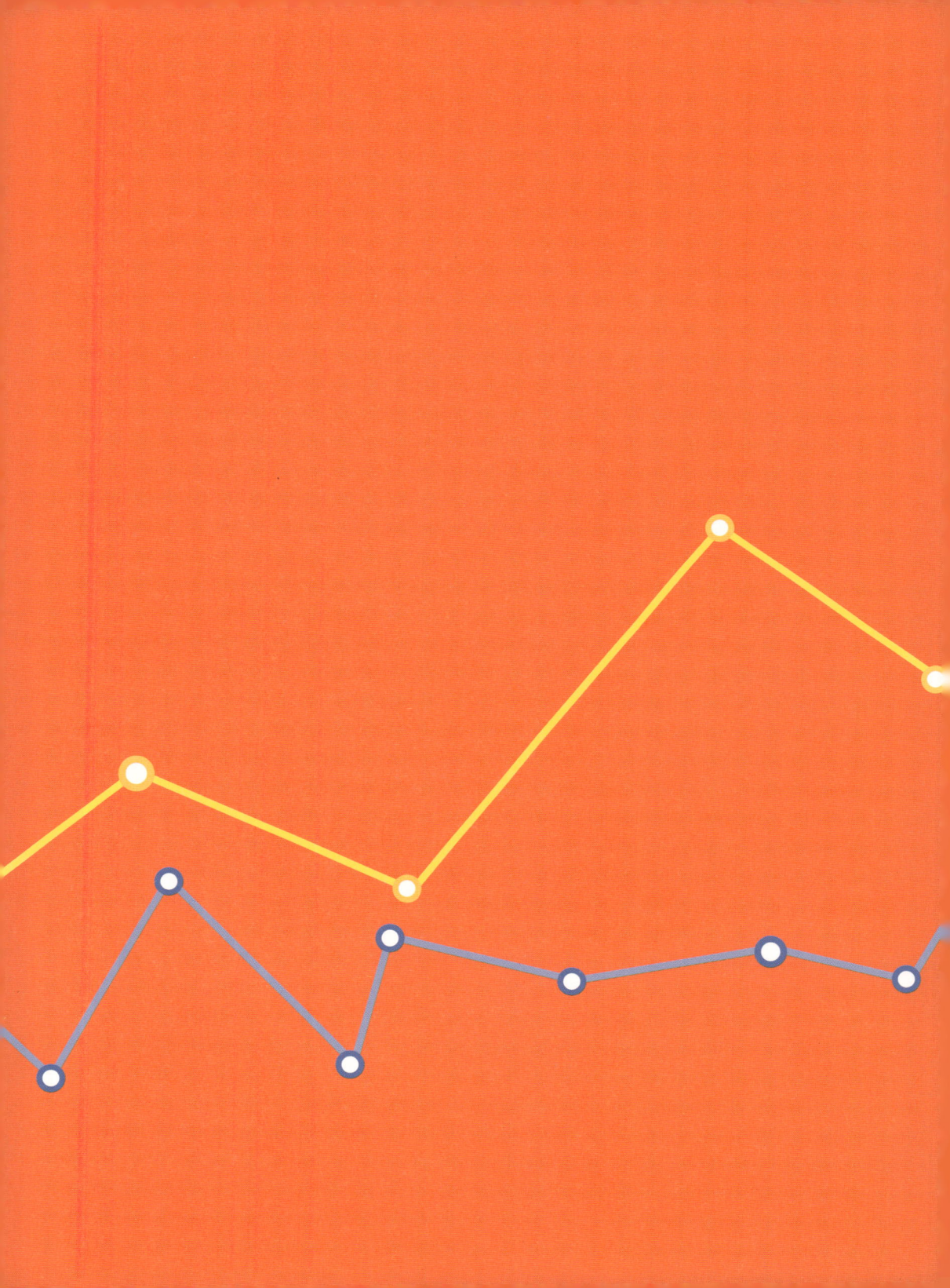

SECTION 8.
순발력으로 치고 빠지는 시황 매매

38 시황 주식 매매란 무엇인가

주식시장에서 초단기에 가장 크게 수익을 낼 수도, 가장 크게 손해를 볼 수도 있는 매매 기법 중 하나가 시황 매매입니다. 시황 매매에서 모든 재료는 증권사 홈트레이딩시스템 시황을 통해서 나오기 때문에 시황창을 잘 보고 빠르게 매매해야 수익을 낼 수 있습니다. 시황 매매의 경우는 기사의 제목만 보고 매수에 가담하는 투자자가 워낙 많기 때문에 기사의 내용을 다 읽어보고 매수에 가담하면 이미 게임은 종료된 상황입니다. 필자도 거의 시황 매매로 수익을 내고 있지만, 초보자들에게는 시황 매매는 독약과 같을 수도 있으니 신중을 기해야 합니다. 증권사 홈트레이딩시스템 시황에 기사가 뜨면 1초도 안 되는 순간에 제목만 읽고 아주 좋은 내용의 기사인지 아닌지를 동물적 감각으로 판단해서 매수 주문을 합니다.

정말 빠르게 매수주문을 내야 하는 매매이기 때문에 단타 매매에 익숙한 투자자들만 하는 것이 좋습니다. 대부분의 스캘핑 투자자는 기사의 제목만 보고 매수주문을 합니다. 제목이 좋은 기사면 정적 VI가 발동되고, 2분간의 시간이 있기 때문에 그때 기사의 내용을 읽는 경우가 많습니다. 스캘핑이 능숙한 젊은 투자자들이 많이 하는 매매 기법으로 순간적인 판단력이 필요합니다.

증권사 홈트레이딩시스템 시황창에 나오는 신문사들의 명칭은 다음과 같습니다.

- **이데일리, 이투데이, 머니투데이, 서울경제, 한국경제, 뉴스핌, 매일경제 등**

- **기자들이 특징주를 쓰는 타이밍**
  세력들에게 좋은 재료들의 정보를 받은 후 분봉 차트가 많이 오른 상태에서는 특징주 기사를 잘 쓰지 않는 특성도 있습니다. 주가가 한 파동 상승한 후 조금 횡보하면서 조용해지는 구간에서 특징주가 많이 나옵니다.

- **중요한 단어는 홈트레이딩시스템에서 뉴스 알람을 소리가 나게 설정해둡니다.**
  (세계 최초, 특징주, 항암제, 남북경협, 가상화폐, 줄기세포, 수소차, 전기차 등)

- **특징주가 나오는 요건**
  좋은 재료가 있는 종목은 주가가 최소 3% 정도 상승해야 기자들이 특징주 관련 기사를 쓰게 됩니다.

그날의 재료가 좋은 종목은 종합시황 화면에서 '특징주'로 나오게 됩니다. 단타 매매 투자자가 기자들에게 제보하면 기자들은 특징주로 기사를 쓰고, 개인투자자들이 매수·매도하는 시나리오입니다. 특징주 중 대부분은 세력들이 미리 선취매해두고, 기사가 나오는 경우도 있기 때문에 시황 매매를 할 때는 반드시 분봉 차트를 보고 많이 오른 종목에는 절대 들어가지 않는 것이 좋습니다.

11시부터 13시까지는 기자들도 점심식사 시간이어서 특징주가 잘 나오지 않습니다. 이 시간대에는 주가의 움직임 폭이 크지 않기 때문에 점심식사를 하고 휴식을 취하는 것이 좋습니다.

시황 매매의 가장 중요한 것은 시황창에 뜨는 기사의 내용을 보고 이 재료가 어느 정도인지 빨리 판단하는 능력을 갖추어야 합니다. 재료의 값어치가 어느 정도인지 판별하는 능력을 갖추기 위해서는 매매하면서 어느 정도 시행착오를 겪는 것도 필요합니다.

처음부터 시황 매매로 성공한 투자자들은 그리 많지 않습니다. 지금 시황 매매를 하고 있다면 현재 시장의 이슈가 무엇인지, 어떤 트렌드의 종목군들이 코스닥시장을 움직이고 있는지 빨리 캐치해야 합니다. 그리고 코스닥 테마주의 시황 매매도 테마주가 급등하는 초반에 발 빠르게 매매해야 수익을 올릴 수 있습니다. 테마주의 매수세도 시간이 지나가면 초반보다는 많이 약해집니다.

증권사 시황도 각 증권사 홈트레이딩시스템마다 약간의 시간 오차들은 발생합니다. 똑같은 뉴스라도, 예를 들면 키움증권이 미래에셋증권보다 0.5초 빨리 나오는 경우도 있습니다. 미미한 차이지만 빠른 시황 매매에서는 큰 차이가 될 수 있습니다. 좋은 재료가 시황창에 뜨면 단타 매매 투자자들은 거의 시장가로 매수하기 때문에 조금만 늦게 매수주문을 하면 바로 정적 VI가 발동됩니다.

아주 좋은 재료 같은 경우에는 정적 VI 발동된 후 바로 상한가로 진입하는 경우도 있습니다. 대부분의 투자자는 정적 VI가 발동되고 나면 상한가로 일단 매수주문을 해두고 시황을 읽습니다. 시황 매매에서 수익을 내는 분들은 시황창을 보면서 초를 다투어 매매하는 스캘핑의 고수 영역에 있다고 볼 수 있습니다.

39 전문가처럼 빠르게 시황 매매하기

시황 매매 매수주문 화면 세팅

시황 매매를 하기 위해서는 다음과 같이 주문 세팅을 해두면 좋습니다. 미래에셋대우증권의 경우 주식주문 화면에서 오른쪽 톱니바퀴 모양을 클릭하면 주식주문 설정창이 나옵니다. 매수주문에서 자신에게 맞는 금액을 기입하고, 가격 부분에서 매수 가격을 상한가로 세팅한 후 매도주문의 호가 선택에는 -10호가로 합니다. 매수 가격을 상한가로 세팅하는 이유는 시황에 좋은 재료가 나오면 클릭해서 주문할 시간적인 여유가 없기 때문입니다. 워낙 빠르게 매매가 이루어지기 때문에 매수주문 호가는 무조건 상한가로 세팅하는 것이 좋습니다.

▍ 미래에셋대우증권 매수주문 화면 세팅 ▍

시황 매매 시 도움되는 기능

　체결/보안/공유설정 화면 메뉴에서 매수·매도 조건에 원하는 단어를 넣고 매매 신호 소리 설정에서 매수·매도 신호 소리를 자신이 원하는 것으로 설정해둡니다. 그러면 홈트레이딩시스템 시황창에 입력한 단어가 나오면 소리를 내어 알려줍니다. 필자의 경우 '시세포착'이라고 설정해두었습니다. 해당 단어가 홈트레이딩시스템 시황창에 지나가면 '시세포착'이라는 매매 신호를 내보내 시황창에 어떤 뉴스가 뜨는지 빨리 알 수 있습니다. 각 증권사마다 이런 메뉴는 거의 있으니, 소리 설정을 해두시기 바랍니다.

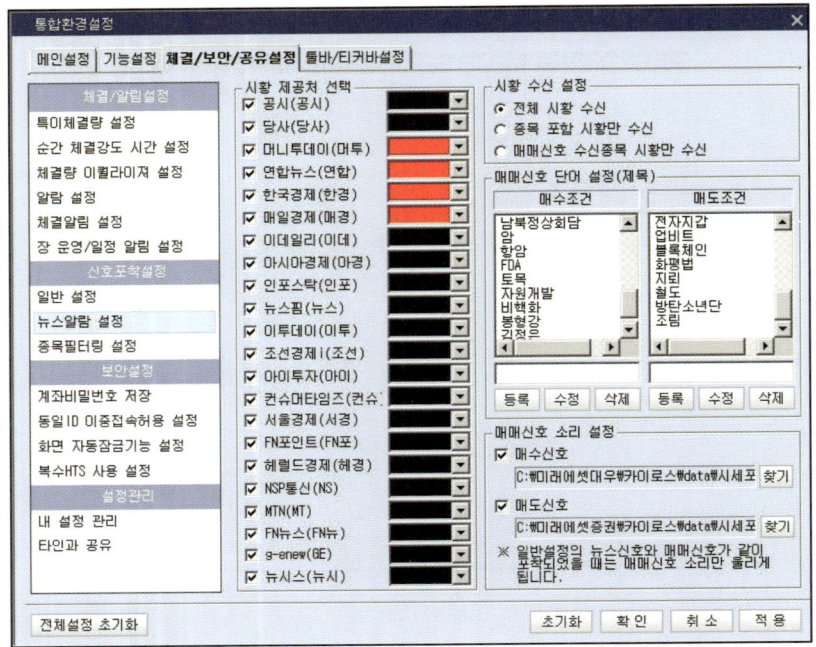

미래에셋대우증권의 경우   설정 ▶ 통합환경설정 ▶ 체결/보안/공유설정

　네이처셀이란 종목이 이 당시 세포치료제로 인해 시가총액이 3조 원을 육박하고 있었습니다. 세원셀론텍도 특징주의 제목이 '자가유래 연골세포시장 독점 부각 세포치료제 재평가 강세'라고 시황창에 나왔습니다. 특징주의 제목에 따라서 스캘핑하는 분들의 매수세가 아주 강하게 붙는 경우가 많습니다.

　독점 부각 또는 재평가와 같은 단어들이 들어가게 되면 시황 매매를 하시는 분들의 매수주문은 거의 자동으로 나간다고 보면 될 것입니다.

세원셀론텍 시황 매매 예

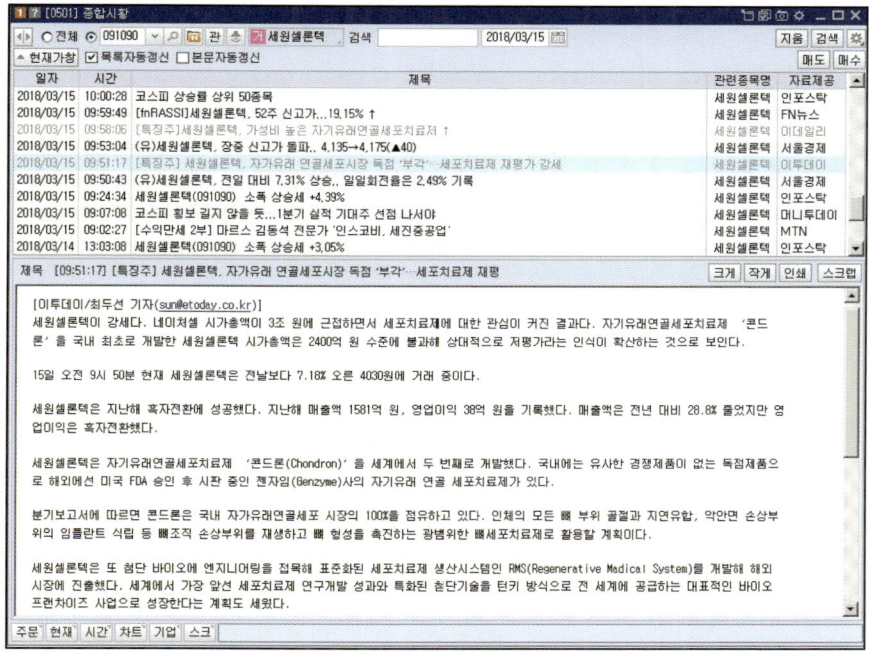

　특징주가 시황에 나오고 바로 1분봉 차트가 상승하면서 녹색선인 5분봉 이동평균선을 한 번도 이탈하지 않고 상승한 분봉 차트의 모습입니다. 짧게 스캘핑으로 매매하는 분들은 캔들이 5분봉 이동평균선에 근접한 ①, ②, ③, ④번 지점이 매수 포인트가 되고 종합시황창에서 특징주를 보고 낮은 가격에 매수를 했다면 1분봉 차트에서 캔들이 5분봉 이동평균선을 한 번도 이탈하지 않았기 때문에 상한가까지 홀딩하면 수익을 극대화할 수 있었던 종목입니다. 아주 강한 종목은 이처럼 1분봉 차트에서 캔들이 5분봉 이동평균선을 깨지 않고 상승

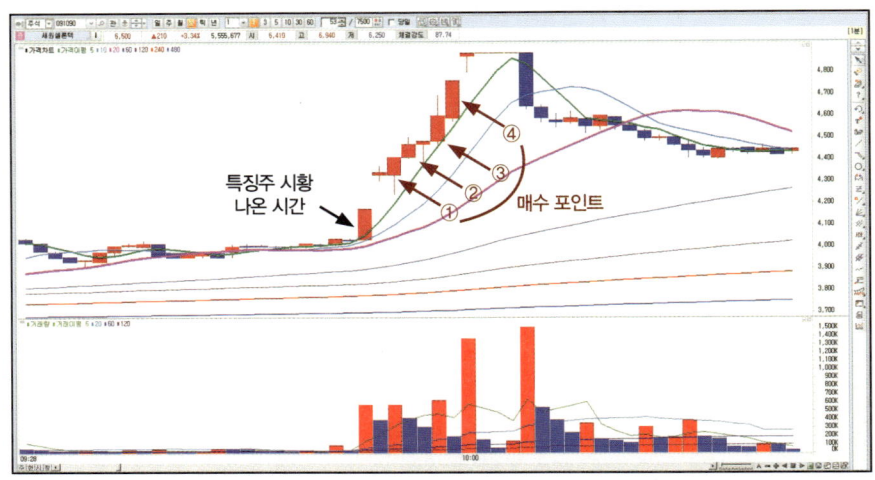

하고, 어떤 종목의 경우에는 1분봉 차트에서 캔들이 20분봉 이동평균선까지 조정하여 재상승하는 경우도 많습니다.

40

시황 매매 사례 1.
EMW

시황 뉴스가 나와서 장중 상한가로 진입한 EMW 종목의 1분봉 차트를 보며 시황 매매에 대해 좀 더 알아보도록 하겠습니다.

 시황 매매를 할 경우 종목에 대한 뉴스나 특징주가 나왔을 때 뉴스에 대한 중요도가 어느 정도인지 판별할 수 있는 능력이 필요합니다. 뉴스의 내용이 좋으면 수급이 몰려서 주가가 상승합니다. EMW의 경우 뉴스 내용이 좋아서 상한가로 진입하였습니다.

 다음의 분봉 차트를 보면 1분봉 차트에서 캔들이 20분봉 이동평균선을 한 번도 이탈하지 않고 상승했으며, 화살표로 표시된 부분은 단기 매수 시점입니다.

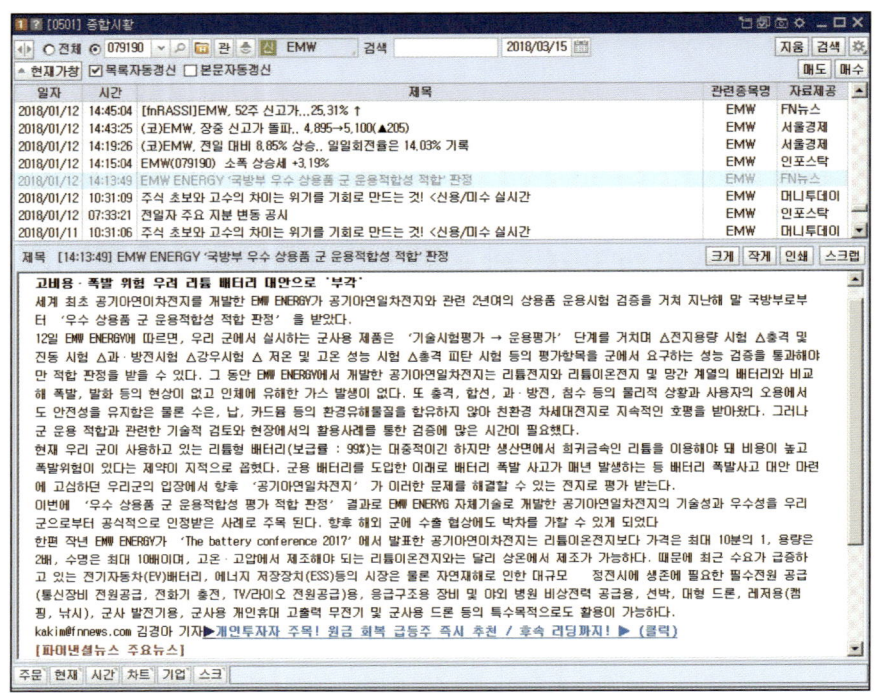

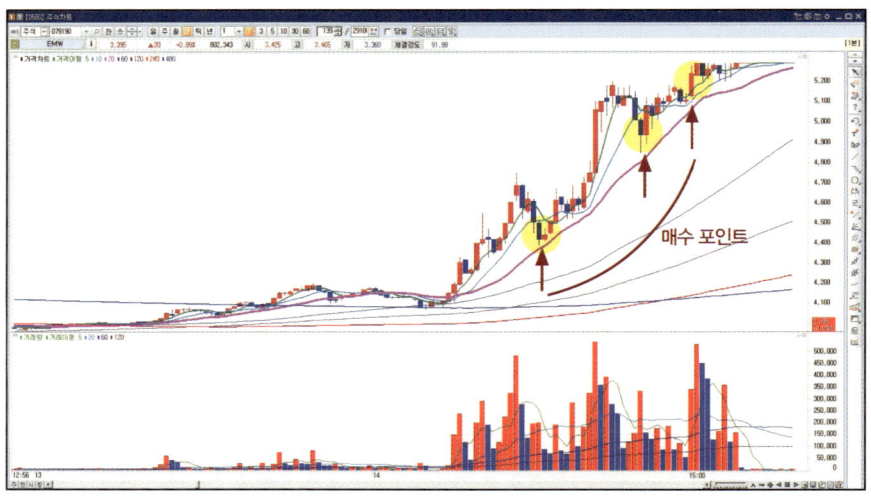

∎ EMW 1분봉 차트 ∎

단타 매매 투자자들은 장이 종료된 후 지나간 종목의 분봉 차트를 보면 다들 공감하는 내용일 것입니다. 기사나 공시가 나오는 순간 매매하면서 현재가창을 보고 있기 때문에 1~3% 수익을 내면 매도하고, 또 상승하면 추격매수를 하는, 이런 매매를 반복하고 있는 분들이 많을 것입니다. 시황창에 갑자기 좋은 재료가 나온 종목을 매매한다면 1분봉 차트에서 10분봉 이동평균선 또는 20분봉 이동평균선을 이탈하지 않으면 끝까지 홀딩하는 습관을 길러야 합니다. 그래야 단기로 큰 수익을 낼 수 있습니다.

　대부분의 투자자가 보조지표 등에 의존하는 경우가 많은데, 보조지표는 후행성 지표일 뿐입니다. 시황 매매를 할 때는 주가가 매우 급박하게 움직이기 때문에 후행성 지표인 보조지표를 확인하기보다는 1분봉 차트를 보는 게 좋습니다. 1분봉 차트가 20분봉 이동평균선을 이탈할 때까지 홀딩하면 단기에 큰 수익을 낼 수 있습니다.

시황 매매 사례 2.
치매 관련주

2018년 2월 2일 금요일 미국 주식시장이 665포인트(2.54%)나 급락했습니다. 우리나라 시장도 월요일 미국시장의 영향을 받아서 종합주가지수가 급락할 것으로 예상되는 가운데, 일요일 다음과 같은 치매 기사가 연합뉴스에 보도가 되었습니다.

코스닥 테마주들은 좋은 재료가 있다면 코스닥지수의 영향을 받지 않고 상승하는 경우가 많습니다. 월요일 우리나라 주식시장은 급락했지만, 치매 테마 관련주들은 반대로 급등했습니다. 이날 명문제약은 대장주로 상한가에 진입했습니다.

아침에 장이 시작하면서 다른 주식들은 전부 갭 하락으로 시작하고 있는데, 치매 관련주만 빨간색 불을 내고 있었습니다. 이럴 경우는 단타 매매 투자자들은 전부 치매 관련주에 매수를 집중합니다.

‖ 명문제약 일봉 차트 ‖

이날 치매 관련주 중 명문제약이 가장 상승률이 높았습니다. 이때 명문제약은 치매 테마주의 대장주로 보고 매매하면 됩니다.

다음 페이지의 명문제약 1분봉 차트를 보면 시초가가 갭 상승으로 시작하고, 9시 3분쯤 눌림목을 주고 다시 시초가를 돌파하는 분봉을 볼 수 있습니다.

명문제약 1분봉 차트

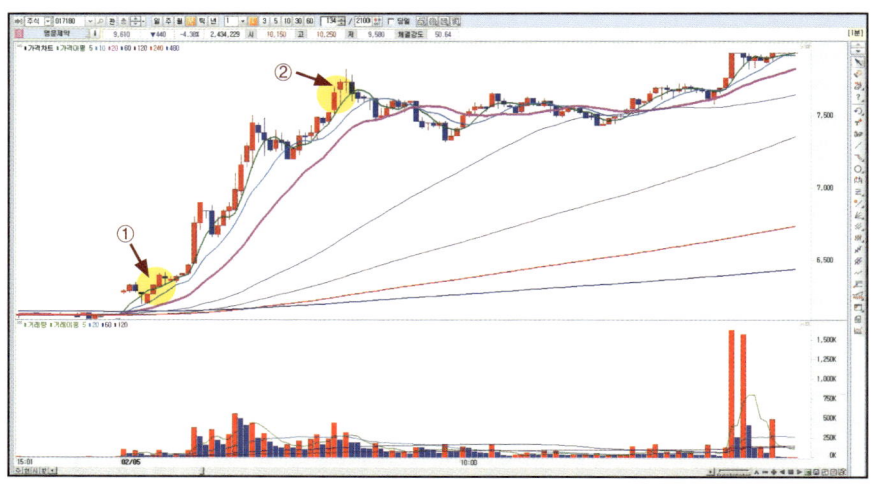

① 화살표 부분에서 당일 시초가 돌파가 나옵니다. 이럴 경우 단타 매매 투자자들은 이 종목을 매수해야 합니다. 또한 1분봉 차트에서 10분봉 이동평균선을 거의 깨지 않고 상승하면서(② 화살표 부근) 9시 40분 정도 고점을 찍고 1시간 정도 횡보 후 당일 상한가를 진입하였습니다.

여기에서 핵심은 당일 시초가 돌파 시점이나 당일 고점 돌파 시점이 매수 포인트가 된다는 것입니다.

42

시황 매매 사례 3.
알파홀딩스

2018년 2월 8일 장 시작 전에 알파홀딩스란 종목의 리포트가 증권사에서 나왔습니다. 제목이 아주 핫하게 '알파홀딩스 제2의 신라젠이 될 것'이라고 토러스증권사에서 장전에 리포트를 고시했습니다.

   장 개시 전, 9시 이전에 좋은 내용의 리포트가 나오면 대부분 8시 59분 이후에 매수주문을 넣습니다. 그러다 보면 시초가가 상승하게 되고, 결국 주가 상승률이 10% 이상이 되면서 정적 VI가 발동됩니다. 그리고 9시 2분 이후에 시초가가 결정되어 체결이 가능해집니다. 알파홀딩스의 시초가는 이날 14,500원에 시작했습니다. 장 시작하고 주가가 바로 상승하면 매수자들의 매도 물량이 나오지 않지만 다음 1분봉 차트를 보면 9시 2분에 장대음봉이 출현했습니다. 이렇게 되면 대부분 시초가에 매수한 개인투자자들은 손절매를 하게 됩니다.

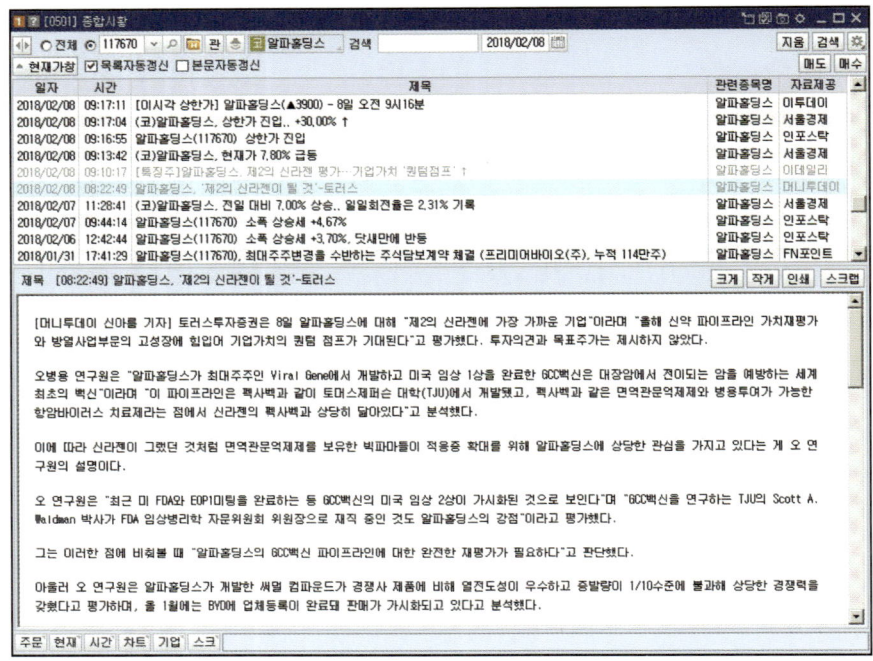

알파홀딩스 1분봉 차트

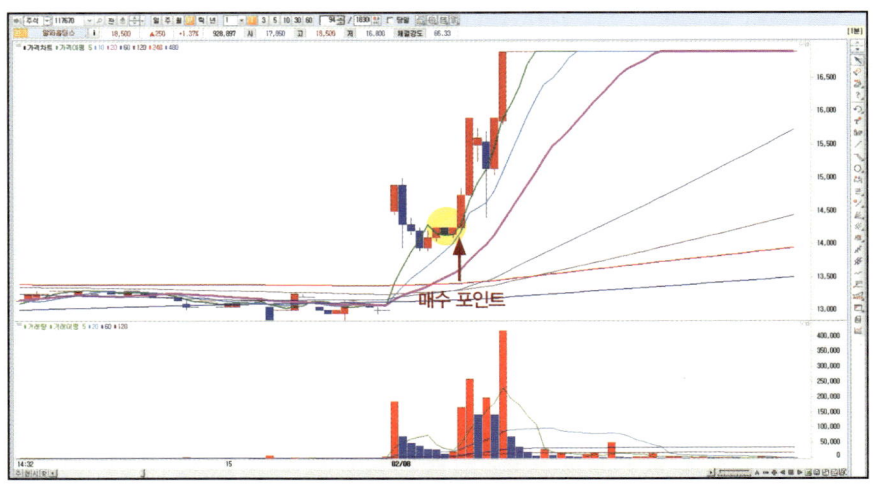

그리고 주가는 6분 정도 횡보한 후 1분봉 차트에서 10분봉 이동평균선의 지지를 받고 있었습니다. 그런데 9시 10분에 좋은 기사의 제목으로 특징주가 나와서 상한가로 진입하게 된 종목입니다.

이처럼 아무리 좋은 재료가 나오더라고 시초가가 너무 높게 시작하면 절대로 시초가에 매수하지 말고, 한 템포 기다렸다가 눌림목에서 매수해야 합니다. 시초가가 높게 상승해서 시작하는 종목을 시초가에 매수하면 장 시작 후 눌림목에서 대부분의 투자자는 손절매를 하는 경우가 많습니다.

남들과 똑같이 추격매수해서는 절대로 수익을 낼 수 없습니다. 주식은 항상 눌림목에서 매수해야 한다는 것을 알파홀딩스의 분봉 차트에서 볼 수 있습니다. 개인투자자들이 손절매를 하고 나면 세력들이 물량을 매집한 후 상한가로 보내는 경우가 많다는 것을 기억해두십시오.

43

시황 매매 사례 4.
미래생명자원

증권사 종합시황창을 보면 이날 치매에 관한 기사로 미래생명자원이 특징주로 나왔습니다. 시황의 제목만으로 좋은 재료라고 판단하고 필자는 바로 분할 매수했습니다. 시황 매매는 기사의 내용에 따라 몇 분 안에 상한가에 진입할 수 있기 때문에 빠른 판단이 필요합니다.

  시황 매매의 경우 제목만 읽고 매수·매도를 결정해야 하고, 정적 VI가 임박했다면 먼저 기사로 나온 종목을 매수해두고 정적 VI가 발동되는 시간에 기사의 내용을 읽어봅니다. 이 종목 또한 정적 VI가 임박했고, 현재가창의 체결 호가만 봐도 매수세가 강하다는 것을 느꼈습니다. 때문에 특징주 기사가 나오자마자 필자도 매수에 가담했고, 1분 후 바로 4,370원에 정적 VI가 발동되었습니다. 소위 말하는 상한가 따라잡기를 하는 투자자들이 정적 VI 발동 후 곧바로 상한가

종합시황창에 특징주로 나온 미래생명자원

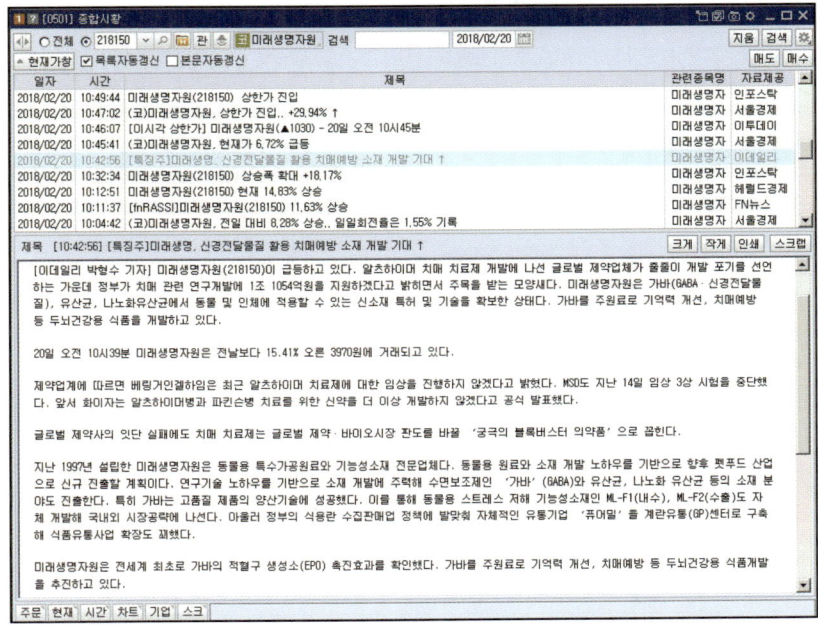

로 매수 주문을 해서 바로 상한가로 진입한 종목입니다.

　정적 VI가 발동되면 좋은 재료의 경우에는 대부분 바로 상한가 매수주문을 하기 때문에 매수주문을 빨리 넣지 않으면 상한가에서도 매수할 수 없게 됩니다. 정적 VI가 발동되고 바로 상한가에 진입한다면 시간우선의 원칙에 의해 먼저 매수주문을 넣은 사람에게 우선적으로 매수가 체결된다는 것도 꼭 알아두십시오.

　거래원 입체분석에서 보듯이 정적 VI 발동 후 바로 큰 물량의 매수주문을 넣은 창구는 신한금융투자증권, 교보증권이었습니다. 이 두 창구에서 큰손들은 20만 주 이상의 물량을 매수하였습니다.

미래생명자원 정적 VI 발동 예상

거래원 입체 분석

신한금융투자증권에서는 10시 43분에 정적 VI 발동 후 바로 상한가로 매수 주문을 해서 10시 46분부터 22만 7,650주를 상한가에 매수했습니다. 그리고 나머지는 개인투자자들이 11시 3분에 교보증권에서로 24만 2,177주를 순매수 했습니다.

교보증권 창구에서 이 종목을 매수한 분은 좋은 재료의 종목을 선택하여 단타 매매도 잘하고 상한가 진입 종목도 꽤 많은 수량을 한꺼번에 매매하는, 상한가 따라잡기식으로 매매하는 개인투자자로 알고 있습니다.

상한가 따라잡기를 전문적으로 하는 큰손들의 매수 창구는 신한금융투자, 대신증권, 교보증권 세 군데 증권사로 보면 됩니다.

미래생명자원은 이날 장 막판까지 상한가를 유지하다가 15시 12분에 상한가를 이탈했습니다. 상한가에 매수주문을 넣은 투자자들이 종일 기다려도 매수 체결이 되지 않고, 장 막판 코스닥시장의 급락으로 불안함을 느낀 투자자들이 상한가에 넣어둔 매수주문을 취소하였습니다. 그로 인해 상한가 매수 잔량이 100만 주 이하로 줄어들게 된 것입니다. 큰 물량을 매수한 투자자가 먼저 매도 물량을 던지자 대부분의 상한가 따라잡기식 투자자들도 줄줄이 매도하면서 결국 상한가를 이탈하게 된 것입니다. 상한가에 있던 종목이 심리로 인해 매수 잔량이 무너지면 큰 물량을 가진 투자자가 먼저 매도주문을 클릭하게 되는 것입니다.

44

시황 매매 사례 5.
포스코엠텍

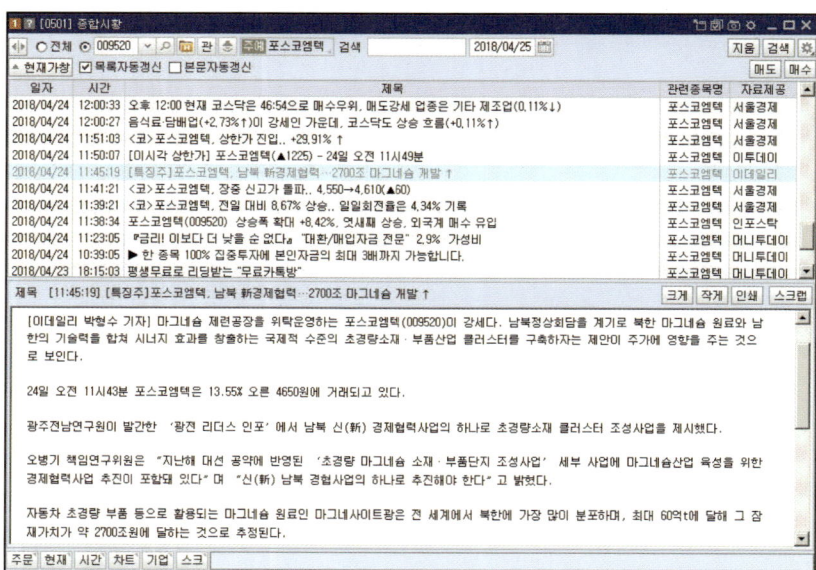

종합시황창에 특징주로 나온 포스코엠텍

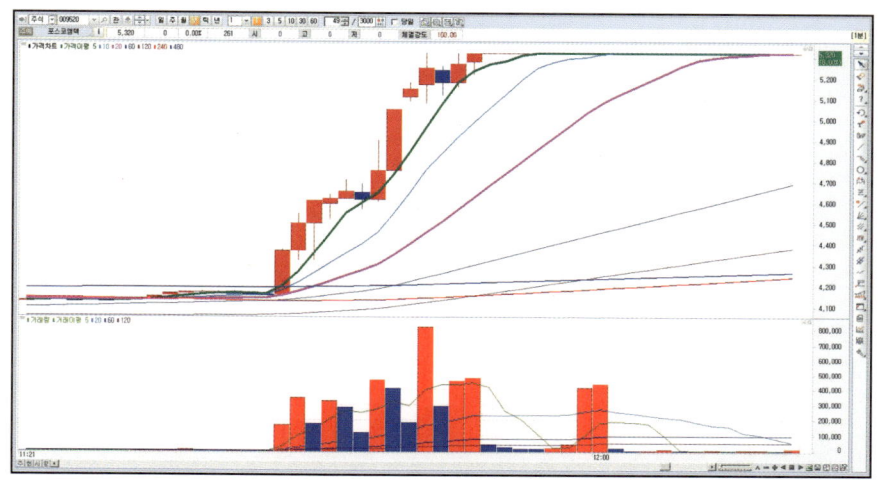

■ 포스코엠텍 1분봉 차트 ■

포스코엠텍이란 종목이 특징주로 나와서 상한가를 진입한 예입니다. 이 당시 주식시장에서는 북한의 자원개발 관련주가 강한 테마를 이루었습니다. 특징주가 나오고 1분봉 차트를 보면 한 번도 5분봉 이동평균선을 이탈하지 않고 상한가에 진입한 것을 볼 수 있습니다. 시황 매매를 하는 분들이라면 기사 내용을 보고 매수해서 1분봉 차트를 신뢰하고 끝까지 홀딩했다면 크게 수익을 올릴 수 있었던 종목입니다.

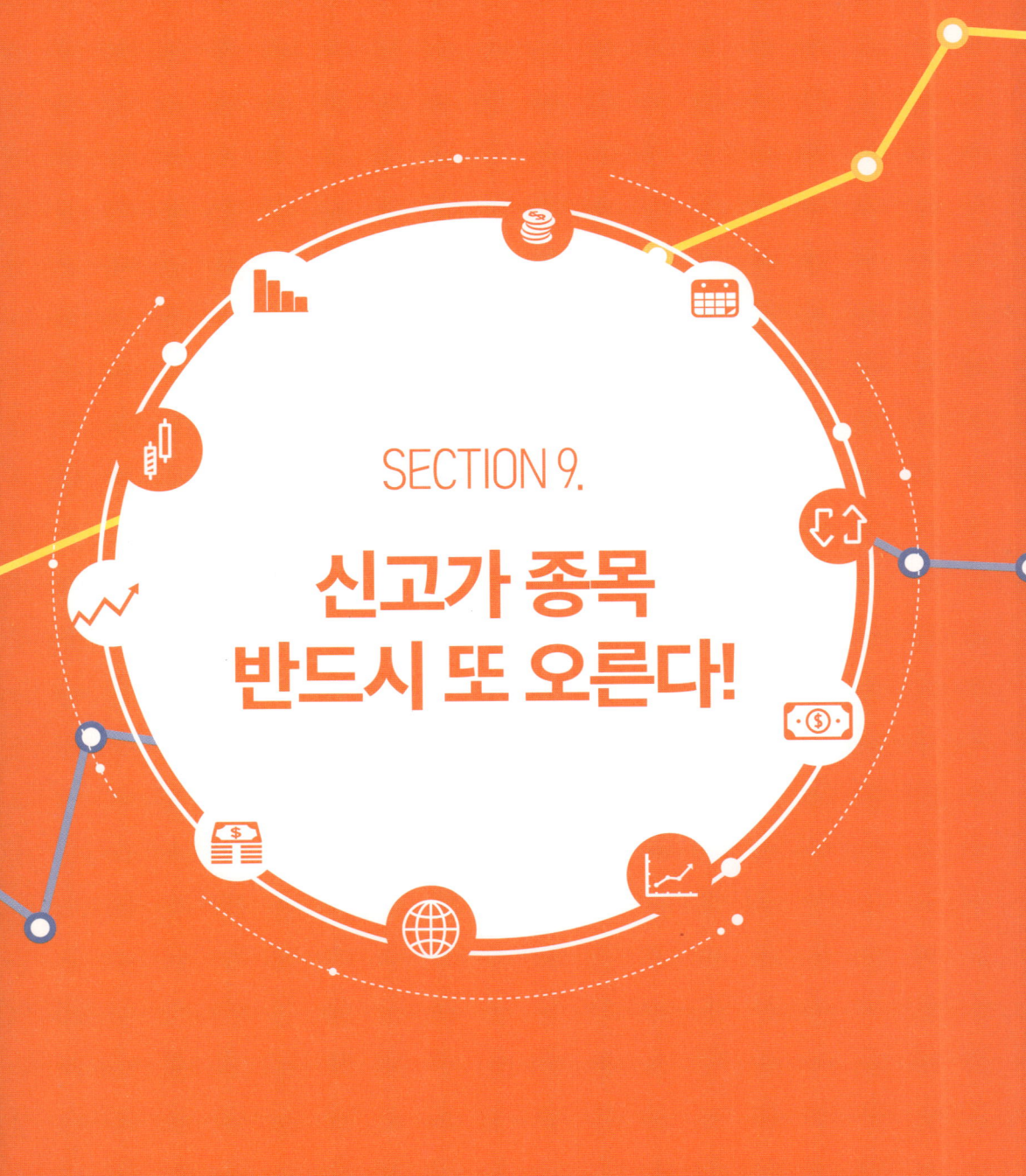

45 일봉 차트로 신고가 종목 공략하기

일봉 차트상 5일 이동평균선을 이탈할 때까지 홀딩

신고가 돌파 매매의 핵심 포인트는 일봉 차트에서 신고가 돌파가 나오는 시점에서 강력 매수 후 홀딩하는 것입니다. 일봉 차트에서 종가상 5일 이동평균선을 이탈하지 않으면 홀딩하는 전략으로 매매해야 합니다. 1분봉 차트에서는 당일 고점 돌파는 강력 매수, 당일 저점 이탈은 묻지도 말고 강력 매도해야 합니다.

주식이 아무도 가보지 않은 신고가로 가는 것은 매물이 거의 없는 영역입니다. 대부분 개인투자자는 주식이 신고가를 가면 너무 많이 올랐다고 매도하거나 접근조차 못 하는 경우가 대부분입니다. 신고가 종목을 매매해보지 않은 분들은 주가가 너무 상승하면 겁이 나서 매수하기 쉽지 않습니다. 주식은 일봉 차트를 믿고 신뢰해야 합니다. 신고가 돌파가 나오는 종목의 경우 적은 금액으로도 큰 시세를 낼 수 있습니다. 그렇기 때문에 신고가로 가는 종목들을 매매해봐야 차후에도 그런 종목이 나올 때 매매가 가능합니다.

  당일 신고가를 갱신하는 종목들은 저항받을 것이 없기 때문에 주가가 상승 탄력을 받으면 장중에 큰 폭으로 상승할 수 있습니다. 주식 매매에서 큰 수익을 원한다면 항상 52주 신고가 종목, 20일 신고가 종목, 5일 신고가 종목 내지 신고가 돌파 후 조정하는 종목만 매매해 보십시오.

  각 증권사마다 신고가 종목을 검색하는 창들이 있습니다. 단타 매매를 하는 투자자들은 신고가 패턴의 주식을 공부하면서 일봉상 5일 이동평균선을 이탈하지 않는 범위 내에서 매매하는 것이 좋습니다.

  장 마감이 임박해오는데 신고가 부근에 있는 종목을 보고 있다면 일봉 차트를 보면서 오늘 마감 후 내일 아침에 갭 상승을 하면 어떤 모습일까에 대해 상상해보십시오. 내일 갭 상승으로 출발하여 신고가 종목이라고 생각되면 종가에 베팅해서 홀딩해보십시오.

  신고가 패턴의 매매가 이제까지 자신이 해보지 않았던 매매라 할지라도 계속 경험해봐야 합니다. 매매를 하다 보면 수많은 시행착오도 겪게 되겠지만, 신고가 매매가 가장 빨리 고수익을 올릴 수 있는 매매입니다.

  셀트리온제약의 주가는 한 달 반 정도 박스권에 있다가 박스권 상단을 돌파하면서 신고가로 가는 모습을 보이고 있습니다. 이럴 경우 박스권 상단을 돌파하면 강력 매수합니다. 주가의 조정기간은 한 달 반 정도였기 때문에 어느 정도 시세가 분출할 것이라고 생각해야 합니다. 역시나 박스권 상단을 돌파하던 날 주가는 상한가로 진입했습니다. 그다음 날도 장대양봉 캔들이 또 나타났습니다.

셀트리온제약 신고가 돌파 일봉 차트

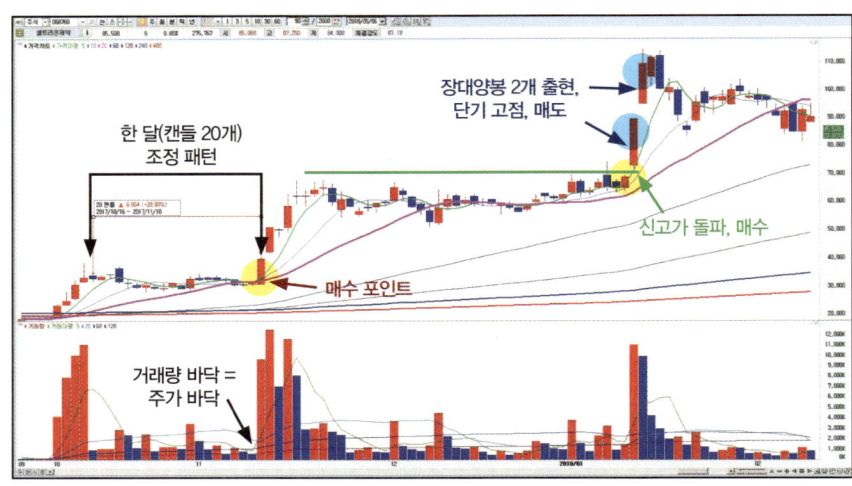

셀트리온헬스케어 신고가 돌파 일봉 차트

어떻게 해야 할까요? 장대양봉 캔들이 2개 나타났고, 대량 거래가 터졌습니다. 우리가 신도 아니고 어떻게 최고 고점에서 주식을 매도할 수 있겠습니까?

"무릎에서 사서 어깨에서 팔라"는 증시 속담처럼 단기 꼭지 가능성이 있습니다. 때문에 너무 욕심을 부리는 것보다는 연속으로 두 번째 장대양봉이 출현하는 날에 고점에 매도하여 수익을 챙기는 것이 좋습니다.

주가가 한 달 이상 조정 후 박스권 상단을 돌파하고 단기간에 50% 이상, 장대양봉이 2개 출현하면 보유 주식을 고점에 매도한다는 것이 핵심 포인트입니다.

▮ 에이치엘비 신고가 돌파 일봉 차트 ▮

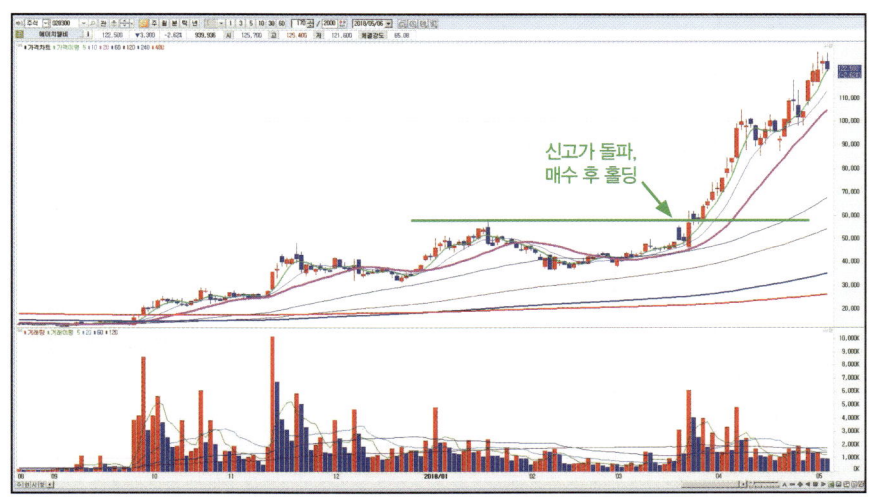

에이치엘비라는 종목의 일봉 차트 모습입니다. 녹색선이 신고가 돌파를 하는 지점이고, 신고가를 돌파하는 종목은 신고가 돌파 시점에서 매수합니다. 그리고 일봉 차트에서 종가 캔들이 5일 이동평균선을 이탈하는 날 매도 포인트로 잡으면 됩니다. 중·장기투자를 하는 투자자들은 일봉 차트에서 5일 이동평균선이 20일 이동평균선을 이탈할 때까지 홀딩하면 큰 수익을 거둘 수 있을 것입니다.

▎ 삼일제약 신고가 돌파 일봉 차트 ▎

삼일제약의 일봉 차트를 보면 신고가 돌파 ① 시점에서 매수 포인트를 잡고 일봉의 종가상 5일 이동평균선을 이탈하지 않으면 계속 홀딩합니다. 이 일봉 차트에서는 신고가 돌파 후 5일 이동평균선을 계속 지키고 있는 모습입니다. 신고가 돌파 후에는 종가상 5일 이동평균선을 이탈하는 캔들이 발생하면 매도 시점으로 잡아야 합니다.

2018년 4월 27일 11년 만에 남북정상회담이 개최되었습니다. 정상회담 개최에 대한 희망과 기대감으로 2018년 3월부터 남북경협 관련주가 개성공단, 전기주를 선두로 상승하기 시작해서 정상회담 개최날 김정은 위원장의 철도 관련 언급으로 철도 관련주가 급등을 시작했습니다. 그 이후 가스관, 도로, 건설, DMZ, 자원개발, 농업, 조림사업, 슈퍼그리드, 시멘트 관련주 등으로 순환매가 돌면서 남북경협주 종목이 200종목 이상 될 정도로 주식시장에서는 남북경협 관련주가 테마 광풍을 형성하고 있었습니다.

　2018년 4월 27일(금) 남북 정상회담에서 북한의 김정은 위원장은 문재인 대통령이 "북한을 통해서 꼭 백두산을 가보고 싶다"고 한 발언에 "문대통령이 오시면 솔직히 우리쪽 교통이 불편을 드릴 것 같다. 평창 올림픽에 갔다온 분들이 ◆ 평창 고속열차가 다 좋다고 하더라 ◆"라고 답했습니다. 이런 발언으로 남북

‖ 대아티아이 신고가 돌파 일봉 차트 ‖

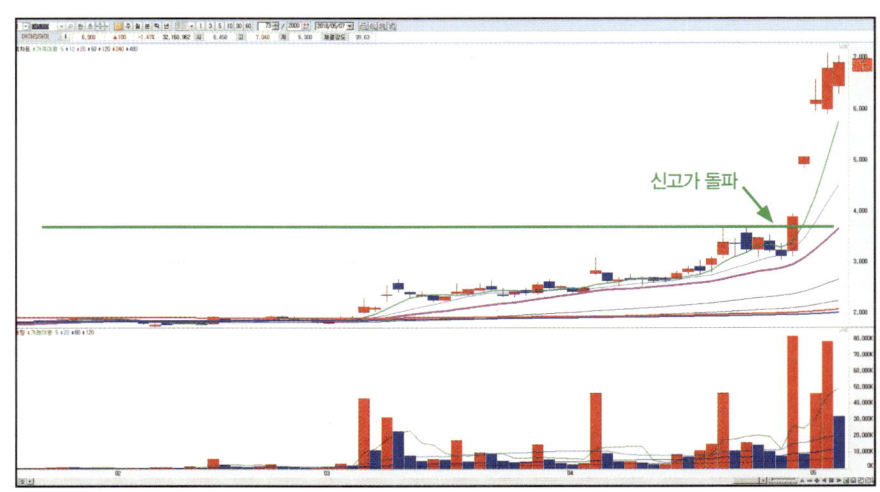

경협주 중 가장 강하게 철도주가 이 당시 급등세를 기록하기도 했습니다.

대아티아이아이의 차트를 보면 신고가 돌파 시점에서 강력 매수를 해서 종가상 5일 이동평균선을 이탈하면 그때 매도 포인트로 잡으면 됩니다. 대아티아이의 일봉 차트 모습으로는 캔들이 5일 이동평균선 위에 살아있기 때문에 집필하는 이 순간까지도 홀딩해야 할 차트의 모습입니다.

테마주를 매매할 때 무조건 가장 강한 대장주를 매매하는 습관을 길러야 합니다. 대장주의 경우에는 상승폭도 가장 크고, 조정을 할 때도 장중 조정 내지 작은 조정으로 마무리되고 재상승하는 경우가 많습니다. 때문에 항상 테마주 중 대장주를 꼭 매매해야 합니다.

▌ 혜인 신고가 돌파 일봉 차트 ▌

북한 자원개발주 테마의 대장주인 혜인의 일봉 차트 모습입니다.

이 종목 또한 녹색선의 신고가 돌파하는 지점에서 매수해서 홀딩하고, 캔들이 5일 이동평균선 위에서 상승하다 장대음봉이 3개 나타나면서 5일 이동평균선을 이탈하긴 했습니다. 하지만 일봉 차트에서 10일 이동평균선을 지지하고 재차 상승하는 모습을 보여주었습니다. 세력주의 경우에는 5일 이동평균선을 이탈한 후 10일 이동평균선만 지켜주고 재차 5일 이동평균선 위로 캔들이 올라오면 재매수 관점으로 접근해야 합니다. 세력들이 가장 좋아하는 단타 매매 종목이 상승하면 신고가로 가는 종목의 패턴이라고 할 수 있습니다. 신고가로 가면 매물이 없기 때문에 대량 거래를 발생하지 않고도 주가를 위쪽 방향으로 움직일 수 있기 때문에 단타 매매를 하는 세력들이 많이 들어올 것입니다.

부산산업이 2018년 4월 30일 아침 종합시황에 FN뉴스에 나왔습니다. ◆ 국내 철도 침목시장 90% 독점 부산산업 "눈에 띄네" ◆ 시황기사의 제목을 보면 '독점'이라는 단어가 들어가면 주식투자자들은 집중 관심을 가지게 됩니다. 기사가 나온 후 그날부터 3일 정도 점상한가(상한가를 시작해서 하루 종일 상한가를 유지하는 것)를 갔습니다. 부산산업의 경우에는 평소 거래량이 3만 주 정도였는데 이런 기사가 나오기 전날에 거래량은 20만 주 정도가 발생했습니다. 그리고 이 날 누군가가 매집한 것으로 보입니다.

일봉 차트를 잘 보는 분들은 점상한가로 가기 전날 캔들의 모습을 보면 양봉 캔들 중에서 위꼬리를 단 모습을 나타내고 있습니다. 이런 캔들의 경우 종가 무렵에 홀딩해야 합니다. 세력들이 이날 매집을 하고, 그다음 날 기사가 나오는 이런 시나리오로 갔다고 볼 수 있습니다.

부산산업 종합시황에 장 개시 전 기사 후 점상한가

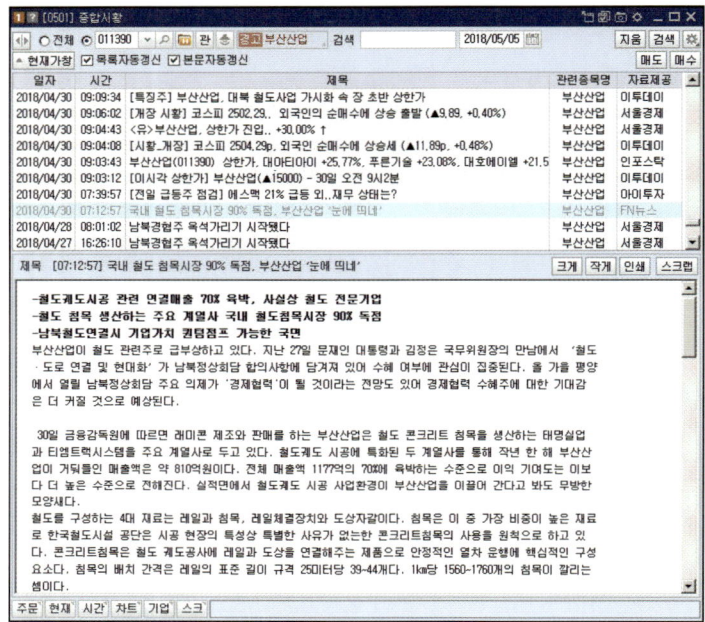

부산산업 신고가 돌파 일봉 차트

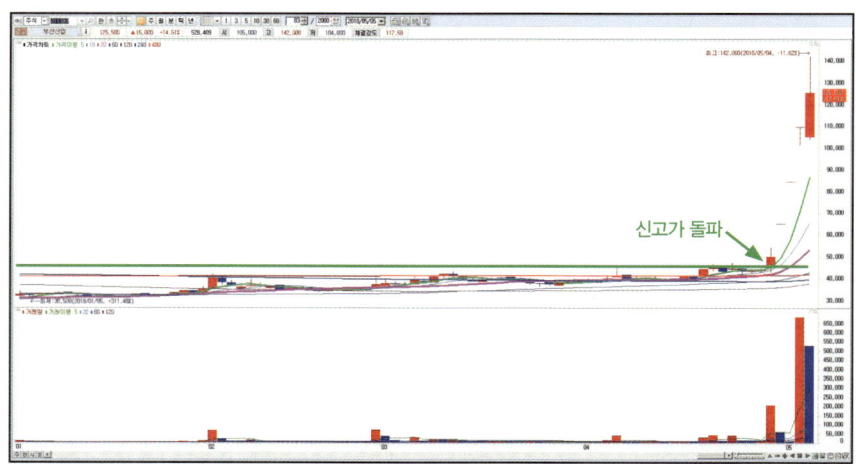

부산산업 발행주식 수

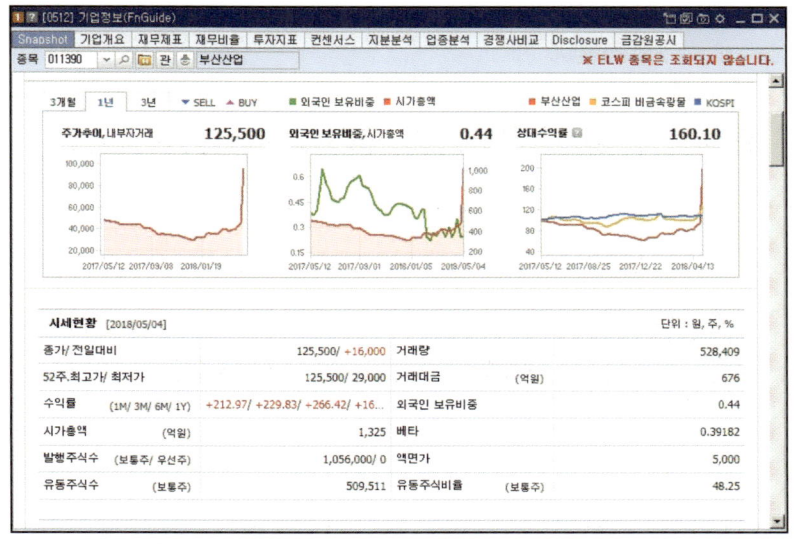

부산산업의 경우에도 신고가 돌파 시점에서 매수했다면 아주 큰 수익을 올릴 수 있었던 종목이었습니다. 계좌가 벌떡 일어설 수 있는 계기가 될 수 있는 종목이었는데, 점상한가 3방이 어떻게 가능할까? 한번 설명해보겠습니다.

부산산업의 주식 수는 105만 6,000주입니다. 이 중 최대주주가 51.75% 보유, 5% 이상 특수관계인이 12.14% 보유하고 있기 때문에 실질적인 유통 물량은 36%인 38만 주 정도가 됩니다. 유통 물량이 이렇게 적기 때문에 세력들이 조금만 개입해도 급등할 수 있는 요건이 되는 것입니다.

향후에 다른 테마가 강하게 형성된다면 유통 물량이 적은 주식 중에서 끼가 있는 주식을 고르고, 그 중에서 일봉 차트가 좋은 종목을 유심히 잘 관찰해보기 바랍니다.

부산산업 주주 지분현황

46

신고가 장대양봉 이후
조정 캔들의 모양

　신고가 부근에서 장대양봉이 출현하고, 추가 상승의 신호를 주는 종목들은 그다음 날 조정 캔들이 출현할 경우에는 전날 양봉 길이의 절반 이내에서 조정을 마무리합니다.

　셀트리온제약의 경우는 장대양봉이 출현한 이튿날 고점에 매도하는 것이 좋은 매도 타이밍입니다. 만약 이 종목을 다시 단타 매매로 매수한다면 장대양봉이 출현하고 조정을 거친 후 전날 장대양봉의 절반 가격 부근을 매수 포인트로 보면 됩니다.
　다른 종목의 경우에도 장대양봉 이후 주가가 어느 정도까지 조정되는지 한번 확인해보기 바랍니다. 장중 조정을 하고 보통 장 막판에 밑꼬리를 달아 올립니

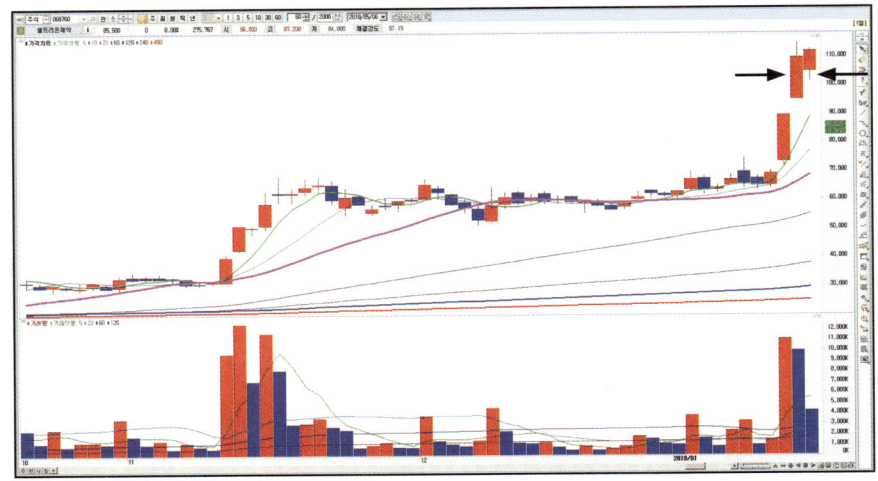

셀트리온제약 신고가 부근 조정 캔들 모양

다. 이런 종목의 경우에는 14시 30분 이후에 장중 저점을 확인하고 1분봉에서 240분봉과 480분봉 이동평균선 수렴에 가까워올 때 매수해서 밑꼬리를 달게 되면 당일 단타매매 수익은 어느 정도 나올 수 있습니다.

헬릭스미스(바이로메드) 장대양봉 출현 후 조정 캔들 모양

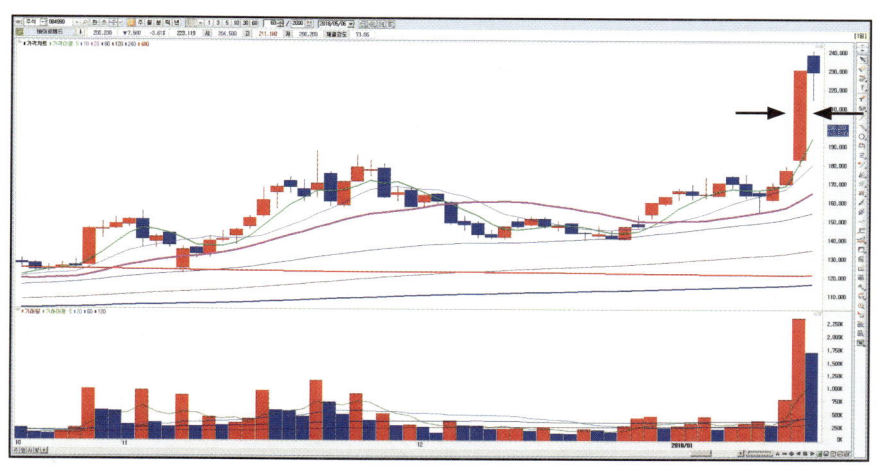

장대양봉 절반에서 조정 후 재상승한 일봉 차트 모습

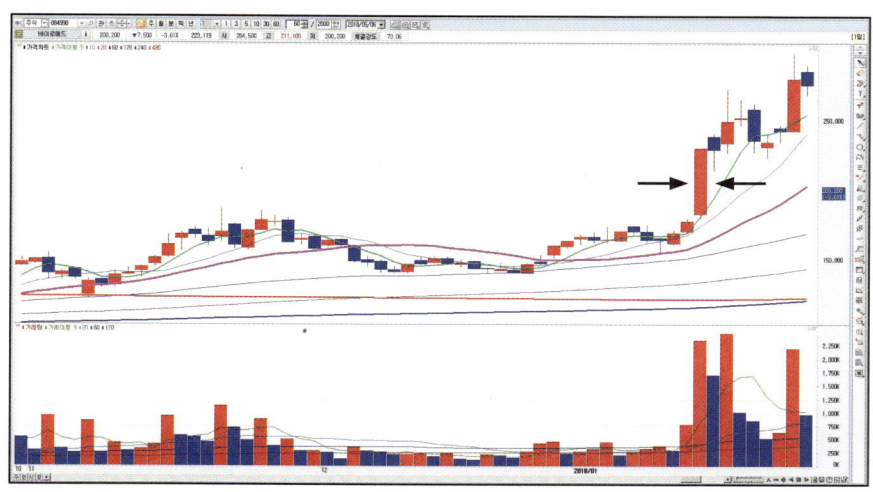

SECTION 9. 신고가 종목 반드시 또 오른다!

■ 한올바이오파마 1주일 조정 후 재상승한 일봉 차트 ■

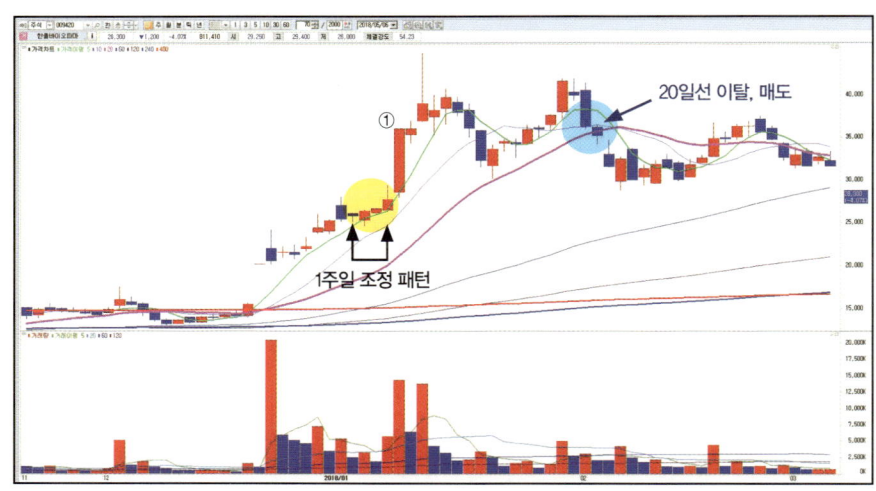

장대양봉이 출현하는 날이 헬릭스미스(바이로메드)가 상한가로 진입한 날입니다. 그다음 날 시초가는 갭 상승으로 출발해서 장중에 조정한 캔들 모양입니다. 장대양봉 후 조정 캔들은 장대양봉의 절반 정도에서 마무리되는 모습입니다.

2017년 12월 19일에 5,452억 기술 수출 재료가 나오면서 급상승한 후에 일봉 상 5일 이동평균선을 이탈하지 않고 있다가, 2018년 1월 3일 단기 고점을 찍고 4일째 되는 날 재상승한 일봉 차트의 모습입니다. 2018년 1월 12일 장중에 장대양봉으로 거의 상한가 부근까지 상승했다 내려왔습니다. 이 종목 또한 마찬가지입니다.

위 차트의 ①화살표를 표시한 날에 장대양봉이 출현하고, 그다음 날 짧은 조정 캔들이 발생한 후 다시 장대양봉이 났습니다. 2개의 장대양봉은 어떻게 해야 할까요? 단기 꼭지 캔들일 수 있다고 생각하고, 미련 없이 두 번째 장대양봉의 고점에서 매도해야 합니다.

신고가 부근 일봉 차트에서 5일 이동평균선을 이탈하지 않고 있으면 1주일 내 (3~5일)에 한 번 더 재상승할 수 있음을 보여주는 차트입니다.

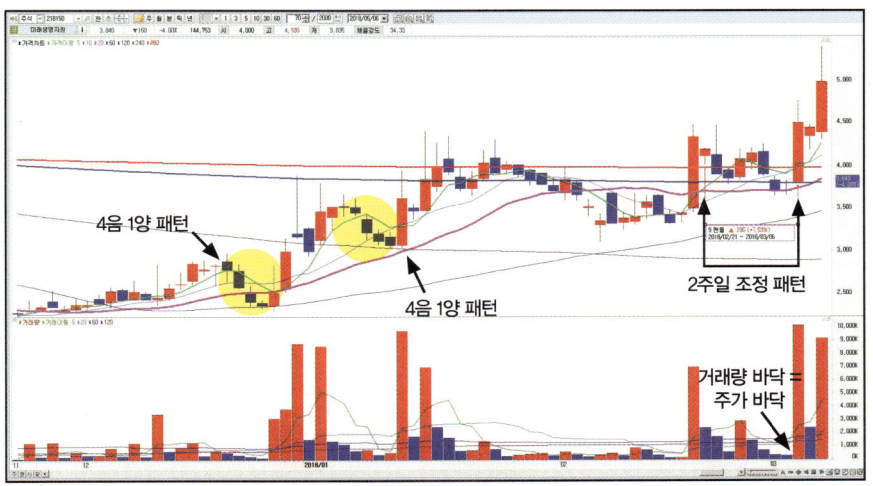

미래생명자원 신고가 이후 조정 캔들

미래생명자원의 일봉 차트에서 오른쪽 상단 부분을 보면 장대양봉이 발생한 다음 날 조정 캔들이 전날 장대양봉의 절반 정도 부분의 저점이 발생하고 꼬리를 단 양봉 캔들이 출현한 모습을 볼 수 있습니다.

핵심 포인트는 장대양봉이 나타난 이후 조정 캔들은 장대양봉 캔들의 2분의 1 정도 부근에서 마무리된다는 것을 기억하십시오.

신고가 돌파 종목, 어떻게 수익 낼까?

신고가 돌파 종목 검색 : 5일, 20일, 52주 신고가

　신고가 매매는 주식시장에서 가장 고수익을 낼 수 있는 매매 기법이며, 신고가 종목들은 더 상승할 여지가 있습니다. 5일, 20일, 52주 신고가 종목 중 매매 종목을 결정하여 매매하는데, 전업투자자나 단타 매매 투자자들에게는 최고의 투자 방법으로 추천하고 싶은 매매입니다.

　그렇다고 고점에서 추격매수를 하라는 것은 절대 아닙니다. 신고가 돌파 종목은 신고가 가격 돌파 시점을 매수 시점으로 보고 일봉상 5일 이동평균선을 이탈할 때까지는 계속 홀딩하고 있어야 수익의 극대화를 노릴 수 있습니다. 신고가 종목의 매도 타이밍은 일봉상 5일 이동평균선을 이탈하는 날에 매도하면 됩니다.

5일 내 신고가 종목 검색

종목명	현재가	전일대비		등락률	거래량	매도호가	매수호가	5일고가	5일저가
셀루메드	14,950	↑	3,450	+30.00	5,280,406		14,950	14,950	10,350
이에스브이	1,495	↑	345	+30.00	28,213,254		1,495	1,495	1,070
네이쳐셀	34,900	↑	8,050	+29.98	24,700,325		34,900	34,900	24,950
SCI평가정보	4,080	▲	940	+29.94	9,878,578	4,080	4,075	4,080	2,915
엠젠플러스	19,000	▲	3,550	+22.98	5,429,555	19,000	18,950	19,000	14,350
디에스티로봇	2,000	▲	360	+21.95	39,285,634	2,005	2,000	2,120	1,510
셰동	1,150	▲	192	+20.04	9,224,160	1,150	1,145	1,165	906
디지탈옵틱	1,740	▲	270	+18.37	12,623,492	1,745	1,740	1,845	1,300
원풍물산	6,770	▲	930	+15.92	11,870,015	6,780	6,770	7,380	5,450
토필드	4,645	▲	630	+15.69	3,967,686	4,645	4,640	4,680	3,690
이스트아시아홀	619	▲	75	+13.79	37,667,296		618	685	407
대주전자재료	17,950	▲	2,100	+13.25	1,004,459	17,950	17,900	18,000	14,950
엔에스엔	3,040	▲	345	+12.80	6,307,500	3,045	3,040	3,350	2,615
비에이치	23,700	▲	2,600	+12.32	4,149,159	23,750	23,700	23,750	19,000
미래아이앤지	660	▲	72	+12.24	10,635,467	660	659	674	559
체시스	1,375	▲	150	+12.24	22,671,887	1,375	1,370	1,530	909
힙스	18,400	▲	2,000	+12.20	549,835	18,400	18,400	19,300	15,300
바이온	4,600	▲	465	+11.25	15,382,174	4,605	4,600	4,950	3,650
KTcs	2,430	▲	240	+10.96	12,357,498	2,430	2,425	2,630	2,145
아이엠텍	3,640	▲	345	+10.47	966,241	3,645	3,640	3,640	2,970

20일 내 신고가 종목 검색

종목명	현재가	전일대비		등락률	거래량	매도호가	매수호가	20일고가	20일저가
셀루메드	14,950	↑	3,450	+30.00	5,280,406		14,950	14,950	9,600
이에스브이	1,495	↑	345	+30.00	28,213,254		1,495	1,495	841
엠젠플러스	19,000	▲	3,550	+22.98	5,429,555	19,000	18,950	19,000	10,000
디지탈옵틱	1,740	▲	270	+18.37	12,623,492	1,745	1,740	1,845	1,185
원풍물산	6,770	▲	930	+15.92	11,870,015	6,780	6,770	7,380	3,635
토필드	4,645	▲	630	+15.69	3,967,686	4,645	4,640	4,680	2,635
이스트아시아홀	619	▲	75	+13.79	37,667,296	619	618	685	407
엔에스엔	3,040	▲	345	+12.80	6,307,500	3,045	3,040	3,350	2,530
비에이치	23,700	▲	2,600	+12.32	4,149,159	23,750	23,700	23,750	16,750
미래아이앤지	660	▲	72	+12.24	10,635,467	660	659	674	502
체시스	1,375	▲	150	+12.24	22,671,887	1,375	1,370	1,530	907
바이온	4,600	▲	465	+11.25	15,382,174	4,605	4,600	4,950	2,095
KTcs	2,430	▲	240	+10.96	12,357,498	2,430	2,425	2,630	2,120
아이엠텍	3,640	▲	345	+10.47	966,241	3,645	3,640	3,640	2,960
대동금속	50,500	▲	4,550	+9.90	8,375	50,500	50,400	50,500	43,200
삼화콘덴서	51,300	▲	4,500	+9.62	1,214,392	51,300	51,200	51,900	40,200
웨이브일렉트로	29,550	▲	2,550	+9.44	235,846	29,600	29,550	30,600	24,850
삼성전기우	48,000	▲	3,900	+8.84	59,014	48,000	47,900	48,000	42,000
넷게임즈	3,585	▲	290	+8.80	1,566,842	3,585	3,580	3,585	2,850
나이벡	17,450	▲	1,350	+8.39	3,484,066	17,500	17,450	19,450	9,420

52주 신고가 종목 검색

신고가를 돌파하고 기간 조정을 하는 종목은 2~3일, 1주일, 2주일, 1개월, 2개월 정도 조정하는 종목 위주로 철저하게 분석한 후 눌림목에서 접근하는 것이 가장 좋은 투자 방법입니다.

신고가 돌파 후 일봉 차트의 모습

주가가 신고가를 돌파한 후 일봉 차트의 모습은 어떻게 될까요?

신고가 돌파 이후부터 주가는 추가 상승하게 됩니다. 주가는 어느 정도 상승한 이후 박스권에 진입해 있다가 박스권 상단을 뚫고 올라가면서 계속 상승하

┃ 캔서롭 신고가 돌파 후 일봉 차트 ┃

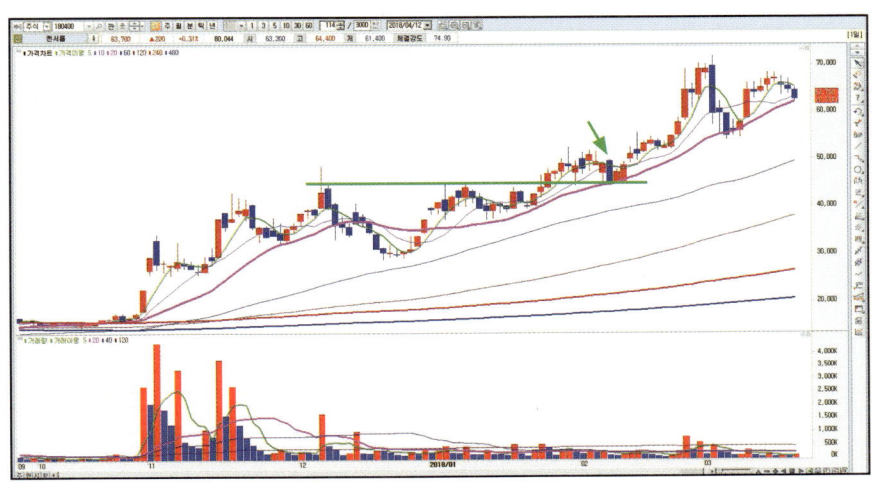

려고 합니다.

캔서롭 일봉 차트에서 녹색선 부분이 신고가가 나오는 지점입니다. 신고가 돌파 후 4만 4,000원부터 매수한다면 상당한 수익을 낼 수 있습니다.

신고가 패턴의 종목을 두려워하지 마시고 적은 금액으로 조금 매수한 후 실전 매매를 해봐야 합니다. 신고가 종목들은 홀딩만 잘하면 다른 종목들보다 수익을 내기가 훨씬 쉬울 것입니다.

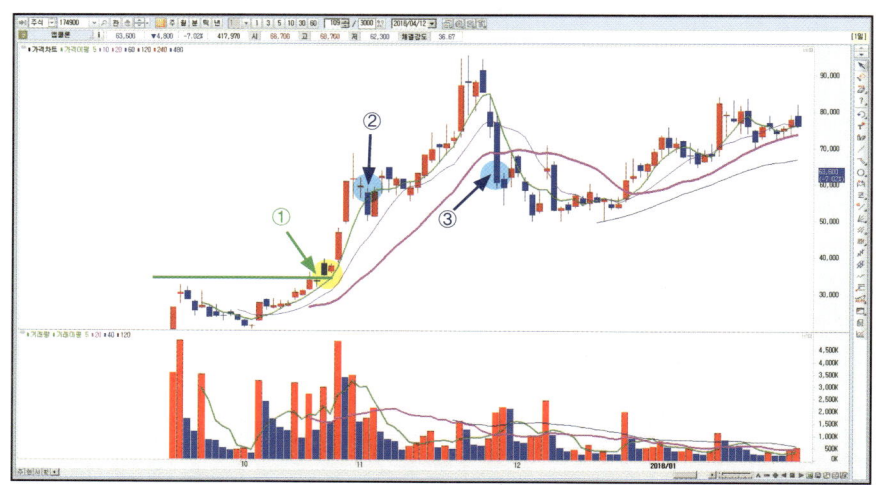

앱클론 일봉 차트(2017년 10월, 11월)

앱클론처럼 상장해서 최고점을 돌파하면서 단기 급등하는 경우 캔들이 5일 이동평균선을 이탈하지 않으면 홀딩합니다. 앱클론의 경우 ① 부근인 2017년 10월 23일에 매수해서 ② 부근인 2017년 11월 2일에 매도하면 됩니다.

단기 급등주는 5일 이동평균선이 생명선이지만 일봉 차트에서 10일 이동평균선까지 이탈하지 않으면 홀딩해도 무방합니다. ② 지점 다음 날 바로 일봉 차트에서 양봉이 출현했고, 다시 재상승 후 20일 이동평균선이 완전히 이탈하는 ③ 지점인 2017년 11월 28일에 매도해도 됩니다. 모든 차트가 정확하게 이동평균선을 지지하는 종목도 있지만 대부분의 종목은 이동평균선을 이탈한 후 다시 올라갑니다. 이럴 경우는 거래량을 줄면서 이동평균선을 살짝 이탈했다면 홀딩해도 괜찮습니다.

셀루메드 신고가 돌파 후 일봉 차트

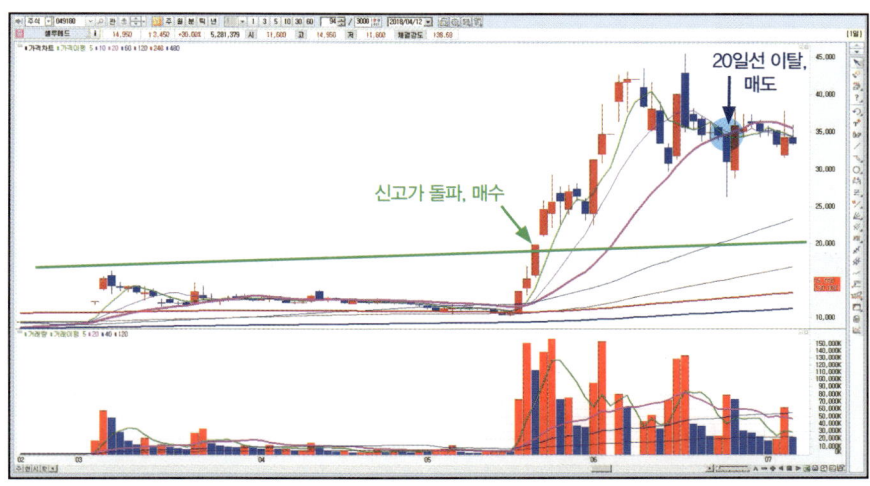

신고가를 돌파한 종목은 그 종목을 보유한 투자자가 모두 수익을 내고 있다는 의미입니다. 그래서 매도하려는 사람들이 그만큼 적기 때문에 일봉 차트에서 종가상 5일 이동평균선이나 10일 이동평균선을 이탈하지 않는다면 굳이 빨리 매도할 이유가 없습니다.

셀루메드의 경우만 보더라도 2016년 5월 23일 신고가 돌파 이후 2016년 6월 9일까지 상승하는 모습을 볼 수 있습니다. 일봉 차트에서 신고가 돌파 시점에서 매수했다면 크게 수익을 올릴 수 있습니다.

이 책을 읽고 난 이후부터는 5일 이동평균선이 20일 이동평균선을 깨고 역배열로 진입하는 종목은 매매해서는 안 됩니다. 항상 정배열에 있는 주식들 중 신고가 패턴을 보이는 종목들만 매매해야 합니다.

만약 지금도 주식시장에서 수익이 나지 않는다면 투자 방법에 문제가 있는 것입니다. 지금까지 가지고 있던 습관들을 모두 버리고 신고가 패턴을 보이는 종목에 매매하는 새로운 방법으로 도전해보십시오. 이 시간 이후부터 생각만 약간 바꾸면 여러분도 성공 투자자의 모습으로 변할 수 있습니다.

시황창에 나온 나노메딕스 기사

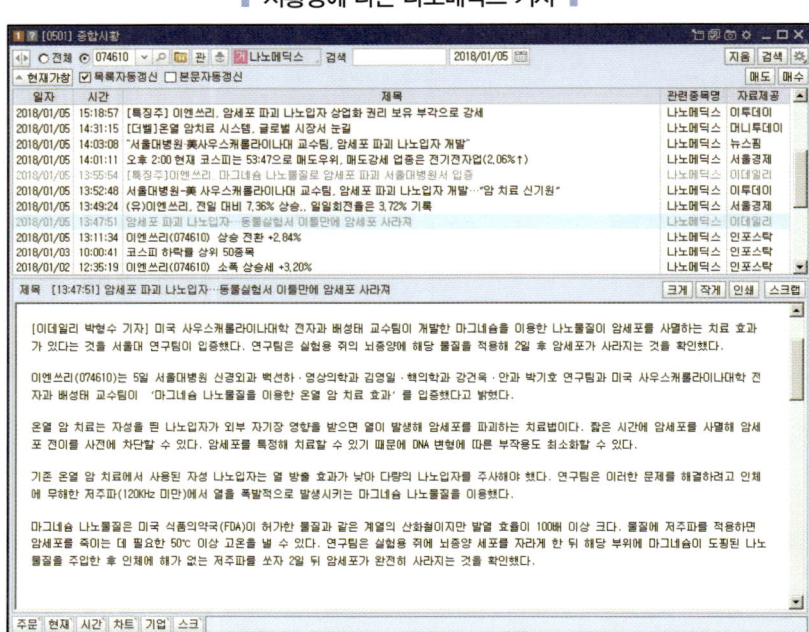

나노메딕스가 2018년 1월 5일 '암세포 파괴 나노입자로 동물실험에서 이틀 만에 암세포가 사라졌다'라는 기사로 당일 상한가로 진입하면서 신고가를 돌파했습니다. 신고를 돌파하면 매수해서 일봉 차트에서 5일 이동평균선이나 10일 이동평균선을 이탈하지 않으면 홀딩하라고 계속해서 말씀드렸습니다. 주식시장에 암세포와 관련해서 좋은 재료가 나오면 매수세가 아주 강하게 들어온다는 것을 기억하십시오.

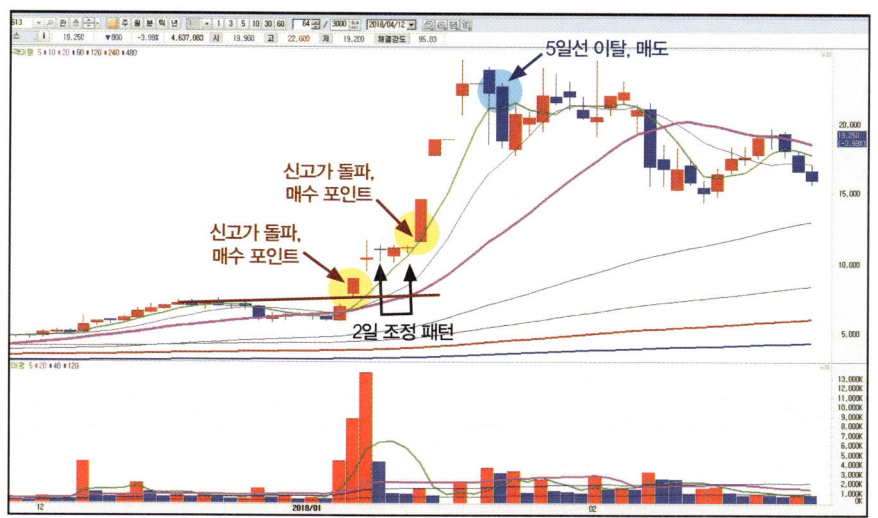

위의 일봉 차트는 신고가 돌파한 초반 시점의 모습입니다. 일봉 차트를 보면 신고가를 돌파한 후에 7,500원부터 2만 4,500원까지 상승한 모습을 볼 수 있습니다. 신고가 돌파 후 얼마나 시세를 많이 주었는지 알 수 있습니다. 주가가 상승하다 5일 이동평균선을 깨지 않고 1주일 조정 후 다시 재상승하는 모습을 볼 수 있습니다.

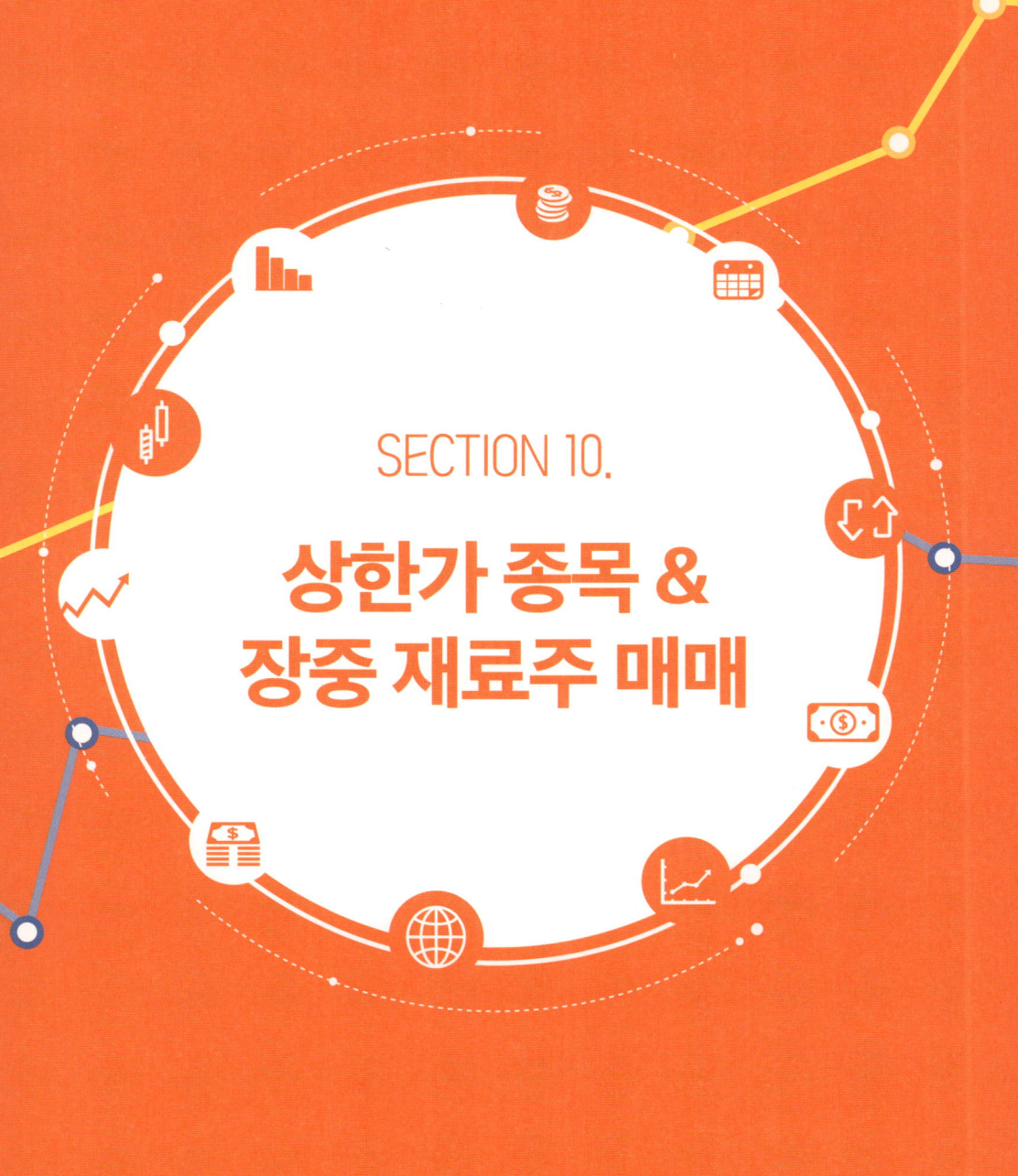

48

상한가 마감 후 다음 날 갭 하락이라면?

2018년 1월 10일 '라이브파이낸셜(씨티엘)-라이브플렉스 세계 최초 월정액제 가상화폐 거래소 출시 예정'이라는 뉴스가 증권사 홈트레이딩시스템에 기사로 나와 상한가로 갔습니다.

2018년 1월 초에는 가상화폐 관련주가 코스닥 테마의 중심에 있었고, 가상화폐와 관련된 좋은 기사만 나와도 상한가로 가는 시기였습니다. 시황 매매를 하는 단타 매매 투자자들은 시황에 좋은 기사들을 보고 적극 매수에 가담했습니다.

'주식도 패션이다'라는 말이 있듯이 가상화폐주가 강세일 때는 가상화폐주가 주식시장에서는 최고의 수익을 낼 수 있는 종목입니다. 시장에서 가장 주도적인 역할을 하는 종목군들을 매매해야 항상 수익을 많이 올릴 수 있습니다.

시황창에 나온 라이브파이낸셜(씨티엘) 기사

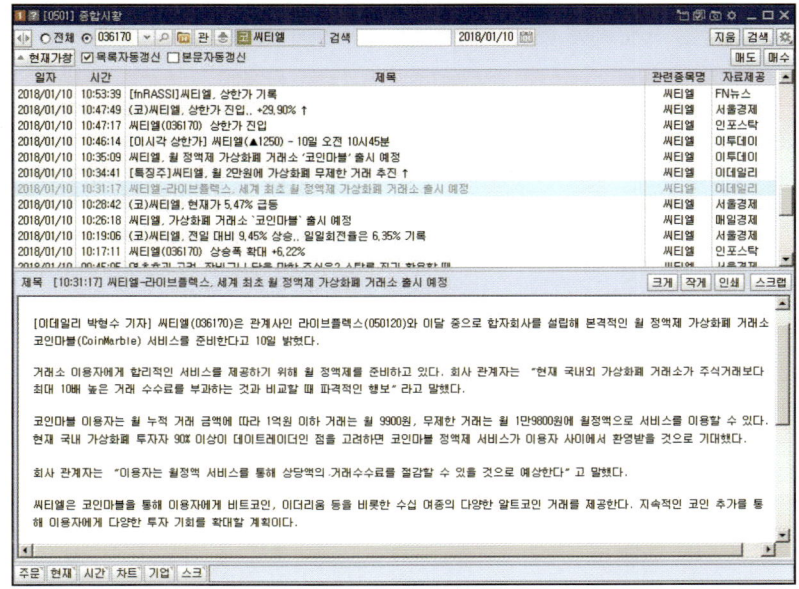

라이브파이낸셜(씨티엘) 1분봉 차트: 2018년 1월 10일

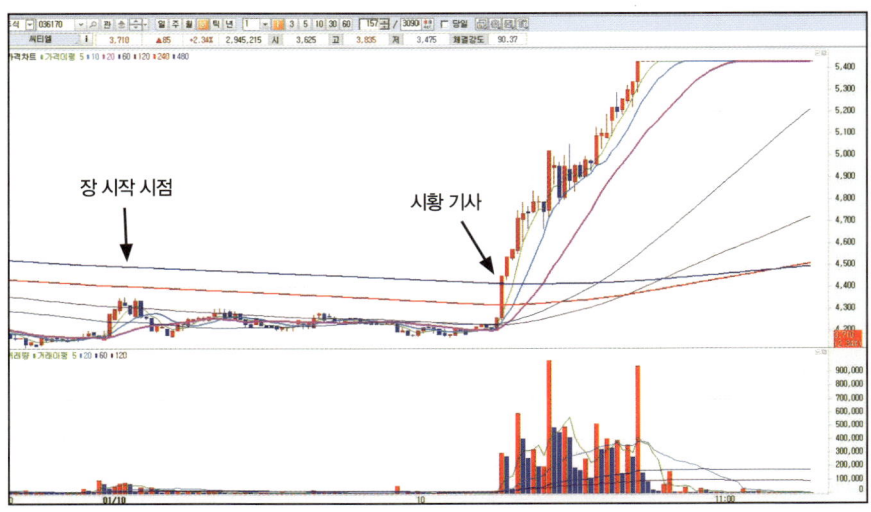

라이브파이낸셜(씨티엘)의 1분봉 차트에서 보이듯, 시황에 '라이브파이낸셜(씨티엘)-라이브플렉스 세계 최초 월정액제 가상화폐 거래소 출시 예정'이라는 기사가 나온 이후 분봉 차트의 모습입니다. 이 날부터 1분봉 차트에서 10분봉 이동평균선을 한 번도 이탈하지 않고 상승해서 상한가로 진입한 모습입니다. 현재가창에서 매수·매도의 체결량과 1분 동안 아래위로 왔다 갔다 하는 호가창을 보고 있으면 사실 끝까지 홀딩하기가 쉽지 않습니다. 앞으로는 현재가창과 호가창을 보지 말고 꼭 분봉 차트만을 신뢰하십시오. 그리고 차트가 꺾이지 않으면 끝까지 홀딩해서 크게 수익을 내보십시오.

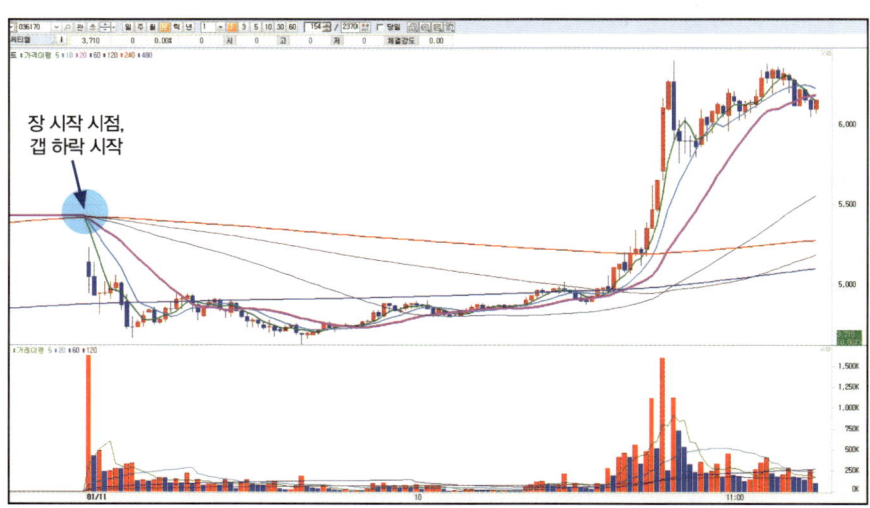

▮ 라이브파이낸셜(씨티엘) 1분봉 차트(2018년 1월 11일) ▮

그다음 날 라이브파이낸셜(씨티엘)은 시장 상황의 변동이 생겨서 장전에 매도물량이 출회되었고, 대량 거래가 터진 후 갭 하락으로 출발했습니다. 이럴 경우는 전날 상한가에 매수한 투자자는 대부분 시초가 부근에서 물량을 모두 매도하게 됩니다. 장 시작 후 대개 1시간에서 2시간 후 세력들이 물량을 받으면 반드시 보합이나 플러스의 시세를 한 번은 준다는 것을 보여주는 분봉 차트입니다.

아침 9시에 갭 하락으로 시작해서 장중 저점을 꼭 확인하십시오. 저점을 이탈하지 않으면 한두 시간 조정 후 꼭 시세를 한 번 주고 다시 내려온다는 것을 명심해야 합니다. 이날 라이브파이낸셜(씨티엘)은 9시 장 시작 후 1시간 반 정도 조정하고, 10시 40분경부터 급격하게 상승해서 시세를 준 모습입니다.

주가가 상승하다가 1분봉 차트에서 20분봉 이동평균선을 이탈하면 꼭 매도로 대응해야 합니다.

49
종가 홀딩 종목
결정하기

당일 종가 무렵에 홀딩할 종목은 14시 이후에 일봉 차트가 좋은 종목으로 선정합니다. 시장 상황을 보면서 종가 홀딩 종목을 14시 30분에서 15시 사이에 분할로 매수합니다. 셀트리온, 신라젠 같은 코스닥 대형주는 14시 30분 기관과 외국인 집계를 확인한 후 일반투자자들은 매수에 가담하게 됩니다. 기관과 외국인이 양매수세로 집계가 나오면 장 막판에 개인투자자들의 매수세가 더해져 주가가 상승할 확률이 높습니다. 종일 횡보하던 주가가 14시 30분 이후에 급격히 상승해서 수익을 내는 경우 기관과 외국인의 양매수 종목에 개인투자자의 매수세가 집중되면서 장 마감 한 시간 정도를 남겨두고 상승하는 경우가 많다는 것을 명심하십시오.

장 막판 상승폭이 크고, 또 동시호가의 상승폭이 큰 종목은 시간외 매도 물량이 나올 확률이 높습니다. 때문에 동시호가에 일부 물량을 정리하는 것도 하나의 방법입니다. 한번 상상해보십시오. 내가 가진 주식이 내일 아침에 갭 상승으로 출발하면 차트는 어떤 모습일까요?

주식은 52주 신고가를 돌파하려는 종목이나 신고가 돌파 후 조정하는 종목 위주로 매매해야 합니다. 그것이 곧 수익과 연결됩니다. 그래서 주가가 추가 상승하더라도 매물이 그만큼 없는 것입니다. 신고가 종목의 경우는 급등주는 일봉상 5일 이동평균선을 이탈하지 않으면 홀딩하고, 5일 이동평균선에서 이탈해도 10일 이동평균선, 20일 이동평균선 정도까지 추세가 살아있으면 반드시 홀딩해서 수익을 극대화해야 합니다.

코스피와 코스닥에서 시가총액이 큰 종목을 매매할 경우 장중에 기관과 외국인 매수 동향을 확인하면서 매매해야 합니다. 기관과 외국인이 매수한 종목의 주가는 상승할 확률이 높기 때문에 그러한 종목 위주로 매매하는 것이 좋습니다.

대형주들의 경우 9시 50분, 11시 30분, 13시 30분, 14시 30분에 기관과 외국인 장중 매매집계 동향을 반드시 확인하면서 매매해야 합니다.

50 상한가 출발 시 분할 매수

좋은 재료가 나와서 어떤 종목이 점상한가(오전 동시호가에서 상한가로 결정되는 종목)로 시작할 경우에는 상한가에 주문을 해서 100주라도 잡는 방법을 터득해야 합니다.

상한가 분할 매수주문은 각 증권사마다 8번까지는 경고 기준에 해당되지 않습니다. 그리고 상한가에 800주를 매수해서 당일 상한가를 지키면 다음 날 갭 상승의 폭만큼 수익을 올릴 수 있습니다.

동시호가 주문 시간은 7시 50분부터 9시 사이이며, 상한가 분할 매수주문은 수량의 우선, 시간 우선의 원칙이 적용됩니다. 즉 수량을 많이 넣은 주문에 대해 우선 100주식씩을 배분하게 됩니다. 만약 1만 주를 매수주문 넣은 사람이 있고, 9,999주를 매수주문 넣은 사람이 있다면 우선 1만 주를 넣은 사람에게

100주를 주고, 그다음 9,999주와 9,998주를 매수주문한 사람의 순으로 배분합니다.

만약 내가 110주와 200주를 상한가 매수주문에 넣었다고 하면 온종일 매수주문을 취소하면 안 됩니다. 내 주문 차례가 돌아올 때까지 기다려야 합니다. 장 마감 무렵에 100주가 매수되는 경우도 있습니다.

상한가 분할 매수주문은 꼭 9시 이전에 해야 하며 100주를 배분할 때는 수량 우선의 원칙, 즉 수량을 많이 넣은 주문을 우선으로 100주씩 나누어줍니다. 100주를 다 배분하고 나면 그다음으로 가장 많이 넣은 주문 건을 우선으로 500주를 배분합니다. 500주를 주문 순서대로 또 배분하고 나면, 그다음 순서에 1,000주를 배분합니다. 상한가 수량 분배는 100주, 500주, 1,000주, 2,000주, 잔량의 2분의 1, 잔량으로 배분됩니다.

장후나 장전에 재료가 나와서 점상한가로 가는 종목의 예측은 매수호가가 보이는 8시 10분 호가에 매도 물량의 20배 이상으로 상한가 매수 잔량이 있으면 당일 상한가로 출발할 가능성이 높습니다. 상한가 분할 매수는 대부분 8시 55분 이후에 집중적으로 주문이 들어오게 됩니다.

상한가 매수 물량이 500만 주이고, 매도 물량이 100만 주일 경우는 600주를 주문해서 모두 매수할 수도 있습니다. 하지만 이런 경우 상한가로 출발해도 바로 상한가에서 이탈할 수도 있으니 항상 조심해야 합니다.

링크제니시스란 종목이 무상증자 후 권리락으로 인해 점상한가가 나왔습니다. X-Ray 현재가창에서 100주라도 매수하기 위해 주문한 내역을 보니 한 건의 매수 주문이 7만 주 이상인 것도 있고, 주문 건수도 많음을 볼 수 있습니다.

링크제니시스 점상한가 X-Ray 화면

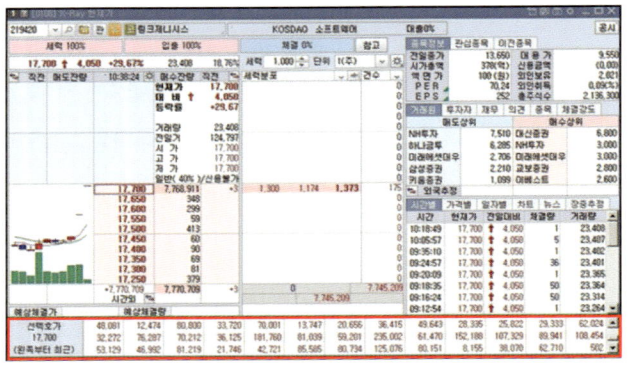

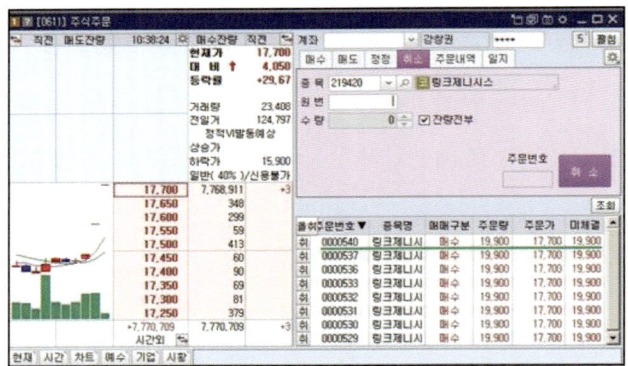

이날 필자도 1만 9,900주를 8번 매수주문을 했는데도 당일 거래량이 2만 5,310주밖에 되지 않아 100주도 잡지 못했습니다. 좀 더 많은 수량의 주문을 상한가로 넣어야 100주라도 잡을 수 있었던 날이었습니다.

이런 호가의 주문을 보면 주식시장에는 정말 돈이 많은 사람들이 많구나 하는 생각이 듭니다. 링크제니시스 주식의 7만 주 매수주문이면 12억 원가량 됩니다. 보통의 증권사들은 8번 분할 매수까지는 경고 기준에 해당되지 않기 때문에 큰돈을 가지고 있는 투자자라면 8번이라도 분할 매수해서 800주라도 매수한다면, 다음 날 상한가로 출발하게 될 경우 약 424만 원의 수익이 발생합니다. 그러므로 분할 매수주문을 해서 자신의 매수주문이 체결될 때까지 온종일 기다리게 되는 겁니다.

매도 물량이 많은 경우에는 9시 장 시작 후 바로 100주 매수가 체결되기 때문에 자신의 매수주문 물량이 체결되고 나면 나머지 잔량의 미체결 물량은 전부 취소됩니다. 때문에 상한가 매수 잔량이 현저하게 줄어들게 되는 것입니다.

대부분의 증권사 홈트레이딩시스템에는 스톱로스라는 기능이 있습니다. 이 스톱로스 기능을 활용하면 컴퓨터가 자동으로 매도해주는 기능입니다. 금액이 크지 않는 주문이면 주문 종류를 시장가로 해두십시오. 지정한 금액대가 오면 자동으로 매도되기 때문에 주문 조건에 자동으로 꼭 지정해야 합니다. 처음에 자동주문을 하면 증권사 동의화면을 한 번 더 체크해야 합니다. 큰 금액으로 투자하는 경우에는 시장가 매도는 하지 않는 것이 좋습니다.

2018년 5월 26일(토) 남북정상이 극비리에 판문점 북측지역 판문각에서 만나 2차 남북정상회담을 개최하였습니다. 북미회담이 결렬될 위기였는데, 이 회담으로 싱가포르에서 다시 북미회담이 열리게 되었습니다. 주식시장에 개장하는 다음 주 월요일 장시작과 함께 남북경협주들이 초강세로 시초가가 시작하였고 대아티아이, 부산산업은 점상한가(시초가부터 상한가로 시작하여 장 마감까지 상한가로 마감)로 시초가를 시작했습니다. 현재가 호가창을 보면 거래량이 550만 주 정도 되었고 상한가 매수 잔량이 360만 주 이상 쌓여 있는데, 이럴 경우 내가 1만 주를 상한가에 매수하고 싶다면 한꺼번에 1만 주를 주문하는 것보다는

3,600주씩 3번 정도 분할해서 주문하면 됩니다. 상한가 주식 배분의 원칙에 따라서 제일 먼저 각 주문에 대하여 100주씩 나누어 주고 그리고 500주, 1,000주, 2,000주씩 배분하게 됩니다. 이날의 경우에는 워낙 상한가에서 거래가 많이 되어서 1만 주를 한꺼번에 주문해도 거의 매수가 다 되었겠지만 상한가에서 100만주 이내로 거래량이 발생했다고 가정하면 상한가 배분이 100주, 500주 1,000주까지 배분되었다고 가정하면, 1만 주 1건의 주문에 대하여 1,600주만 매수가 되었을 것이고 3,600주씩 3건의 매수주문을 했다면 1,600주×3＝4,800주가 매수되는 것입니다.

▌ 대아티아이 현재가 화면 ▌

여러 건으로 분할해서 매수주문을 하는 것이 수량을 조금이라도 더 매수할 수 있으므로 유리합니다. 분할 매수주문은 8번 이상은 증권사에서 유선 경고에 받을 수가 있으니 최대 8번까지만 주문하시기 바랍니다.

시초가가 점상한가로 출발 시 동시호가 이전의 매수주문에 대하여 상한가에 수량을 많이 주문한 사람에게 우선 배분됩니다. 주식배분의 수량은 100주, 500주, 1,000주, 2,000주… 이런 식으로 배분하게 됩니다. 부산산업의 경우에는 워낙 이날 거래량이 없기 때문에 상한가에 아무리 많은 매수주문을 하더라도

부산산업의 현재가 화면

100주씩만 배분되었습니다. 거래량이 적은 경우에는 상한가에 매수 수량을 적게 넣은 주문의 경우에는 장 마감까지 기다려도 100주가 배분이 되지 않습니다. 대부분의 일반투자자는 이런 원칙을 모르기 때문에 상한가에 무조건 매수주문을 하고 기다리는데, 상한가 배분의 원칙을 꼭 숙지해서 매매하시기 바랍니다. 상한가 매수 잔량이 장 마감 부근까지 유지되는 것은 투자자들이 상한가에 주문을 했는데 100주도 체결되지 않았기 때문에 매수주문을 취소하지 않아 상한가 잔량이 계속 그대로 유지가 되는 것입니다.

대아티아이, 부산산업이 똑같은 점상한가를 출발해도 대아티아이의 경우에는 상한가에 거래량이 많아서 주문한 건수에 대하여 많은 수량이 배분되는 것입니다. 그리고 부산산업 같은 경우에는 거래량이 2만 6,477주, 상한가 매수 대기 물량이 38만 3,802주가 쌓여 있으므로 100주를 배분받으려면 최소 2,000주 이상 상한가에 매수주문을 해야 할 것입니다. 이렇게 상한가에서 거래량이 작은 주식은 많은 수량을 상한가에 매수주문을 해야 100주라도 매수할 수 있기 때문에 개미투자자들은 매수주문을 해도 100주의 수량을 매수하기가 사실 어렵습니다. 결국 거래량이 많지 않은 점상한가의 경우 돈이 많은 세력들만 분할 매수해서 몇백 주라도 잡을 수 있는 것입니다.

여기서 명심할 것은 장 시작 동시호가가 끝나고 상한가에 아무리 주문을 해도 점상한가 종목은 절대 매수할 수 없다는 것도 기억해두십시오. 반드시 장 시작 동시호가가 체결되기 전에 매수주문을 해야 한다는 것입니다.

51

더 뜨기 전
장중 재료주를 매매하라!

미스리 메신저는 비즈니스용 메신저로 2000년 서비스가 시작된 이후 증권과 언론 분야에서 정확하고 빠른 전송 기술과 깔끔한 인터페이스를 활용하여 정보를 전달하는 수단으로 이용되고 있습니다. PC와 스마트폰에서 동시에 사용이 가능한 무료 메신저 프로그램입니다.

 실시간으로 좋은 기사가 인터넷 매체에 나오면 주식시장에 가장 먼저 메신저를 돌리는 사람, 소위 말하는 메돌이란 친구들이 단타 매매하는 전업투자자에게 미스리메신저나 텔레그램메신저를 통해서 전파합니다. 좋은 재료가 메신저를 통해 돌면 한 차례 주가가 상승합니다. 기자들에게도 이런 내용들이 제보되고, 좋은 재료나 내용이다 싶으면 특징주 관련 기사를 쓰게 됩니다. 좋은 재료가 있는 종목들은 거의 기사화되기 전에 선취매를 통해 많이 매수해서 주가가 상승해 있는 경우가 많습니다. 아무리 좋은 내용의 기사라 할지라도 시황 매매를 하는 투자자들은 1분봉 차트를 보고 주가가 많이 올랐다 싶으면 절대 매수에 가담해서는 안 됩니다. 이때에는 한 템포 쉬었다가 선취매로 물량을 매도한 후 다시 주가가 상승하면 그때 매수에 참여하는 것이 좋습니다.

미스리메신저 사이트 : www.misslee.net

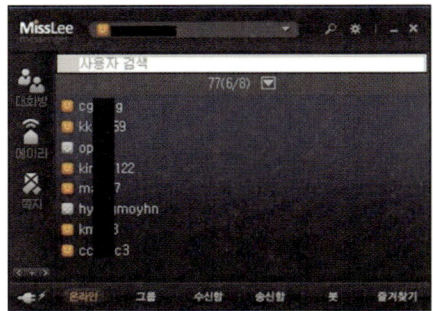

텔레그램

텔레그램은 광고 없는 오픈소스 메신저입니다. 2013년에 러시아인이 만든 무료 메신저 프로그램으로, 지금은 독일 텔레그램 메신저 LLP사가 개발과 운영을 맡고 있습니다. 국내 정부가 유언비언 단속을 이유로 카카오톡에 검열 의지를 보이자 전업투자자들을 중심으로 불안감을 번지게 되었습니다. 이에 정보 보호가 탁월한 메신저인 텔레그램을 많은 주식투자자가 사용하고 있습니다.

텔레그램은 속도와 보안에 집중한 메신저로 최대 5,000명까지 참석할 수 있는 슈퍼그룹방을 만들 수 있습니다. 또한 최대 100명에게 단체 메시지를 보낼 수

텔레그램 대화창

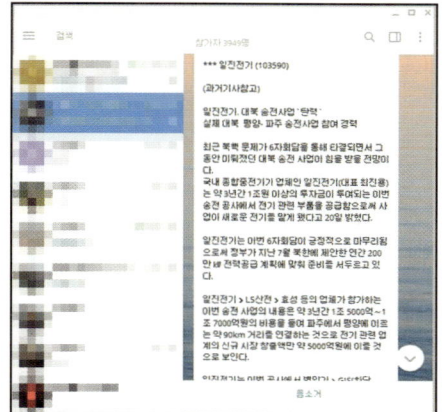

있습니다. 텔레그램의 서버는 외국에 있기 때문에 카카오톡보다 보안이 잘되어 여의도 증권가에서 많이 사용되고 있습니다.

52 선물옵션 만기일 종목 프로그램 매수

선물옵션 만기일인 3월, 6월, 9월, 12월 둘째 주 목요일에는 종목별 장 마감 동시호가에 프로그램 매수가 집중적으로 들어올 수 있습니다. 프로그램 매매 종

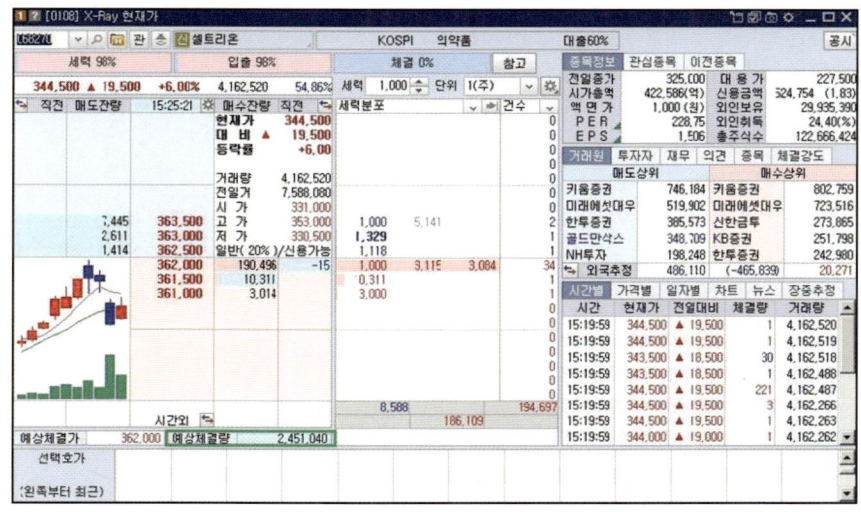

목별 잔량/사전공시 화면은 15시 15분까지 볼 수 있습니다. 프로그램 매수가 많이 들어와 있는 종목 중 가끔 동시호가에 호가를 제법 띄우는 경우도 있으므로 참고하시기 바랍니다.

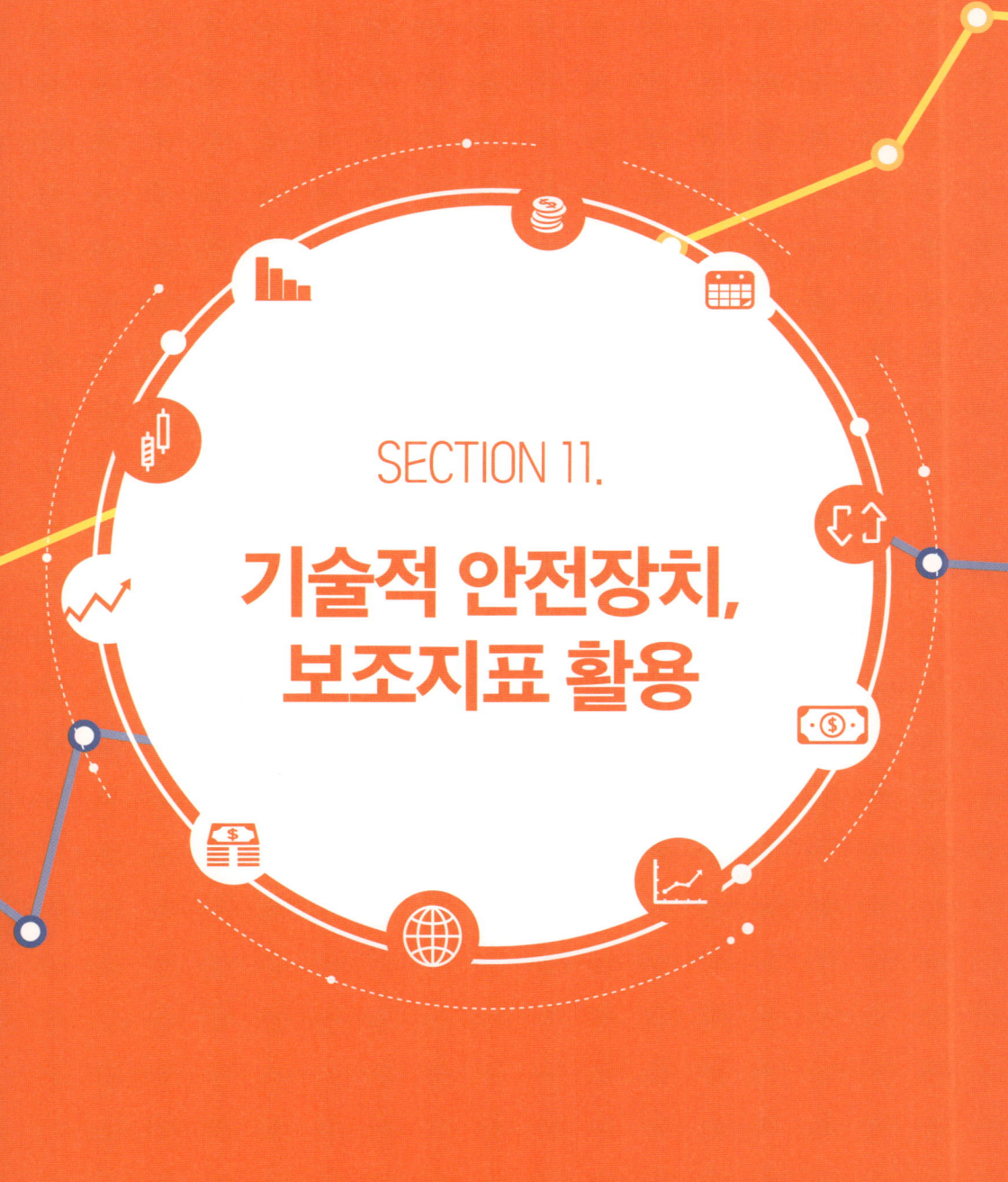

53

MACD

보조지표는 추세지표, 모멘텀지표, 변동성지표, 시장강도지표 등 여러 가지 보조지표가 있으며, 매매 시 보조적인 역할을 합니다. 단타 매매를 하는 필자는 후행성 지표인 보조지표를 거의 사용하지 않습니다.

보조지표 중에서 MACD, 일목균형표, 스토캐스틱, 볼린저밴드, 심리선 정도가 가장 보편적인 보조지표로 사용되고 있습니다.

보조지표는 보조지표일 뿐 절대적 신호가 아니기 때문에 매매 시 참고만 하면 됩니다. 중·장기투자자들은 보조지표가 약간의 도움은 될지 모르겠지만 스캘퍼나 데이트레이딩을 하는 투자자들에게는 후행성인 보조지표는 크게 도움이 되지 않습니다.

주식 매매에서 가장 중요한 것은 보조지표가 아니라 '주가의 거래량'입니다.

지표는 숨길 수 있을지라도, 거래량은 결코 숨길 수 없습니다. 거래량은 세력들의 움직임을 알려주는 가장 완벽한 지표라고 할 수 있습니다.

보조지표보다는 아주 간단한 매매지만 캔들과 거래량 그리고 이동평균선을 보고 주식을 매매하는 것이 최고의 매매 방법이 아닐까 생각합니다.

〈최고의 주식 매매 방법〉

1. 캔들 매매
2. 캔들 + 거래량 매매
3. 이동평균선 매매
4. 이동평균선 + 거래량 매매

MACD는 중·장기 주가 흐름을 예측한다

MACD(Moving Average Convergen and Divergence)는 주식투자자들 사이에서 가장 많이 쓰이는 보조지표입니다. MACD의 원리는 장기 이동평균선과 단기 이동평균선이 서로 멀어졌다가 다시 가까워져 어느 시점에서 이 두 신호가 서로 교차한다는 성질을 이용하는 것입니다. 즉 두 개의 이동평균선이 멀어지게 되는 가장 큰 시점을 찾고자 하는 것입니다. 주가의 단기적인 흐름보다는 중·장기적인 방향성 결정에 유용한 지표입니다.

MACD 곡선이 시그널 곡선을 상향 돌파할 때를 매수 시점으로, 하향 돌파할 때를 매도 시점으로 인식합니다. MACD 값이 0선을 상향 돌파할 때를 매수 시점으로, 0선을 하향 돌파할 때를 매도 시점으로 인식합니다.

위 차트에서 MACD 곡선이 시그널 곡선을 상향 돌파하는 보라색 화살표는 매수 시점, MACD 곡선이 시그널 곡선을 하향 돌파하는 녹색 화살표는 매도 시점을 나타냅니다.

54 일목균형표

일목균형표는 시간 개념으로 이루어진 지표

일목균형표란 일본에서 개발된 지표로 주가의 움직임을 5개의 의미 있는 선과 2종류의 구름층을 이용하여 미래의 주가를 예측하는 분석 기법입니다. 5개의 선은 전환선, 기준선, 후행스팬, 선행스팬 1, 선행스팬 2로 이루어져 있으며, 2종류의 구름층은 양운과 음운으로 이루어져 있습니다.

전환선

최근 9일간의 최고점과 최저점의 중간 값을 연결해서 만든 선입니다(9일 이동평균선과 비슷합니다). 전환선의 기본 세팅은 9로 되어 있습니다. 최근 9일간의 최고가와 최저가의 평균이란 뜻입니다. 전환선이 기준선 위에 위치하면 매수 시점

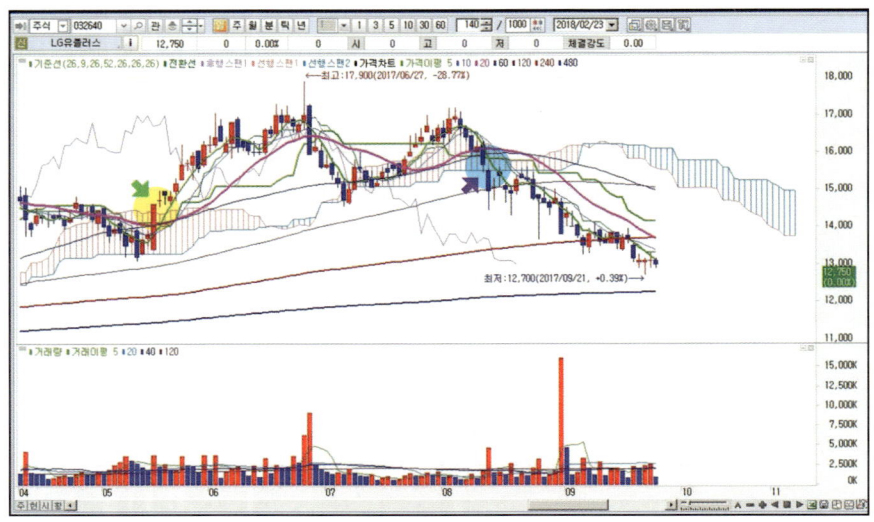

으로, 전환선이 기준선 밑에 위치하면 매도 시점으로 인식합니다.

기준선

최근 26일간의 최고점과 최저점의 중간 값을 연결해서 만든 선입니다(26일 이동평균선과 비슷합니다). 당일을 포함해서 과거 26일간의 최고치와 최저치의 중간 값을 평균선으로 나타낸 것으로 이는 중기 이동평균선으로 해석됩니다. 주가가 기준선 위에 있으면 중기세력이 매수 쪽이 우세이고, 주가가 기준선에 위치하고 있으면 매수·매도가 균형을 이루는 것입니다. 그리고 주가가 기준선 아래에 있으면 중기세력의 매도세가 우위에 있는 것입니다.

실전투자에서는 대부분 기준선 부근에 지지가 되는지 아닌지를 많이 봅니다.

주가가 상승하다 조정을 받게 될 경우 기준선 부근을 지지하고 상승하면 기준선 조정을 한 것으로 매수합니다. 그리고 기준선을 하향 이탈하면 매수를 보류합니다.

후행스팬

현재의 주가를 26일 전 위치에 표시하는 것입니다. 후행스팬이 26일 전 주가를 상향 돌파하면 매수 시점이 되고, 반대로 하향 돌파하면 매도 시점으로 간주합니다.

선행스팬 1

전환선과 기준선의 평균치를 구해서 당일 포함 26일 이전으로 선행해서 그린 선으로 중·장기 구간의 힘을 보여주는 선입니다.

선행스팬 2

당일을 포함 52일간의 최고점과 최저점의 평균을 26일 이전에 위치시켜서 만든 선으로 가장 장기적인 힘을 보여주는 선입니다.

구름대

구름대가 두꺼울수록 현 추세에 대한 신뢰도가 높다는 뜻입니다. 그리고 구름대가 얇아지면 주가의 추세가 반전 가능성이 높다는 것을 의미합니다. 주황색 구름은 양운으로 상승 추세를, 파란색 구름은 음운으로 하락 추세를 나타냅니다.

선행스팬 1과 선행스팬 2와의 사이를 구름대라고 하며, 주가가 구름대를 상향 돌파하면 매수 시점, 하향 돌파하면 매도 시점이 됩니다. 또한 상승 추세에서는 지지대 역할을 하고, 하향 추세에서는 저항대 역할을 합니다.

차트에서 주가가 구름대를 상향 돌파하는 초록색 화살표 부분이 매수 시점이 되고, 주가가 구름대를 하향 이탈하는 보라색 화살표 부분이 매도 시점이 됩니다.

55 스토캐스틱
(Stochastics)

백분율로 나타낸 단기 기술적 지표

스토캐스틱은 일정 기간 동안의 가격 범위에서 주가의 종가가 어디에 위치하는지를 계산하여 가격의 모멘텀을 측정하는 단타 매매용 기술적 지표입니다. 스토캐스틱은 슬로 스토캐스틱(Slow Stochastics)과 패스트 스토캐스틱(Fast Stochastics)으로 나뉘는데, 실전에서는 슬로 스토캐스틱을 더 많이 사용합니다.

스토캐스틱은 %K선과 %D선을 구하여 두 선이 교차하는 지점과 두 선의 값으로 매매 신호를 잡아내는 방식입니다. 스토캐스틱의 왼쪽 상단에 기간 값이 표시되어 있는데, 〈Fast%K5〉는 기간을 5일 기준으로 했다는 의미이고, 〈Fast%D3〉은 기간을 3일 기준으로 했다는 의미입니다.

%K선이 %D선을 상향 돌파할 때를 매수 시점으로, 하향 돌파할 때를 매도 시점으로 인식합니다. 지표 값이 80 이상일 때는 주가가 과열 국면으로 해석하여 매도 시점으로, 20 이하일 때는 주가가 바닥권으로 인식되어 매수 시점으로 봅니다.

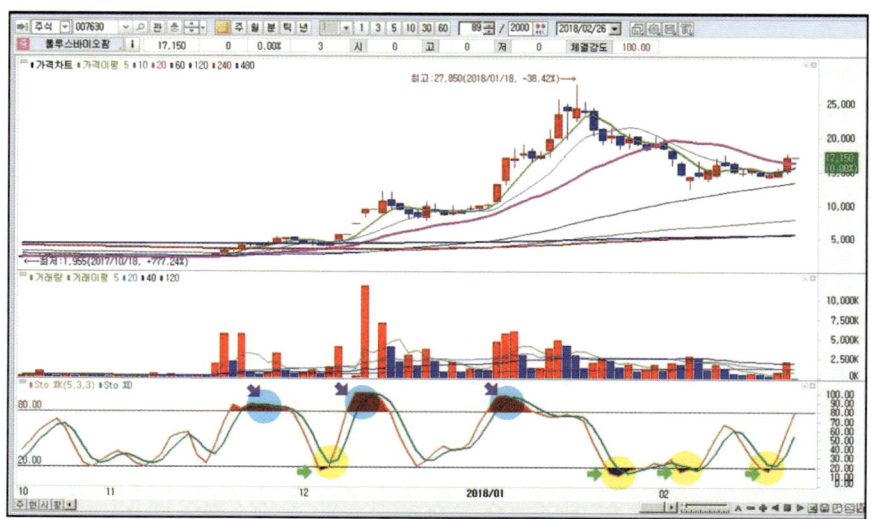

지표값이 80 이상인 보라색 화살표는 매도 시점으로, 20 이하인 녹색 화살표는 매수 시점으로 봅니다.

볼린저밴드
(Bollinger Band)

월가 역사상 최고의 승률을 자랑하는 존 볼린저의 이론

존 볼린저가 1980년대에 개발한 기술적 분석 도구입니다. 주가 변동에 따라 상하 밴드의 폭을 같이 움직이게 합니다. 주가의 움직임을 밴드 범위 내로 한정하여 주가가 상한선과 하한선을 경계로 등락을 거듭하는 경향이 있음을 전제합니다.

볼리저밴드는 중간밴드(20일 이동평균선)가 기준이 되고 상단 밴드와 하단 밴드로 둘러싸여 있습니다. 주가의 변화가 작을 때는 밴드 폭이 좁아지고, 주가의 변동폭이 클 때는 밴드 폭이 넓어집니다. 주가가 밴드를 벗어나는 경우는 주가의 급등이나 급락할 때입니다.

볼린저밴드를 이용한 매매 방법은 주가가 볼린저밴드 중심선을 상향 돌파하면 매수 시점으로, 하향 돌파하면 매도 시점으로 봅니다. 또한 볼린저밴드 상·하단 밴드를 이용한 매매 방법은 주가가 상위 밴드에 도달하면 매도 신호로, 반대로 하위 밴드에 오면 매수 신호로 봅니다.

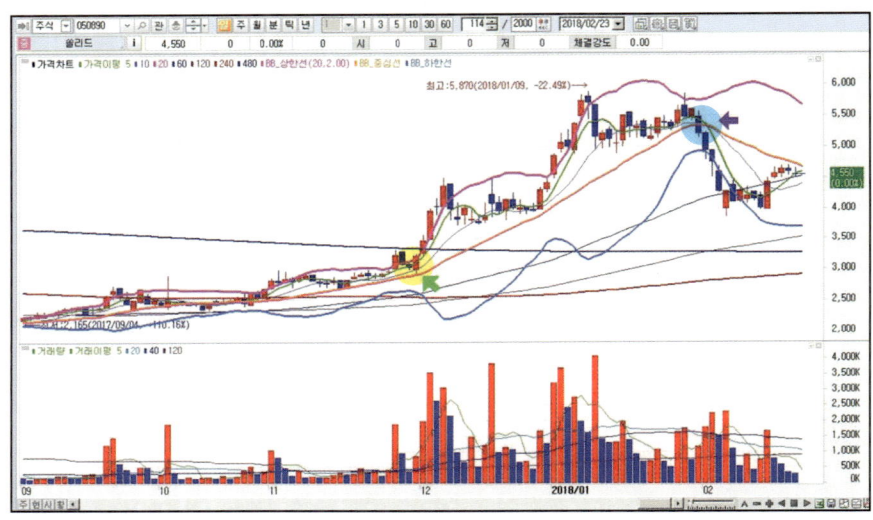

볼린저밴드 중심선을 상향 돌파하는 녹색 화살표는 매수 시점으로, 볼린저밴드 중심선을 하향 이탈하는 보라색 화살표는 매도 시점으로 봅니다.

이격도

주가와 이동평균선 간의 괴리 정도를 보여주는 지표

주가는 이동평균선으로부터 멀어지면 다시 이동평균선으로 회귀하려는 특성이 있는데, 이 성질을 수치화한 것을 이격도라고 합니다. 이격도란 주가가 이동평균선과 어느 정도 떨어져 있는가를 측정하여 매매 시점을 파악하는 지표입니다.

이격도는 차트에서 주가와 이동평균선 간의 괴리 정도를 보여주는 지표로 당일의 주가를 당일의 이동평균선으로 나눈 뒤 100을 곱한 값으로 단타 매매 시점을 포착하는 기술적 지표로 사용됩니다. 단기 이동평균은 20일을, 장기이동평균은 60일을 주로 이용하여 분석합니다.

- **상승 국면일 경우**
  - 20일 이동평균인 경우 106% 이상이면 매도 시점, 98% 수준이면 매수 시점
  - 60일 이동평균인 경우 110% 이상이면 매도 시점, 98% 수준이면 매수 시점

- **하강 국면일 경우**
  - 20일 이동평균인 경우 102% 이상이면 매도 시점, 92% 수준이면 매수 시점
  - 60일 이동평균인 경우 104% 이상이면 매도 시점, 88% 수준이면 매수 시점

이격도가 100%보다 높을 경우에는 단기적으로 주가가 상승되었다는 의미입니다. 반대로 이격도가 100%보다 낮을 경우에는 단기적으로 주가가 하락했다는 의미입니다. 이격도가 100%일 경우에는 주가와 이동평균선이 같은 자리에

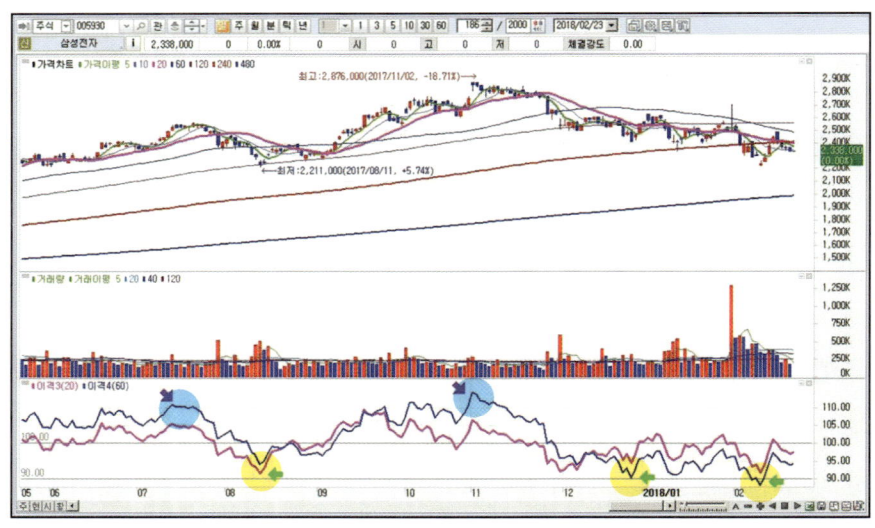

있음을 의미합니다.

  차트에서 이격도에서 상승 국면일 때는 60일 이동평균인 경우 110% 이상인 보라색 부분이 매도 시점입니다. 20일 이동평균인 경우 92% 수준, 60일 이동평균인 경우 88% 수준인 녹색 화살표 부분이 매수 시점이 됩니다.

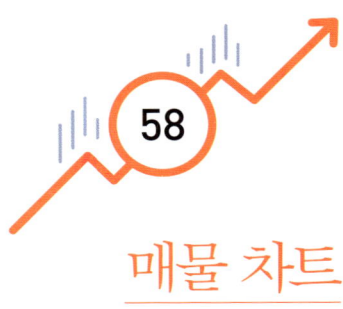

매물 차트

매물대가 몰려 있는 가격대를 알려주는 지표

매물 차트란 일정한 가격대에서 거래된 매물을 막대그래프로 표시한 차트입니다. 가격대별 거래량의 비율을 바 형식으로 구현한 차트는 주가의 매물대 가격 분석을 할 때 사용됩니다.

막대그래프의 길이가 긴 곳은 누적 거래량이 많은 가격대의 매물대라고 볼 수 있습니다. 주가가 매물대 위에 있으면 매물대는 주가의 지지 구간 역할을 하고, 주가가 매물대 밑에 있으면 매물대는 주가의 저항 구간의 역할을 합니다.

누적 거래량이 적은 구간에서는 매물대가 많이 없으므로 주가가 빠른 속도로 움직일 수 있는 구간입니다.

▮ 신라젠의 매물 차트 ▮

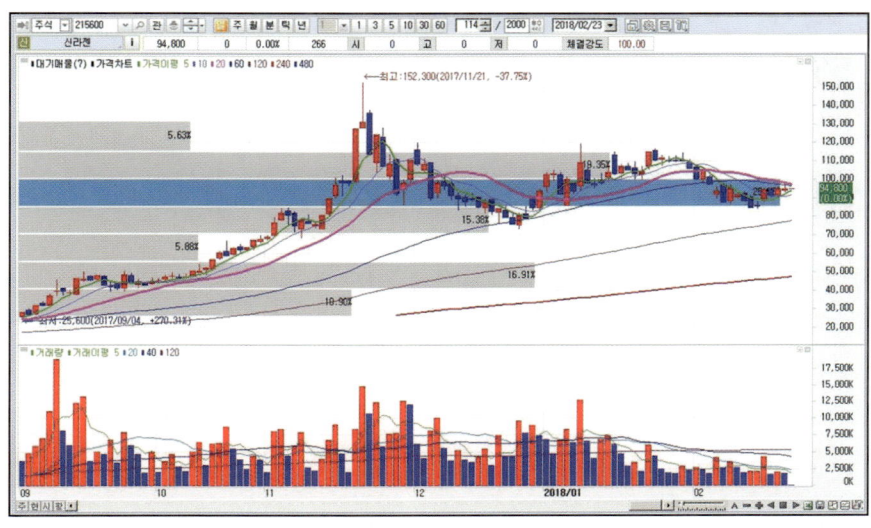

59 선 차트

주가의 등락을 캔들이 아닌 선으로 보여주는 것

선 차트는 간단하게 종가만을 이어 만든 선형 차트로 라인 차트라고도 부릅니다. 사용자는 자신이 원하는 색으로 변경할 수 있습니다.

단기 과열 종목으로 지정되면 30분마다 매매를 하게 됩니다. 단기 과열 종목은 일봉 체결 가격이 일봉 차트에서는 점으로 표시됩니다. 이를 선 차트로 바꿔보면 점이 선으로 연결되어 보이므로 주가의 쌍바닥을 확인할 때 유용하게 활용할 수 있습니다. 30분마다 단일가 매매를 하는 단기 과열 종목에서 활용할 수 있습니다.

에스티큐브 1분봉 차트를 선 차트로 바꾸면 다음과 같은 모양이 됩니다. 녹색 선처럼 단기 바닥을 확인할 때 선 차트로 보면 쉽게 알 수 있습니다.

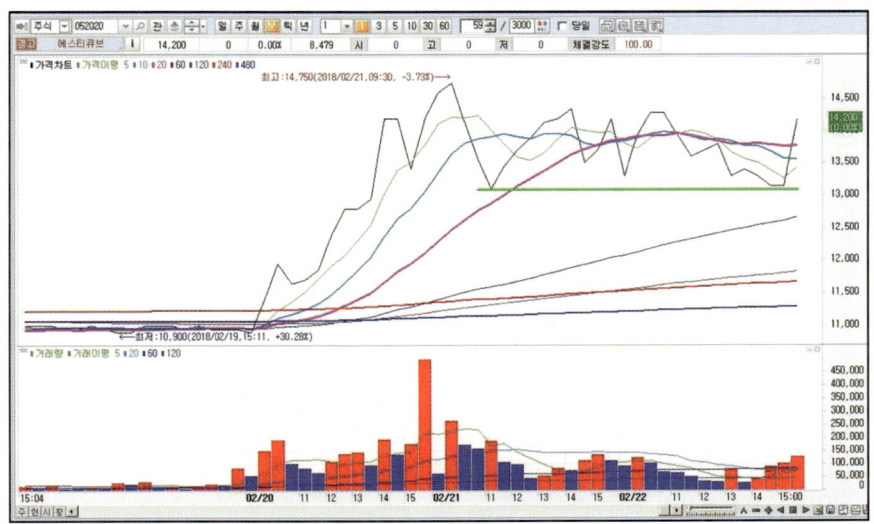

▮ 에스티큐브 1분봉 선 차트 ▮

단기 과열 종목으로 지정되면 30분마다 매매하는 단일가 매매를 하게 됩니다. 단일가 매매는 장이 열리는 오전 9시부터 30분마다 하게 되므로 분봉 차트처럼 점으로 표기되면 시각적으로 보기 쉽지 않은 단점이 있습니다. 이럴 경우 선 차트로 바꾸어 보면 저점이 어디인지 파악하기 쉬우므로 매수 포인트를 잡는 데 도움이 될 수 있습니다.

RSI
(Relative Strength Index, 상대강도지표)

가장 강력한 신호를 알려주는 지표

RSI는 상대강도지표라고도 하는데, 시장 가격의 변동폭 중에서 상승폭이 어느 정도인지를 분석합니다. 그를 통해 현재의 시장 가격이 상승세라면 얼마나 강력한 상승 추세인지, 그리고 하락세라면 얼마나 강력한 하락 추세인지를 퍼센트로 나타내는 지표입니다.

RSI는 0~100의 수치로 나타냅니다. RSI 값이 30 이하일 경우에는 과매도 국면으로 매수 관점으로 대응하고, RSI 값이 70 이상일 경우는 과매수 국면으로 매도 관점으로 보면 됩니다.

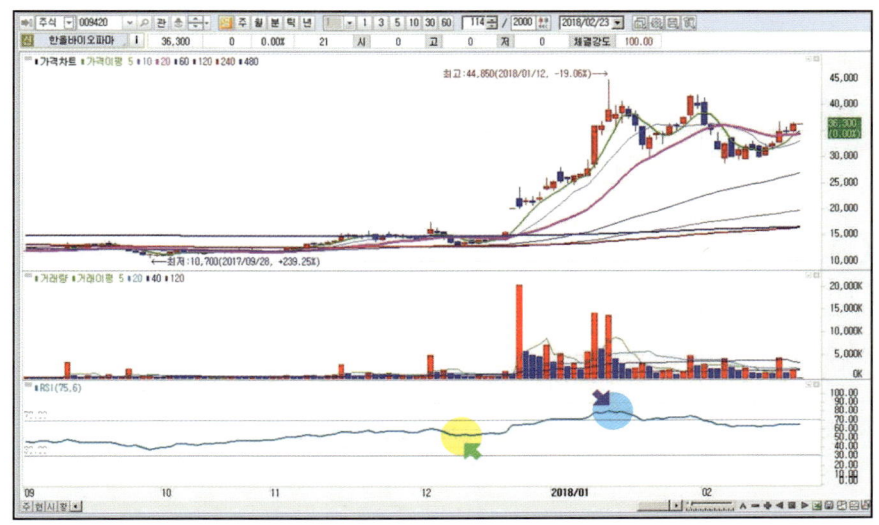

　녹색 화살표 부분이 과매도 국면으로 매수 포인트가 되고, 보라색 화살표 부분이 과매수 국면으로 매도 포인트가 됩니다.

OBV
(On Ballance Volume)

거래량은 항상 주가에 선행한다는 전제

주가와 거래량을 동시에 고려한 지표로 현재 시장이 매집 국면인지 분산 국면인지를 파악할 수 있습니다. 특히 주식시장이 큰 변동 없이 정체 상태에 있을 때 주가의 향후 추세를 예측할 수 있는 지표입니다.

OBV가 증가 추세일 때를 매수 시점으로, OBV가 감소 추세일 때를 매도 시점으로 인식합니다. OBV가 횡보 국면이면 추세 전환 임박 신호로 인식합니다.

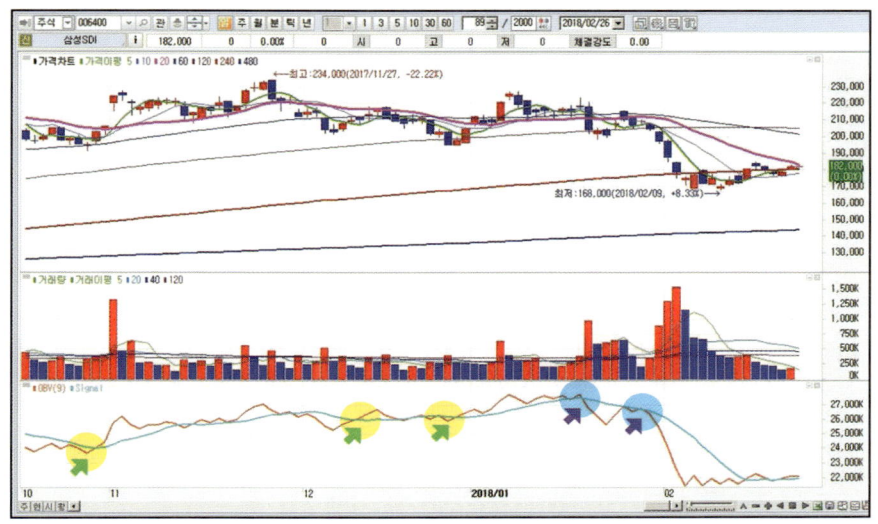

　녹색 화살표 부분에 OBV가 시그널 곡선을 상향 돌파할 때 매수 포인트로, 보라색 부분에 OBV가 시그널 곡선을 하향 이탈할 때 매도 포인트가 되는 것입니다.

심리도

시장의 과열과 침체를 판단하는 지표

심리도는 주식시장이 현재 과열 국면인지 침체 국면인지를 파악하여 단기적 매매 시점을 결정할 수 있는 지표입니다. 시장의 갑작스런 악재나 호재를 즉각 반영시킴으로써 시장의 변화를 신속하고 객관적으로 판단할 수 있도록 해주는 지표입니다.

지표 값이 30% 이하이면 침체 상태로 보고 매수 시점으로, 70% 이상이면 과열 상태로 보고 매도 시점으로 인식합니다. 투자 심리선은 단순히 심리만을 반영한 것이므로, 다른 보조지표와 함께 사용하는 것이 좋습니다.

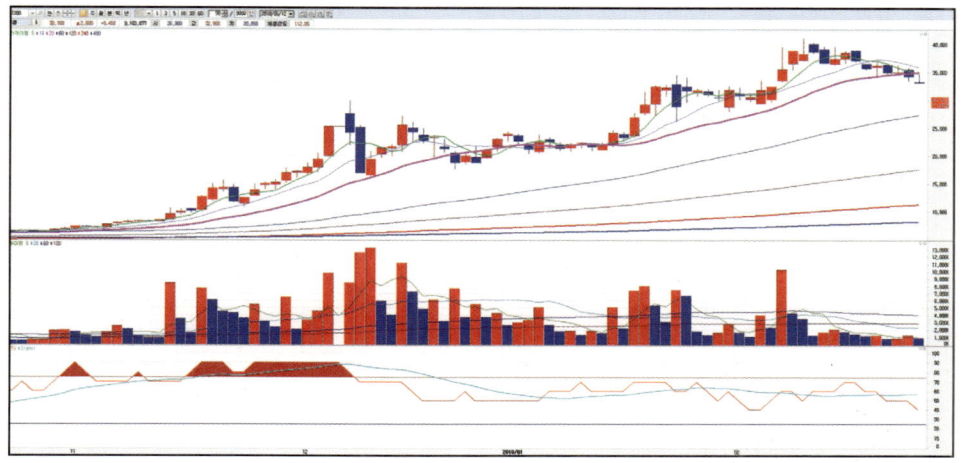

위의 차트에서 빨간색 부분이 심리도가 70% 이상인 구간으로 과매수 상태라 보고 매도 시점으로 인식하면 됩니다.

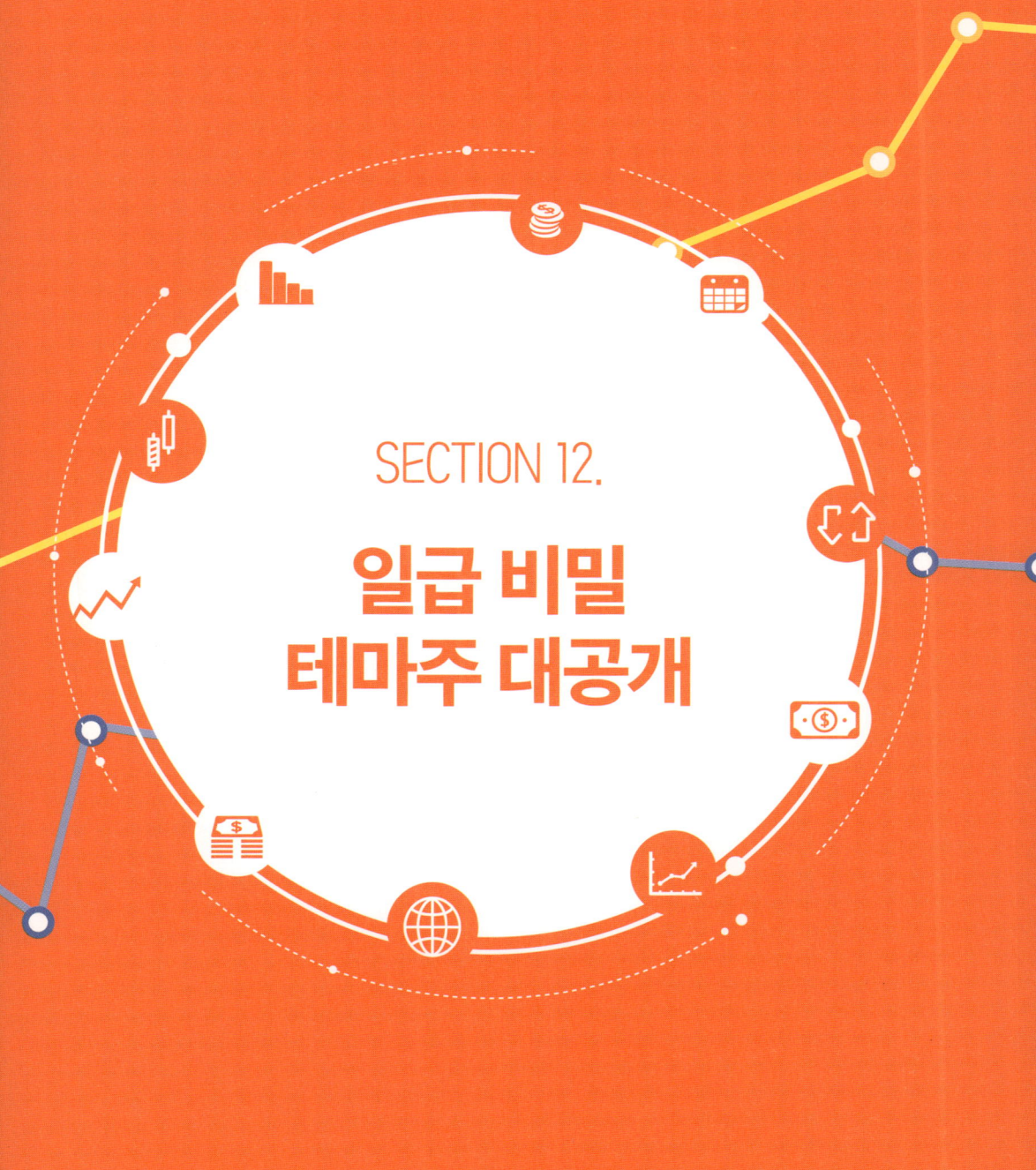

63 테마주, 제대로 이해하자!

테마(Thema)란 우리말로 해석하면 '주제'라는 뜻입니다. 주식시장에서 큰 이슈나 재료가 발생하면 그와 관련된 동일한 재료의 여러 종목이 주가의 등락을 함께할 때 이런 종목군을 '테마주'라고 합니다. 사회적으로 중요한 사건이나 정치적인 영향으로 나타나는 테마주는 주가가 급등했다가 시간이 지나면 거의 제자리로 돌아옵니다. 때문에 장기투자에는 부적합하며, 단타 매매로 접근해야 합니다. 테마주는 정치, 경제, 과학, 날씨, 선거 등 다양한 분야에서 나타납니다. 테마주에서 꼭 명심할 것은 어떤 재료나 이슈가 살아있을 때까지 단타 매매로 접근했다가 반드시 고점에서 매도해야 한다는 것입니다.

9시 뉴스를 보고 일반인들은 그냥 뉴스로 보고 넘기지만 주식시장의 고수들은 사회적 이슈가 되는 뉴스들은 꼭 체크하고 주식시장과 연관 짓습니다. 예를 들어 2018년 남북정상회담을 하기로 했다는 뉴스가 보도되면 대부분의 투자자는 남북경협주가 호재일 것이라고 생각하고 매수합니다. 때문에 남북경협 관련주들의 주가가 상승하게 됩니다. 또 겨울에 큰 대형화재가 나서 인명 피해가 발생했다면 다음 날 소방 관련주의 주가가 상승하게 되는 것입니다.

 국회의원 선거나 대통령 선거가 있다면 정치 테마주는 2년 전부터 서서히 움직이기 시작합니다. 대통령 후보의 공약에 따라 대선 공약주들도 생기게 됩니다. 대선 테마 중 가장 강했던 것이 4대강 테마입니다. 이런 대선 테마주들은 1~2년 전에 미리 선취매했다가 대통령 선거가 있기 3개월 전에는 매도합니다. 대통령 선거를 치를 때면 재료 노출이라 급락할 수 있으니 반드시 3개월 전 고점에 매도하기 바랍니다.

 2018년 4월 남북정상회담 개최 뉴스에 남북경협 관련주가 3월부터 초강세를 이루었습니다. 남북정상회담에서 정상들의 한마디 한마디에 따라 주식시장에서는 그와 관련된 종목의 테마주들이 급등하는 패턴이 나오고 있고, 또 남북 정부 정책에 따라서 테마주들이 상승하는 패턴을 보이고 있습니다. 테마주의 대장주가 5일 이동평균선을 이탈할 때는 꼭 매도로 대응하고, 테마주의 대장주가 20일 이동평균선을 이탈하면 거의 상승하던 테마가 끝났다고 봐야 합니다. 그러므로 이때에는 미련을 버리고 반드시 매도로 대응해야 합니다.

코스닥 테마주는 장 막판 급락을 조심하라

코스닥의 테마주란 언제나 그러하듯 그 당시 이슈로 주가가 올라갔다가 결국에는 제자리로 주가가 돌아오게 되어 있습니다. 대선 때마다 움직이는 대선 테마주, 2017년 말 가상화폐 테마주 그리고 2005년도 중반 줄기세포 테마주가 그랬습니다. 대부분의 일반투자자는 아무것도 모르고 주가의 고점에서 이런 테마주를 매수했다가 손실이 커져서 매도하지 못하고 장기투자를 하고 있는 경우도 많을 것입니다.

누군가는 고점에 매수하는 사람이 있어야 하겠지만, 이 책을 읽는 분이라면 차트 공부를 조금만 더 해서 이제는 주식의 꼭지에서 추격매수를 하는 실수를 범하지 마시길 바랍니다.

코스닥 테마주를 매매하다 보면 가끔 장 막판에 주가가 급락하는 경우가 있습니다. 많이 오른 테마주의 경우에는 장 막판 14시 30분에서 15시 사이에 거의 모든 종목이 순식간에 급락으로 전환될 수도 있습니다.

테마주의 대장주가 14시 30분 이후 하락으로 전환한다 싶으면 2등주 이하의 종목은 빨리 매도로 대응해야 합니다. 주식시장에서는 늘 적당히 수익을 냈다면 욕심을 버리는 게 중요합니다. 그런데 내가 주식을 팔고 다시 상승하면 팔았던 주식을 또 매수하려고 합니다. 한 번 수익 난 주식은 되도록이면 매수를 자제해야 하는데, 쉽지 않은 일이죠.

일반투자자들은 거래소 대형주보다는 수익률이 좋은 코스닥 테마주를 선호합니다. 테마주를 매매하는 것은 좋지만 항상 자신의 목표 수익률을 정해두고 테마주 투자에 임해야 합니다.

64 놓칠 수 없는 남북경협 테마주

2018년 4월 27일 금요일 11년 만에 '한반도의 봄'이란 주제로 판문점 평화의 집에서 남북정상회담이 열렸습니다. 남북정상회담의 기대로 2018년 3월부터 남북경협 관련주들이 테마를 이루면서 상승하고 있습니다. 예전에는 테마주가 정상회담이 임박하면 거의 고점을 찍고 하락하곤 했는데, 북한 김정은 위원장의 비핵화 선언과 '남한의 철도가 참 좋더라'는 이야기로 철도 관련주의 주가가 급등세를 타고 있습니다. 또한 다른 남북경협주로 순환매가 돌기 시작했습니다. 북미정상회담의 기대감 그리고 2018년 가을 문재인 대통령의 북한 방문의 호재로 당분간은 남북경협주의 열기는 쉽게 식지 않을 것으로 예상됩니다.

:: **2018년 남북정상회담 이후 주요 일정** ::

일 정	내 용
5월 1일	군사분계선 일대 확성기 철거
6월 12일	북미정상회담
6월 14일	남북 장성급 군사회담
6월 15일	6월 15일, 각계 각층이 참가하는 민족공동행사 추진
8월 15일 전후	이산가족 상봉
8월 18일 ~ 9월 2일	아시안게임 단일팀 출전
가을 중	문재인 대통령 방북, 임기 내 3차 정상회담
2018년 연중	개성 지역에 남북공동연락사무소 설치
2018년 연중	남북미 3자 또는 남북미중 4자 회담 추진
2018년 연중	종전 선언 및 정전협정을 평화협정으로 전환
2018년 연중	동해선 및 경의선 철도와 도로들을 연결

남북경협 관련주

- **철도 관련주**

  부산산업(011390), 대아티아이(045390), 대호에이엘(069460), 에코마이스터(064510), 푸른기술(094940), 리노스(039980), 세명전기(017510), 현대로템(064350), KCC건설(021320), 국영지앤엠(006050), 빛샘전자(072950), 비츠로시스(054220), 동일제강(002690)

- **가스관 관련주**

    동양철관(008970), 대동스틸(048470), 디케이락(105740), 하이스틸(071090), 화성밸브(039610), 한국선재(025550), 화인베스틸(133820), 대창솔루션(096350), 조광ILI(044060)

- **토목, 건설 관련주**

    남광토건(001260), 남화토건(091590), 이화공영(001840), 특수건설(026150), 동신건설(025950), 일성건설(013360), 이엑스티(226360), 삼호개발(010960), 현대건설(000720)

- **개성공단, 송전 관련주**

    좋은사람들(033340), 재영솔루텍(049630), 인디에프(014990), 신원(009270), 제룡전기(033100), 제룡산업(147830), 세명전기(017510), 선도전기(007610), 광명전기(017040), 일진전기(103590), 이화전기(024810), 보성파워텍(006910)

- **DMZ 평화공원 관련주**

    자연과환경(043910), 코아스(071950), 누리플랜(069140), 씨아이테크(004920), 삼륭물산(014970), 일신석재(007110), 웹스(196700), 딜리(131180), 대창스틸(140520), 크라운해태홀딩스(005740) 크라운해태홀딩스우(005745)

- **DMZ 지뢰제거 관련주**

    퍼스텍(010820), 웰크론(065950), 유진로봇(056080)

- **시멘트 관련주**

  한일현대시멘트(006390), 고려시멘트(198440), 삼표시멘트(038500), 성신양회(004980), 아세아시멘트(183190), 한일홀딩스(003300), 태원물산(001420), 쎄니트(037760)

- **농업 관련주**

  효성오앤비(097870), 아시아종묘(154030), 조비(001550), 체시스(033250), 우성사료(006980), 한일사료(005860), 백광소재(014580), 케이씨피드(025880), 팜스토리(027710), 아세아텍(050860), 동양물산(002900)

- **물류 관련주**

  국보(001140), 케이엘넷(039420), 동방(004140), 토탈소프트(045340), 유성티엔에스(024800)

- **금강산관광 관련주**

  현대엘리베이(017800), 현대상선(011200), 아난티(025980)

- **자원개발 관련주**

  혜인(003010), 수산중공업(017550), 에스아이리소스(065420), 대창솔루션(096350), 우림기계(101170), 엘컴텍(037950), 에버다임(041440), 대원화성(024890)

- **슈퍼그리드 관련주**

  옴니시스템(057540), 피에스텍(002230), 누리텔레콤(040160), 한국선재(025550), KT서브마린(060370)

- **아스팔트(도로포장) 관련주**

  다스코(058730), SG(255220), 스페코(013810), 보광산업(225530), 홈센타홀딩스(060560), 에스트래픽(234300)

- **현대그룹 관련주**

  현대상사(011760), 현대코퍼레이션홀딩스(227840), 현대건설(000720), 현대건설우(000725), 현대엘리베이(017800)

- **전선 관련주**

  대원전선(006340), 대한전선(001440), 일진전기(103590)

- **핵폐기 관련주**

  오르비텍(046120), 한국테크놀로지(053590), 우진(105840), 에이비프로바이오(195990)

- **조림사업 관련주**

  이건산업(008250), 한솔홈데코(025750), 선창산업(002820), 무림P&P(009580), 성창기업지주(000180), 자연과환경(043910)

- **신재생에너지(풍력, 태양광) 관련주**

  유니슨(018000), 현진소재(053660), 동국S&C(100130), THE E&M(089230), 태웅(044490), SDN(099220), 신성이엔지(011930), 케이알피앤이(060900)

- **레미콘 관련주**

  서산(079650), 모헨즈(006920), 홈센타홀딩스(060560), 보광산업(225530)

- **LED 가로등 관련주**

  파인테크닉스(106240), 우리이앤엘(153490), 우리바이오(082850), 루멘스(038060)

- **식품 관련주**

  한탑(002680), 서울식품(004410), 신라에스지(025870), 사조동아원(008040), 해마로푸드서비스(220630)

65 세계적 트렌드, 가상화폐 테마주

전 세계에서 가상화폐 거래대금이 가장 많은 거래소는 우리나라의 업비트, 빗썸 사이트입니다. 두 곳 회사의 지분을 보유하고 있는 회사들의 주가가 2017년 12월 초반에 급등했습니다.

언제나 그렇듯 몇 년이 흐르면 코스닥 테마주의 주가는 항상 제자리로 돌아가게 되어 있습니다. 개인들의 경우에는 거래소시장보다는 코스닥시장에서 수익을 내기가 쉬울 것입니다. 하지만 그만큼 고수익, 고위험도 존재한다는 것을 꼭 기억해두십시오. 코스닥시장에서도 수급이 몰리는 새로운 테마주를 매매해야 하며, 재료와 수급 그리고 시기의 3박자가 맞아야 큰 시세를 형성하게 됩니다. 테마주도 일봉상 고점 부근에서 매도를 잘해야 하는데, 대부분의 개인투자자는 이런 매도 타이밍을 잘 잡지 못합니다. 지금부터 일봉 차트 보는 법을 좀 더 공부한다면 고점 매도 타이밍을 어느 정도는 잡을 수 있게 될 것입니다.

테마주는 항상 고점에 물리면 장기투자를 하게 되는데, 테마주들은 절대로 장기투자를 해서는 안 됩니다. 테마주는 실적으로 상승한 것이 아니기 때문입니다. 또한 항상 주가는 시간이 지나면 제자리로 회귀한다는 것을 명심 또 명심해야 합니다.

| 카카오 자회사 두나무에서 운영중인 암호화폐 거래소 업비트 |

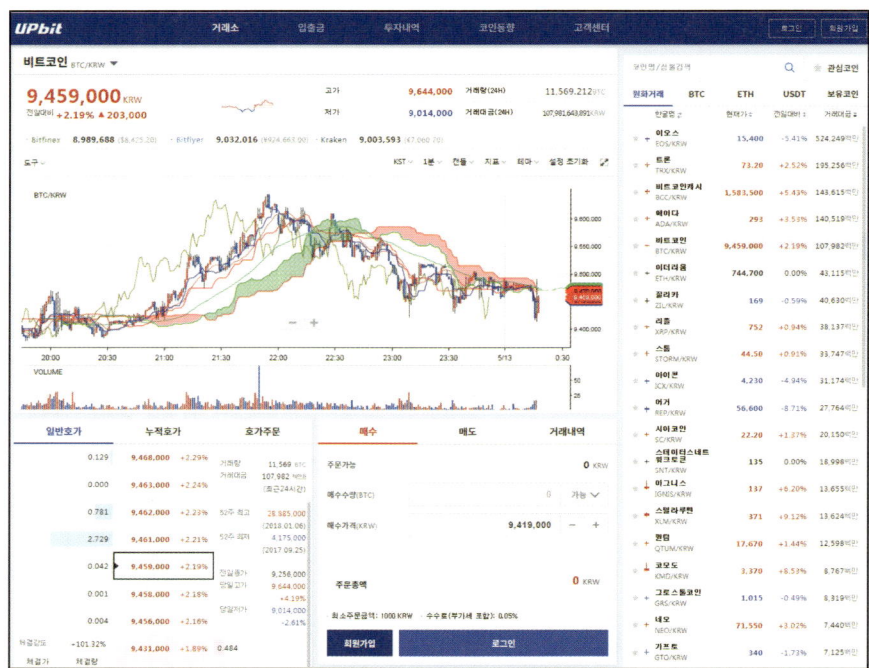

∥ 암호화폐 거래소 빗썸 (www.bithumb.com) ∥

- 가상화폐 테마주

    우리기술투자(041190), 에이티넘인베스트(021080), 대성창투(027830), SBI인베스트먼트(019550), 라이브파이낸셜(036170), 라이브플렉스(050120), 포스링크(056730), 팍스넷(038160), SCI평가정보(036120), 비덴트(121800), 옴니텔(057680), 위지트(036090), 제이씨현시스템(033320), 버추얼텍(036620)

한번 흘러간 코스닥 테마주는 시간이 지나면 그 당시의 가격으로 절대 돌아오지 않습니다. 쉽게 말해 건널 수 없는 강을 건넜다고 볼 수 있습니다.

대선 테마주의 경우에는 4년마다 또 새로운 종목으로 이슈가 되지만, 가상화폐 같은 테마주는 한번 고점에 물렸을 때 빨리 매도하지 않으면 평생 후회할 수 있습니다.

66 4차산업 핵심기술, 블록체인 테마주

블록체인은 비트코인(Bit Coin)도 아니고 가상화폐도 아닙니다. 비트코인은 수많은 가상화폐 중 하나이고, 블록체인은 처음에 비트코인의 거래를 위한 보안기술로 활용되었습니다. 비트코인은 한때 미래 화폐로 각광받았으나,  2014년 대형 거래 중개업체였던 '마운트곡스'가 파산 보호를 신청하면서 인기가 시들해졌다가, 2017년 12월 한국에서 가상화폐의 열풍이 불면서 급등락을 반복하고 있습니다.

블록체인이란, 공공 거래 장부라고도 부르며 가상화폐로 거래할 때 발생할 수 있는 해킹을 막는 기술입니다. 기존 금융회사의 경우 중앙집중형 서버에 거래기록을 보관합니다. 반면, 블록체인은 거래에 참여하는 모든 사용자에게 거래내역을 보내주며 거래할 때마다 이를 대조해 데이터 위조를 막는 방식을 사용합니다.

우리나라 정부에서 가상화폐는 규제하되 4차산업의 핵심기술인 블록체인은 육성하겠다고 발표해서 블록체인 관련주들이 코스닥 테마를 이루며 2018년도 1월에 급등하기도 했습니다.

- **블록체인 관련 테마주**

  한컴위드(054920), 드림시큐리티(203650), 시큐브(131090), 한국전자인증(041460), 이니텍(053350), 케이사인(192250), 파수닷컴(150900), SGA솔루션즈(184230), 케이엘넷(039420), 한일네트웍스(046110), 라온시큐어(042510)

67 차세대 통신, 5G 관련주

5세대 이동통신(5G)이란, LTE 뒤를 이어 차세대 통신기술을 말합니다. 현재 이동통신 속도인 300Mbps보다 70배 이상 빠르고, 현재 LTE에 비해서 280배 빠른 수준입니다. 쉽게 설명하면 영화 한 편을 다운로드하는 데 10초 안에 내려받을 수 있습니다. 우리나라에서는 2018년 평창올림픽에서 세계 최초로 5G를 시범 서비스했고, 정부에서는 2018년 상반기에 5G 주파수 경매를 진행하여 2019년 상반기에 5G를 상용화할 계획을 세우고 있습니다. 4G는 송수신 안테나 4개가 필요하다면 5G에서는 100개 이상의 안테나가 필요합니다. 안테나의 수에 따라서 데이터의 양과 그 처리 속도가 증가하므로 안테나의 장비투자가 가속화될 것으로 보입니다.

> **5G 이동통신 관련 다중안테나 기술 특허출원 급증**
>
> 대용량 콘텐츠를 고속으로 제공하는 5세대 이동통신의 핵심기술인 다중 안테나 관련 특허출원이 최근 급증하는 것으로 나타났다.
>
> _ 2017년 11월 16일, 아시아투데이

5G에서는 높은 주파수 대역에서 수백 MHz 이상의 광대역폭을 이용해 데이터를 고속으로 전송할 수 있습니다. 2018년 6월 우리나라에서 5G 주파수 경매를 시작으로 미국에서는 2018년 11월 주파수 경매를 하게 됩니다. 주파수 경매가 되고 나면 이동통신 회사들의 5G 선점을 위한 본격적인 장비투자가 시작될 것으로 예상됩니다. 이런 5G의 상용화를 위해서는 수조 원의 통신장비에 대한 투자가 이루어질 것으로 보이며, 5G 장비 관련 주들은 유망한 종목으로 관심을 가져봐야 합니다.

일봉상 많이 오른 종목들이 있기 때문에 일봉 차트에서 20일 이동평균선이 눌림목을 줄 때 모아가는 전략이 필요합니다. 5G가 상용화되어야 인공지능(AI), 가상현실, 증강현실, 사물인터넷, 자율주행차가 현실화될 것으로 보입니다.

5G에서 장비투자가 가장 많이 되는 부분은 안테나 관련 쪽이 될 것입니다. 그러므로 지속적으로 안테나 관련주를 중·장기투자 관점으로 접근하는 것이 좋습니다.

- **5G 테마 관련주**

RFHIC(218410), 대한광통신(010170), 쏠리드(050890), 에이스테크(088800), 케이엠더블유(032500), 삼지전자(037460), 이노와이어리스(073490), 코위버(056360), 알엔투테크놀로지(148250), 웨이브일렉트로(095270), 다산네트웍스(039560), 이노인스트루먼트(215790)

68

엎치락 뒤치락, 정치 테마주

> 불 지피는 안철수 서울시장 등판론,
> 정말 직접 나설까
> _ 오마이뉴스

이 기사가 게재되던 날, 지방선거가 3개월 이상 남아 있는 시기에 안철수 테마주가 상한가 내지 큰 상승폭을 보였습니다. 테마주는 이슈가 있는 기사가 나오면 수급과 세력들에 의해서 대장주로 급상승하게 되고, 이를 따라 거의 모든 테마주 전체가 상승하게 됩니다.

┃ 안철수 테마주 당일 상승률 ┃

종목명	현재가	전일대비	등락률	거래량	매도호가	매수호가	20일고가	20일저가
써니전자	4,290	↑ 990	+30.00	47,140,862		4,290	4,290	2,700
대성미생물	156,600	↑ 36,100	+29.96	26,787			156,600	103,800
골든브릿지증권	2,235	↑ 515	+29.94	8,311,049		2,235	2,235	1,145
케이씨피드	2,670	↑ 615	+29.93	6,380,313		2,670	2,670	1,990
미래생명자원	4,330	▲ 890	+25.87	6,715,043	4,340	4,330	4,470	3,100
안랩	79,100	▲ 16,100	+25.56	4,977,948	79,100	79,000	81,700	53,200
모헨즈	9,110	▲ 1,820	+24.97	12,951,565	9,120	9,110	9,470	5,900
나노캠텍	4,215	▲ 685	+19.41	450,323	4,280	4,215	4,425	3,240
다를멀티미디어	8,020	▲ 1,150	+16.74	2,150,758	8,030	8,020	8,580	5,630
태원물산	4,275	▲ 605	+16.49	4,353,227	4,275	4,265	4,635	3,425
엔피케이	2,440	▲ 295	+13.75	13,868,404	2,445	2,440	2,650	1,985
성안	745	▲ 89	+13.57	7,623,554	745	743	825	620
동화약품	12,050	▲ 1,400	+13.15	4,531,721	12,050	12,000	13,050	9,530
프리엠스	13,000	▲ 1,500	+13.04	413,512	13,000	12,950	13,000	9,160
에이텍	16,200	▲ 1,800	+12.50	1,387,669	16,250	16,200	17,600	11,000
네패스신소재	14,600	▲ 1,600	+12.31	566,103	14,600	14,550	15,700	11,100
쎌바이오텍	51,000	▲ 5,050	+10.99	655,405	51,000	50,900	55,900	40,050
로보로보	4,060	▲ 400	+10.93	10,393,635	4,065	4,060	4,755	2,910
에이텍티앤	14,600	▲ 1,400	+10.61	1,346,953	14,650	14,600	15,500	10,850
비에이치아이	4,860	▲ 465	+10.58	3,906,030	4,865	4,860	5,660	4,105

┃ 써니전자 1분봉 차트 ┃

❚ 써니전자 일봉 차트 ❚

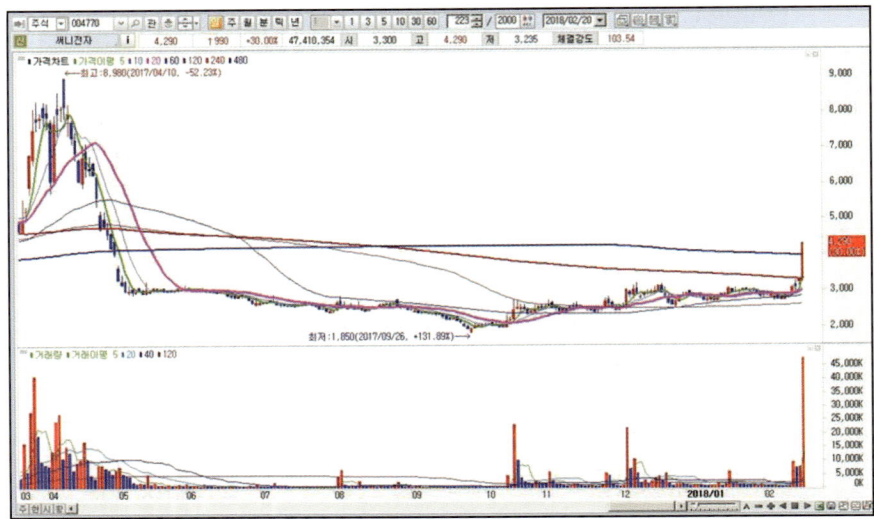

　써니전자의 경우 이날 대량 거래와 함께 240일 이동평균선과 480일 이동평균선이 2년의 매물 벽을 돌파했습니다. 이날 거래량을 보면 거래량이 엄청나게 터졌음을 알 수 있습니다.

　1~2년 동안의 매물 벽을 돌파하려면 대량 거래가 필요하다는 것을 기억해 두십시오. 그리고 480일 이동평균선을 돌파하게 되면 조정을 하더라도 대부분 480일 이동평균선이 지지 라인 역할을 하게 됩니다.

69 문재인 정부 시대, 돈이 되는 테마주

필자가 매매를 하면서 컴퓨터에 등록한 관심 종목입니다. 코스닥 테마주의 경우에는 잘 움직이는 종목 위주로 작성했습니다. 투자할 때 참고하시기 바랍니다.

- **IT 관련주, 정보통신기술 관련주**

  삼성전자, 삼성에스디에스, 삼성SDI, 삼성전기, SK하이닉스, LG전자, LG디스플레이, LG이노텍, 주성엔지니어링

- **건설주**

  대림산업, 현대건설, GS건설, HDC현대산업개발, 대우건설, 삼성엔지니어링

- **정유주**

  롯데케미칼, SK이노베이션, S-OIL, 금호석유

- **자동차 관련주**

  현대차, 현대모비스, 현대위아, 기아차

- **전기차 관련주**

  삼성SDI, 에코프로, 일진머티리얼즈, 우리산업, 삼화콘덴서, 코스모신소재, 상아프론테크, 상신이디피, 후성, 우수AMS, 이노와이즈

- **수소차 관련주**

  일진다이아, 제이엔케이히터, 삼기오토모티브, 평화홀딩스, 평화산업, 코오롱머티리얼, 풍국주정, 대우부품, 유니크, 성창오토텍, 인지컨트롤스, 뉴로스, 삼화전자, 뉴인텍, 이엠코리아, 세종공업, 동아화성, 지엠비코리아, EG, 국일제지

- **줄기세포 관련주**

  차바이오텍, 안트로젠, 코아스템, 프로스테믹스, 홈캐스트, 강스템바이오텍, 우리들휴브레인, 파미셀, 메디포스트, 마크로젠, 부광약품, 세원셀론텍, 네이처셀, 조아제약, 에이치엘비

- **바이오시밀러 관련주(제약 바이오)**

  셀트리온, 셀트리온헬스케어, 삼성바이오로직스, LG화학, 동아쏘시오홀딩스, 한올바

이오파마, 에이프로젠제약, 동아에스티, 알테오젠, 셀루메드, 바이넥스, 에이프런티어

- **제약 관련주**

  한미약품, 한미사이언스, 코오롱생명과학, 종근당홀딩스, 종근당, 헬릭스미스, 이연제약, JW중외제약, 크리스탈, 영진약품, 대화제약, 녹십자, 녹십자랩셀, 녹십자엠에스, CMG제약, 에이치엘비, 삼천당제약, 고려제약, 조아제약, 진양제약, 명문제약

- **치매 관련주**

  신신제약, 명문제약, 고려제약, 메디포럼제약, 아스타, 모나리자, 솔본, 셀루메드, 영진약품

- **화장품 관련주**

  아모레퍼시픽, 한국콜마, 한국화장품제조, 한국화장품, 리더스코스메틱, 코리아나, 에스디생명공학, 제이준코스메틱, 블러썸엠엔씨, 토니모리

- **창투사 관련주**

  DSC인베스트먼트, TS인베스트먼트, 우리기술투자, 에이티넘인베스트먼트, 대성창투, SBI인베스트먼트, 한국캐피탈, 큐캐피탈, 메이슨캐피탈

- **남북경협 개성공단, 전기 관련주**

  좋은사람들, 재영솔루텍, 인디에프, 신원, 제룡전기, 제룡산업, 세명전기, 선도전기, 광명전기, 일진전기, 이화전기

- **남북경협 DMZ 관련주**

  코아스, 누리플랜, 씨아이테크, 삼륭물산, 자연과환경, 딜리, 퍼스텍

- **남북경협 철도 관련주**

  에코마이스터, 대호에이엘, 대아티아이, 푸른기술, 우원개발, 리노스

- **남북경협 가스관 관련주**

  동양철관, 대동스틸, 디케이락, 화성밸브, 한국선재, 조광ILI, 화인베스틸

- **남북경협 토목 관련주**

  남광토건, 남화토건, 이화공영, 특수건설, 동신건설, 일성건설, 이엑스티, 삼호개발

- **남북경협 물류 관련주**

  국보, 케이엘넷, 동방, 토탈소프트, 유성티엔에스

- **남북경협 금강산 관련주**

  현대엘리베이

- **남북경협 자원개발 관련주**

  혜인, 수산중공업, 에스아이리소스, 대창솔루션, 우림기계, 엘컴텍, 에버다임, 대원화성

- **태양광, 풍력 관련주**

  OCI, 에스에너지, 웅진에너지, 파루, SDN, 유니슨, 태웅, 동국S&C, 씨에스윈드

- **게임 관련주**

  펄어비스, 컴투스, 게임빌, 넥슨지티, 웹젠, 위메이드, 넵튠, 네오위즈, 액토즈소프트, 룽투코리아, 드래곤플라이, 바른손이앤에이

- **저출산 관련주, 밥솥 관련주**

  제로투세븐, 아가방컴퍼니, 보령메디앙스, 쌍방울, 모나리자, 부방, 쿠쿠홀딩스, PN풍년

- **가상현실(VR) 관련주**

  한빛소프트, 아이엠, 이랜텍, 한국큐빅, 다날, 드래곤플라이, 지어소프트, 버추얼텍, 엠게임, 칩스앤미디어, 동운아나텍, 브이티지엠피, 이미지스

- **전자지갑 관련주**

  에이텍, 에이텍티앤, 코나아이, 이루온, 바이오스마트

- **조류독감(AI) 관련주**

  제일바이오, 이글벳, 파루, 체시스, 케이엠, 중앙백신, 대한뉴팜

- **자율주행차 관련주**

  에이테크솔루션, 모바일어플라이언스, THE MIDONG, 한컴MDS, 파인디지털, 엔지스테크널러지, 엠씨넥스, 앤씨앤, 인포뱅크, 에스모

주식투자할 때
꼭 알아야 할
실전 Tip 5

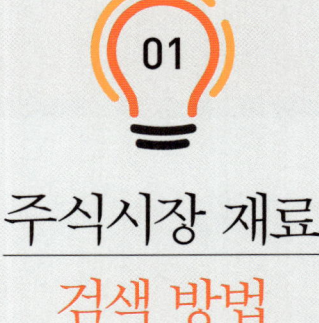

주식시장 재료
검색 방법

주식투자에 필요한 재료 검색하는 곳

약업신문 홈페이지

약업신문, 전자신문, 디지털타임스, 지디넷코리아, 팍스넷증권사이트 등 주식시장에서 좋은 재료가 나올 만한 사이트에는 장중에도 자주 들어가서 좋은 기사가 있는지 검색해봐야 합니다.

약업신문이나 전자신문에 나오

는 좋은 내용의 기사들이 자주 증권사 홈트레이딩시스템에서 특징주로 나온다는 것을 기억해 두십시오.

전자신문은 1982년 처음으로 발행한 정보기술 관련 일간 신문입니다. 주식시장에서 필요한 재료를 가장 많이 접할 수 있는 신문으로, 매일 전자신문 사이트에 접속해서 뉴스를 검색해보면 주식을 매매하는 데 큰 도움이 될 것입니다. 전자신문에 나온 기사들 중에 좋은 내용은 주식시장에서 '특징주'로 많이 나옵니다.

디지털타임스는 문화일보의 자매지로 디지털과 정보기술을 소개하는 경제 일간 신문입니다.

▌ 전자신문 홈페이지 ▌

▌ 디지털타임스 홈페이지 ▌

2000년 3월 창간한 정보기술 전문 온라인 미디어로 IT, 반도체, 디지털 가전 분야의 뉴스를 주로 다룹니다.

지디넷코리아 홈페이지

인터넷 종합금융 서비스 회사로 증권, 금융 등 주식 투자 정보, 증권사 시황, 종목별 시세, 재테크, 금융상품 정보를 제공하고 있습니다. 개인투자자들이 가장 많이 보는 증권 사이트입니다.

팍스넷 홈페이지

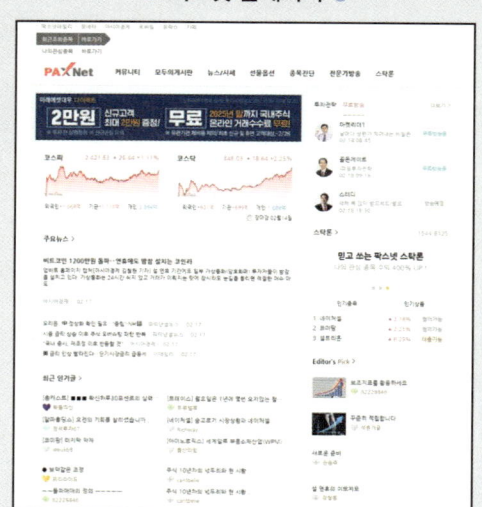

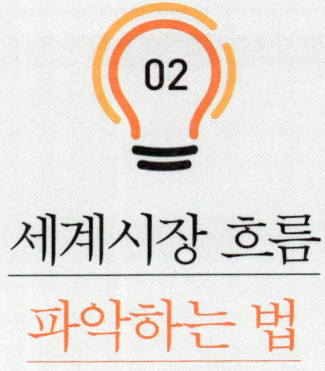

세계시장 흐름 파악하는 법

인베스팅닷컴(실시간 전 세계 주식시장의 지수와 선물지수 보는 사이트, https://kr.investing.com/indices/major-indices)은 미국 주식시장에서 장 개시 전 선물지수를 볼 때 많이 보는 사이트입니다.

- **DOW30 : 미국 다우지수 선물**
  미국 증권거래소에 상장된 30개의 우량기업 주식

- **Nasdaq : 미국 나스닥지수 선물**
  벤처기업들의 자금조달을 위해 설립된 미국 특별 주식시장

세계 주요 지수

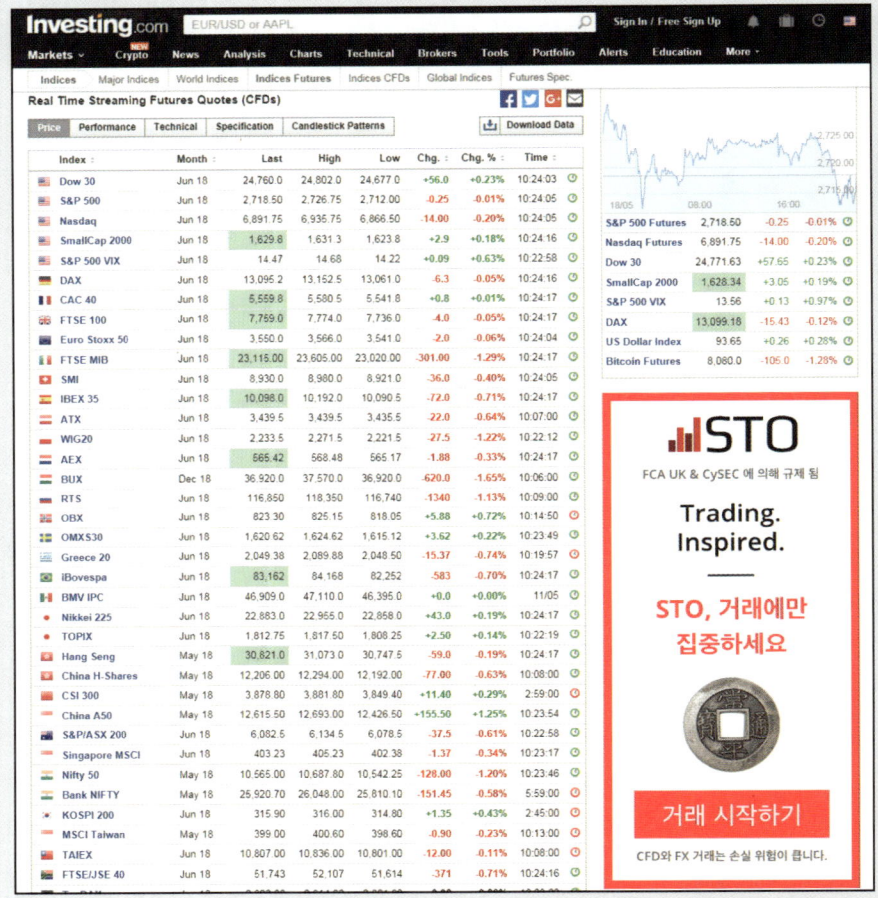

- **DAX : 독일 닥스지수 선물**

  프랑크푸르트 증권거래소에 상장된 종목 중 시가총액기준으로 상위 30개 회사로 구성된 지수

미국/유럽시장 선물지수

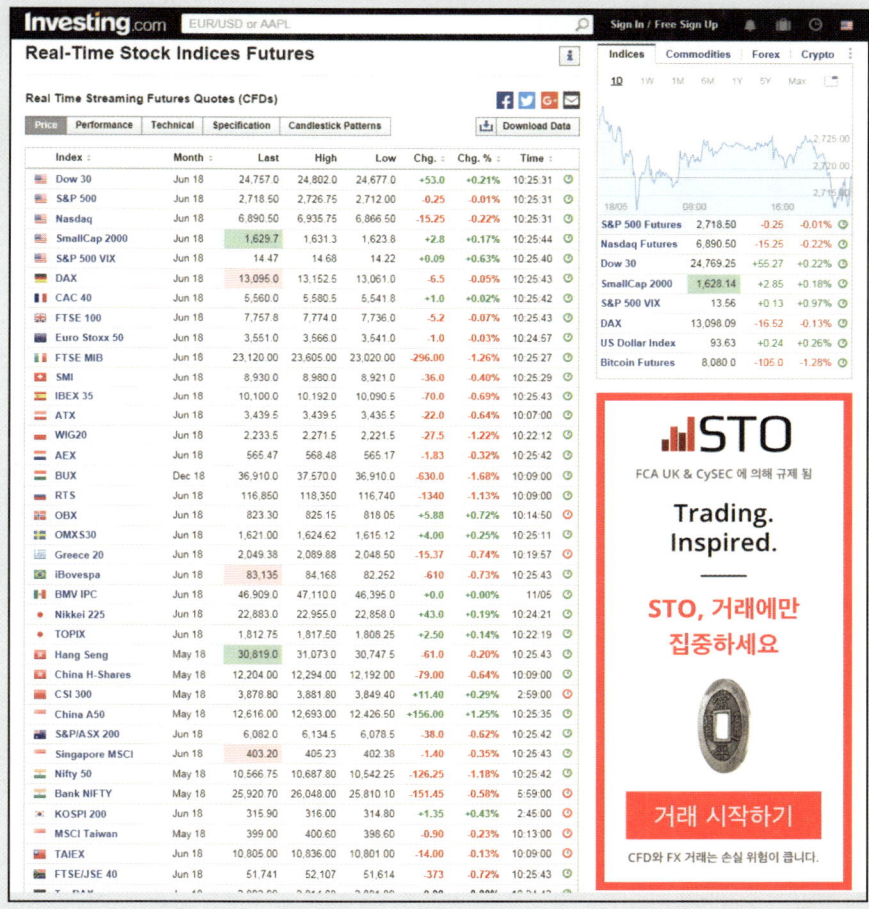

- **CAC 40 : 프랑스 지수선물**

  파리 증권거래소 40개 우량주식으로 구성된 지수

- **FTSE 100 : 영국 지수선물**

  영국 시가총액 100종목 우량 종목으로 구성된 지수

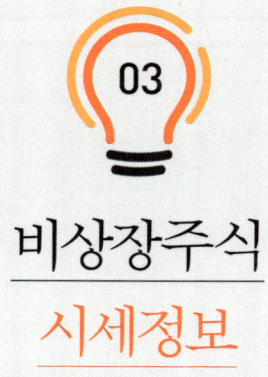

비상장주식 시세정보

38커뮤니케이션(www.38.co.kr)은 비상장주식을 거래하는 사이트로 상장되기 전 비상장주식을 매수·매도할 수 있는 곳입니다. 부동산을 중개하는 공인중개사처럼 이곳도 장외주식을 사고팔 수 있도록 도와주는 중개업체들이 있습니다. 장외주식 중개업체를 통해서 상장되기 전에 매수하고 싶은 장외주식을 사고팔 수 있는 사이트입니다.

  장외시세가 대부분 주식시장에 상장될 때 시초가 결정에 큰 영향을 끼친다 해도 과언이 아닐 정도로 장외 종목은 상장되기 전 마감 시세가 중요합니다. 코스닥에 신규로 등록되는 종목은 38커뮤니케이션에서 장외시세가 얼마에 마감했는지 확인해보고 신규주를 매매하기 바랍니다.

38커뮤니케이션 홈페이지

주식투자할 때 꼭 알아야 할 Tip 5 — 345

신규주 상장 정보를 볼 수 있는 사이트

신규주 상장 시 공모경쟁률, 유통 물량, 기관보유 물량, 주주구성 등 신규주에 관한 모든 정보를 볼 수 있는 사이트입니다. 기관투자자들은 공모받은 물량을 대부분 상장 첫날 장내 매도하게 됩니다. 그래서 기관투자자가 공모받은 물량이 얼마인지, 유통 물량이 얼마인지 그리고 38커뮤니케이션에 가서 등록되기 전 장외 시세가 얼마였는지 파악한 후 신규주를 매매해야 합니다.

아이피오스탁 홈페이지

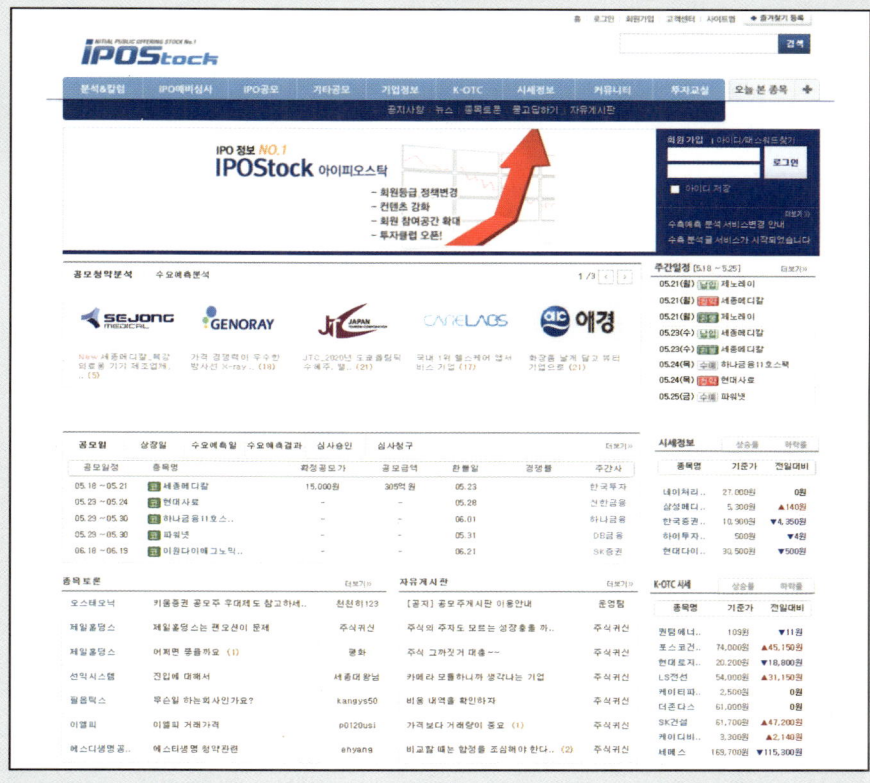

주식투자할 때 꼭 알아야 할 Tip 5

표준시계 다운로드

개인용 컴퓨터에는 메인보드에 건전지가 하나 들어 있는데, 이 조그마한 건전지의 수명이 다 되었다면 시계에 오차가 생기기 때문에 컴퓨터 시계를 정확하다고 믿으면 절대 안 됩니다.

우리나라에서 가장 정확한 시계는 한국표준과학연구원에 있는 세슘원자시계입니다. 한국표준과학연구원에서는 인공위성(GPS)을 이용하여 다른 나라에 있는 세슘원자시계와 서로 시간을 비교하고 있습니다. 다시 말하면 국제적 시각비교 체계를 갖추고 국제도량형국(BIPM)에서 주관하는 세계협정시(UTC) 생성에 참여하고 있기 때문에 우리나라에서 가장 정확한 시계입니다.

단타 매매를 하는 투자자는 한국에서 가장 정확한 시계, 꼭 한국표준연구원에 표준시계를 다운로드하여 설치한 후 사용하는 것이 좋습니다.

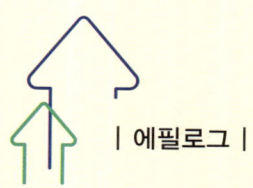

| 에필로그 |

진정한 투자자가 되기 위해 다시 갖는 마음가짐

하나, 주식은 심리게임이다

주식을 매수·매도할 때는 현금으로 직접 주고받는 구조가 아닙니다. 사이버머니처럼 증권계좌에 적혀 있는 숫자(돈)로 거래하기 때문에 약간의 손실이 난다고 해도 무덤덤해지기 마련입니다. 만약 직접 현금으로 주식을 사고판다면, 과연 지금처럼 매매를 할 수 있을까요?

주식시장의 현실은 아주 냉혹합니다. 최선을 다해 열심히 공부하고 노력하면 성공할 것이라고 생각하지만, 다른 직업과 달리 주식시장에서는 공부를 열심히 하는 것보다 자기 자신과의 '심리게임'에서 이기는 것이 중요합니다. 단타 매매를 하는 경우 아침 시장에서 수익을 내면 그날의 좋은 일진을 운운하면서 더 높은 수익을 기대하게 되고, 반사적으로 더 많은 매매가 이루어집니다. 결국 매매가 잦다보면 그날의 수익을 잃고 손실이 생기는 경우가 많습니다. 이런 일이 반복

되면 좌절감과 실패감이 쌓이고 무기력해지고 소심해질 수 있습니다. 오전장에 수익이 났다면 그날의 주식거래는 쉬고 운동이나 가족에게 관심을 가지는 여유를 누려보십시오.

또 하나 더 조심해야 할 것이 있습니다. 바로 추격매수입니다. 자신이 몰랐던 사회적 이슈로 인해 어떤 주식이 급등하는 경우가 생기게 되면, 그 주식을 사야겠다는 마음이 뒤늦게 발동해 추격매수를 하게 됩니다.

개미들의 추격매수가 항상 손실로 이어진다는 뉴스를 접하면서도 그 개미 중의 하나가 나 자신이 되기 마련입니다. 매수를 클릭하려는 마음을 진정시키고 한 템포 쉬면서 추이를 살펴보고 눌림목을 기다려야 합니다.

주식시장은 주말과 공휴일을 제외하고는 매일매일 열립니다. 하루하루 수익과 손실에 연연하면 주식시장에서 견디기 힘듭니다. 지나간 일은 빨리 잊어버리고 매매에 임해야 합니다. 계속해서 손실만을 생각하고 있으면, 마음만 급해지기 마련입니다. 마음이 급해지면 주식시장에서는 지게 됩니다. 주간, 월간 그리고 1년, 10년의 장기 플랜을 가지고, 항상 마음의 여유를 가지고 주식 매매에 임해야 합니다.

둘, 손실이 난다면 투자 방법을 바꿔라

대부분의 개인투자자는 아무런 준비도 없이 '누가 주식으로 큰돈을 벌었다'라는 소문이나 매스컴에서 "주식시장이 연중 최고점을 돌파하고 있습니다"라는 뉴스를 접하고 난 후 주식시장에 뛰어듭니다.

주식투자를 하는 분들 중 대부분은 손실을 보고 있다고 해도 과언이 아닐 것입니다. 이유는 항상 똑같은 투자 패턴, 변하지 않는 방법으로 주식투자를 하고 있기 때문입니다. 수익을 내지 못하고 항상 손실이라면 무엇인가 변화를 주어야 합니다.

주식시장에서 성공하기 위해 가장 중요한 것은 자신만의 '손절매 원칙'이 있어야 한다는 것입니다. 손절 가격에 다다르면 과감하게 매도할 수 있어야 하는데, 대부분의 투자자는 '다시 오르겠지'라고 안일하게 생각합니다. 그래서 손실이 나면 본의 아니게 장기투자로 바뀌게 됩니다. 물론 좋은 주식은 언젠가 다시 올라갑니다. 하지만 몇 개월이 지난 후 본전에 다다르면 그때 전부 매도합니다. 왜 본전에 매도할까요? 차라리 좀 더 보유하고 있으면 약간의 수익을 내고 매도할 수 있을 텐데요. 내가 팔고 나면 주가는 급등하고, 내가 사면 하락하는 이런 패턴이 지금 계좌에서 반복되고 있지 않습니까? 단타 매매든 장기투자든 손실이 날 경우 자신만의 손절매 원칙을 먼저 정해두고 투자에 임해야 합니다. 그리고 그 원칙에 따라 과감하게 손절매를 실천하는 것이 주식시장에서 성공하는 첫걸음입니다.

주식시장이 상승장일 때는 모든 투자자의 계좌 잔고가 늘어납니다. 하지만 주식시장이 하락장세로 접어들면 계좌에서 손실이 나기 시작합니다. 하락장세에서는 손실을 봐도 괜찮은 걸까요?

대부분의 일반투자자는 하락장세가 시작되면 다른 사람도 손실이나기 때문에 자신도 손실이 나는 거라고 자기 합리화를 하게 됩니다. 그러나 하락 장세에서도 상승하는 주식들은 꼭 있습니다. 하락장세에도 수익을 낼 수 있는 매매 기법을 연구하고 배워야 합니다. 종합주가지수가 하락해도 개별 재료가 있는 주식들의 주가는 하락장에서도 상승합니다. 그런 주식을 찾아서 하락장세에서도 수익을 낼 수 있는 기법을 터득해야 합니다.

"현실은 손실의 연속이고, 계좌는 점점 깡통이 되고 있다"라는 말이 나의 이야기라는 생각이 든다면, 지금부터 한번 바꿔보십시오. 주식시장에서 수익을 내지 못해 고민하고 있다면 투자 방법을 바꿔보세요. 계속 손실만 보고 있는데, 똑같은 방법으로 매매하면 시간만 흘려보낼 뿐, 바뀌는 것은 없습니다.

셋, 백화점식 투자보다는 종목 수를 압축하라

대부분의 주식투자자는 계좌에 보유종목을 10종목 이상 정도는 가지고 있는 것 같습니다. 필자는 먼저 이것부터 잘못된 것이라고 말씀드리고 싶습니다. 이 시간 이후부터는 주식투자 종목의 수를 5종목 이하로 압축하십시오. 백화점식 주식 투자방법이 대세 상승장에서는 좋을지 모릅니다. 하지만 종목 수만 봐도 정신없을 정도로 많은 종목에 투자를 하고 계신 분들의 특징은 전부 손실 난 종목들만 가득 보유를 하고 계신다는 것입니다. 보유종목 중 수익이 나는 종목은 빨리 매도해버리고 마이너스 난 종목들은 손절매 기준도 없이 푸근하게 보유하고 계시는 것이 지금 당신이 모습이 아닐는지요?

주식투자에서 기존의 틀을 완전히 바꾸셔야 합니다. 확실한 변화가 있어야 당신의 계좌에 빨간불이 들어올 것입니다. 종목은 많아도 3~5종목 정도로 압축하고 손절매 가격은 최대 20%선에서는 과감하게 자를 수 있어야 주식시장에서는 살아남을 수 있습니다.

투자 종목 선정은 사회적으로 이슈가 되고, 일봉 차트에서 이동평균선들이 정배열로 우상향 중인 종목으로 선정하십시오. 그리고 직장인이라면 일주일 이내에 10% 이상 수익날 수 있는 종목을 단타 매매의 종목으로 선정하십시오. 신고가 돌파 종목이나 신고가 돌파 후 조정 종목들을 매매하면 빠른 기간 내에 승부를 볼 수 있습니다. 단타 매매는 손절매는 칼같이 한다는 전제로 매매를 해야 합니다. 그렇지 않으면 장기투자를 하는 동안 매일 자신의 계좌를 들여다보며 긴 한숨을 짓고, 주식시장의 영향에 따라 회사 업무도 제대로 하지 못할 때도 있습니다. 뿐만 아니라 기분이 오르락 내리락하여 본인의 일상생활에도 많은 영향을 끼치게 됩니다. 술에 술탄 듯 물에 물탄 듯한 식의 매매는 탈피해야 합니다.

몇 개월 동안 실전 매매를 하면서 매일 매일 열심히 기록한 세상에 단 하나뿐인 이 한권의 주식책이 여러분 주식인생에 가장 소중한 책으로 남을 수 있도록 기원합니다. 항상 성공하는 투자자가 되시길 바랍니다. 감사합니다.